EL PALACIO
Y LA CALLE

COLABORARON EN LA INVESTIGACIÓN:

MAURO FEDERICO
PALOMA GARCÍA
DANIEL ENZETTI
PABLO DORFMAN

MIGUEL BONASSO

EL PALACIO Y LA CALLE

CRÓNICAS DE INSURGENTES Y CONSPIRADORES

Planeta

303.6 BON	Bonasso, Miguel El palacio y la calle.- 2ª ed.– Buenos Aires : Planeta, 2002. 336 p. ; 23x15 cm. (Espejo de la Argentina) ISBN 950-49-1003-3 I. Título – 1. Conflictos Sociales-Argentina

ESPEJO DE LA ARGENTINA

Diseño de cubierta: Mario Blanco
Diseño de interior: Alejandro Ulloa

© 2002, Miguel Bonasso

Derechos exclusivos de edición en castellano
reservados para todo el mundo:
© 2002, Grupo Editorial Planeta S.A.I.C.
Independencia 1668, C 1100 ABQ, Buenos Aires

2ª edición: 10.000 ejemplares

ISBN 950-49-1003-3

Impreso en Grafinor S. A.,
Lamadrid 1576, Villa Ballester,
en el mes de noviembre de 2002.

Hecho el depósito que prevé la ley 11.723
Impreso en la Argentina

A mi nieta Silvia García Bonasso

*A la memoria
de los caídos el 19 y el 20 de diciembre*

*De mi madre Rosario Carmen,
que peleó en la Guerra Civil Española*

*De mi abuelo Alejandro Vicario,
obrero metalúrgico vasco y luchador socialista*

PRIMERA PARTE
FERNANDO Y EL REGENTE

1
LA CALLE

EL TOBA

"Qué pelotudos son esos chabones", piensa el Toba, observando los tres misteriosos vehículos que vienen del lado de Constitución y acaban de detenerse, en caravana, en el medio de la Nueve de Julio: una camioneta Ranger de doble cabina, color gris metalizado; un Peugeot 504 blanco y un Fiat Palio bordó. "Justo se van a meter en el quilombo". El quilombo está alrededor del Obelisco, donde tres camionetas de OCA arden en la tarde de verano. Arde la Plaza de la República y un humo negro cubre hasta el quinto piso los edificios de Sarmiento, de Diagonal, de Lavalle. Mientras cientos de jóvenes manifestantes aguantan los gases lacrimógenos, las balas de goma, las cargas de los motociclistas y la Montada. Ágiles arlequines de torso desnudo y balaclava improvisado con una remera sobre el rostro, estiran las hondas de David, recogen cascotes de la portentosa siembra de piedras que cubre la avenida más ancha del mundo, los arrojan a los hombres de metal y corren hurtando el cuerpo a los gomazos.

En una fracción de segundo entiende que no son chabones, sino algo oscuro y peligroso vinculado a la insidia de estos gases que hacen más daño que aquellos de los setenta. Acaso "porque uno ya no es aquel del setenta", aunque a los cincuenta conserve el cuerpo ágil y la mente despejada. De los tres vehículos sin identificación policial han bajado nueve

7

hombres de civil. Alguno, de camisa blanca, carga el negro chaleco antibalas de la Policía Federal Argentina.

Los hombres se parapetan, apoyan las Itaka sobre la caja de la camioneta y los capós de los autos. Algunos empuñan la Browning 9 milímetros reglamentaria. Apuntan sus armas en dirección a la plazoleta que separa la Nueve de Julio de Cerrito, donde un puñado de personas —manifestantes, curiosos, camarógrafos— que no pueden llegar a la Plaza de Mayo, observan la batalla campal que se libra en el Obelisco, a ciento cincuenta metros de distancia de donde están, en el arbolado refugio que se extiende entre Sarmiento y Perón.

Uno de los asesinos pone en la mira a ese morocho atlético, que carga una mochila de plástico azul eléctrico y luce un mechón blanco en su pelo renegrido, de indio. El Toba observa al tipo que lo apunta, pega un grito y se tira al suelo antes de que estallen los fogonazos y los estampidos de las "pajeras del doce" suenen "más seco que cuando son postas de goma". Por el ruido y por su experiencia, sabe que también están disparando con pistolas.

El *time-code* de una cámara registra la hora de la masacre: 19: 21:40. A tres metros de distancia un hombre mayor, pelado y gordo, que acababa de bajar a la calzada para ver lo que estaba pasando, vuelve sobre sus pasos con automatismo de marioneta, cae de rodillas sobre el césped de la plazoleta y se desploma ensangrentado sobre una de las mujeres que lo acompaña. El Toba, de reojo, lo ve morir. Apenas un vómito de sangre, una bocanada "y se queda tieso".

El Toba se vuelve y ve caer junto al cordón de la vereda a un joven de unos veinticinco años, que unos minutos antes le ha llamado la atención por su barba renegrida y sus espesas rastas de jamaiquino. El de las rastas había tratado de correr pero fue alcanzado por un balazo "que lo dio vuelta".

El Toba observa al tipo que lo apunta, pega un grito y se tira al suelo antes de que estallen los fogonazos. Los estampidos de las "pajeras del doce" suenan "más seco que cuando son postas de goma". Por el ruido y por su experiencia, sabe que también están disparando con pistolas.

Sin pensarlo dos veces se arroja sobre el muchacho, lo pone de cara al cielo y lo cubre con su propio cuerpo. El chico respira y empieza a convulsionarse. El Toba observa que se le ha enroscado la lengua y está por ahogarse. Le desanuda la lengua y sale "un montón de sangre". Pero no le encuentra la herida. Él piensa que le han dado en el pecho, pero cuando le pasa una mano por la nuca para alzarle la cabeza el dedo se le hunde en un agujero pegajoso: tiene un balazo en la nuca. Al alzarle la cabeza empieza "a sangrar a lo perro". El Toba, que hizo un curso de primeros auxilios allá en sus tiempos de militante en la Villa de Retiro, le tapona el agujero con su dedo para que no se desangre. Los asesinos siguen disparando sus armas.

Está solo. La gente que lo rodeaba en la plazoleta ha salido corriendo. Un amigo del pibe de las rastas brinca la pared de granito del estacionamiento subterráneo, pensando que del otro lado no debe haber más que un metro de altura. Hay seis. Cae como un gato sobre la rampa descendente y sólo sufre el esguince de un tobillo. Una amiga del viejo que vomitaba sangre pide ayuda a los gritos. La esposa no entiende, no acepta lo que está ocurriendo. El Toba también grita pidiendo ayuda. Sigue presionado el agujero de la nuca y liberándolo cada tanto, para que no se vaya en sangre ni se le produzca un coágulo. El muchacho, que podría ser su hijo o él mismo hace veinticinco años, "no se me va a morir". No se le va a desaparecer como su hermana y su cuñado.

Entonces ocurre algo que el Toba ha visto muchas veces esa tarde: pese a que los asesinos siguen ahí, la gente regresa. Algunos les gritan: "hijos de puta". Y aunque los que vuelven no traen más que sus insultos, los policías (porque son policías) trepan a la camioneta, se meten en los coches. Ahora hay balizas azules sobre el techo de los móviles. Los tipos salen en estampida, con mala conciencia. Doblan por Sarmiento a contramano: la camioneta Ford adelante, el Peugeot detrás y cerrando la marcha, el Palio bordó, que derrapa en la esquina de Carlos Pellegrini y logra enderezarse a duras penas para seguir a sus compinches por Sarmiento. Hacia la Plaza de Mayo, donde irán a reportarse con sus jefes.

En ese momento, una de las múltiples cámaras de video con que cuenta el Canal 4 de la Policía Federal enfoca la veloz retirada de los agresores. Pero antes, a las 19:21:40, ha tenido la suerte o la astucia de no registrar la escena de la masacre. En parte porque se la ocultan las frondosas copas de los árboles; pero sobre todo porque en un vertiginoso e inexplicable paneo ha retrocedido hacia el Obelisco justo cuando empezaban los tiros. Las imágenes secretas se ven en la Sala de Operaciones del Departamento Central de Policía, *en tiempo real*. Pero también se ven en monitores especiales del Presidente, el ministro del Interior, el secretario de Seguridad, que luego fingirán demencia. El Poder Ejecutivo Nacional y el Gobierno de la Ciudad cuentan con los servicios del Canal 4, generosamente cedidos por el señor jefe de la Policía Federal, Rubén Santos, que para quedar bien con sus jefes políticos ha encendido las iras de los "duros" de la repartición, para quienes el canal policial no se le muestra a nadie.

Pero el Presidente no está mirando Canal 4. Acaba de escribir a mano su renuncia y distrae su frustración con las ceremonias del adiós. El país se incendia y nadie detiene los asesinatos. En la calle, el rumor de que está por dimitir circula vertiginosamente y enciende el júbilo de los manifestantes. El pueblo crece: en pocas horas se ha cargado a Domingo Cavallo, el ministro de Economía de los superpoderes, y ahora parece haberlo logrado con el propio Fernando Séptimo, esta suerte de Borbón republicano que conjuga, en dosis letales, perversidad y estulticia. Pero la alegría no suprime la bronca popular por una represión policial que supera a la de los tiempos de la dictadura militar y lleva ya siete horas sin parar.

Por Sarmiento, por la misma calle que han usado los asesinos de civil para huir, avanza ahora la Guardia de Infantería, uniformada y reprimiendo. Es evidente que le han cubierto la retirada a sus compañeros. El Toba los observa y compara:

"Estos turros están muy bien organizados; en cambio, los muchachos tienen huevos pero no saben qué hacer. Ni siquiera los paran con barricadas, desvían el tránsito. Estos pibes están regalados". Vuelve rápidamente la vista al muchacho de las rastas y descubre con alarma que se ha puesto morado. "Entró en paro", piensa mientras actúa. Le aplica respiración boca a boca y lo masajea hasta resucitarlo. Ya lo rodea un mar de zapatillas. Otros muchachos, en jeans o bermudas, que quieren colaborar. Por momentos tiene que decirles "salgan, salgan", porque la solidaridad también puede dejarte sin aire.

Entonces emerge un nuevo peligro: a unos quince metros, sobre la Nueve de Julio desierta, se detiene un patrullero y baja un policía que comienza a dispararles con Itaka. Por suerte, esta vez, con balas de goma. A él también. El "muy hijo de puta" ve que está asistiendo a un herido pero igual le dispara dos andanadas. Una rebota en la mochila, la otra le pintará una flor de puntos rojos en el trasero. El Toba lo reputea, apoyado por los muchachos que rodean enfurecidos el móvil. Se da cuenta de que el patrullero ha venido a llevarse al chico de las rastas. Y él no quiere que se lo lleven, "porque lo levantan, lo tiran por ahí y chau".

A quien ya se han llevado, con buenas intenciones, es al señor mayor que sigue manando sangre de la boca. Para el Toba, ya está muerto. El dueño de un Fiat Duna rojo le hace caso a los que agitan pañuelos y remeras y detiene la marcha. Cuesta meterlo en el auto porque es muy robusto y al final lo bajan y lo cargan en una ambulancia del SAME. Ya hay varios heridos de bala en la zona; algunos testigos recogen vainas servidas y las exhiben ante los camarógrafos. Una joven fotógrafa se salva de milagro: un proyectil de plomo le ha penetrado por la espalda, pero otro, que hubiera podido perforarle un pulmón o el corazón, se ha estrellado contra el walkman que carga en su mochila.

El chico de las rastas sigue respirando y al Toba le parece que está consciente a pesar de ese ominoso agujero de la nuca que sigue tapando y destapando con su dedo. Junto al Toba está el amigo que se arrojó al vacío y renguea por el tobillo inflamado. Hacen señas a los autos para trasladarlo al hospital, pero nadie se detiene. Hasta que un taxista, que zigzaguea entre los pedazos de mampostería y los neumáticos incinerados, se anima a cargarlos.

Es un provinciano humilde, silencioso, que está aterrado pero no puede dejar que el muchacho se muera y vuela hacia el Argerich. El amigo del herido, que trae el pie muy dolorido, se acomoda como puede en el asiento delantero. El Toba se ubica atrás, sin soltar al muchacho de las rastas, que camino al hospital hace un nuevo paro. Empecinado, el Toba le da una trompada feroz en el pecho, un golpe tan duro que le fisura la clavícula al moribundo, pero lo trae de vuelta a la vida.

Cuando llegan al Argerich, el Toba observa en la guardia dos mujeres que sollozan. La calle tiene razón: hay varios muertos. ¿Cuántos?

Allí también están *ellos*. Patoteando a los familiares que preguntan. Mirando sin piedad las rastas ensangrentadas.

2
EL PALACIO

LA CAÍDA

—¿Sacaste las cosas del baño? —preguntó Fernando de la Rúa, con un imperceptible temblor en su voz aguardentosa— ¿No te olvidaste nada?

—No, señor Presidente. Está todo —aseguró, entre lágrimas, Ana Cernusco, la fiel secretaria de todos los tiempos.

Anochecía precipitadamente tras los ventanales que daban al Río. Y anochecía la cara enrojecida del hombre de 64 años que se despedía a la vez de la presidencia y la vida política. Los escasos testigos de la escena observaban en silencio la maldición de otro mandatario radical que debía dejar el poder en forma anticipada.

Chrystian Colombo, el voluminoso y barbado jefe de Gabinete, mantenía el rostro de vikingo en duelo que imponían las circunstancias; para adentro se preguntaba —no sin cierta socarronería— qué elemento estratégico podía ocultarse, entre desodorantes, peines y colonias, para merecer el cuidado obsesivo del político que debía abandonar el gobierno en el día 740, cuando aún le faltaban dos años redondos para cumplir su mandato. Era una retirada mucho más ominosa que la padecida por todos sus antecesores: porque no se iba como Hipólito Yrigoyen y Arturo Illia, empujados por un golpe militar. Ni anticipaba su salida pocos meses, como su odiado Raúl Alfonsín, para dejar el gobierno en manos de un presidente elegido por el voto popular, como lo era en aquel remoto 1989 Carlos Menem.

Colombo observaba a ese presidente que en mayo lo había humillado, con sus ojos azules más saltones y brillantes que nunca por la vigilia de negociaciones con los justicialistas. Trataba de explicarse las razones profundas de la hecatombe. No pensaba, como la calle, que De la Rúa había sido barrido por la explosión social que sacudía al país desde la víspera, aunque la gigantesca, temible pueblada, hubiera jugado un papel importante.

Tampoco compartía la visión conspirativa del renunciado ministro de Economía, que más de una vez lo había llamado a las cuatro de la mañana acusándolo tácitamente de colaborar —por acción u omisión— con el "complot" que según él organizaba Alfonsín, junto con "su secuaz" Leopoldo Moreau y otros dirigentes del radicalismo y la Alianza. "Lo que pasa es que vos querés ser ministro de Economía", le había cacareado Domingo Cavallo la última vez, con esa voz sarcástica que solía preludiar sus ataques de histeria.

Para el pragmático Jefe de Gabinete, que además era banquero, De la Rúa había forjado su perdición al unir su destino a los errores estratégicos del Mingo, a quien Colombo detestaba. La porfía de Fernando en defender al ministro y sus marchas y contramarchas, lo habían dejado sin base de sustentación. La oposición peronista no quería asegurarle más la gobernabilidad y el propio partido radical le había bajado el dedo. Colombo, que le reconocía a De la Rúa dotes de "intelectual" y de "orador", pensaba también que ningún presidente había gozado de tanto apoyo y lo había dilapidado generando el vacío bajo sus pies.

Un calor pegajoso acentuaba la incomodidad del momento: por el problema de pulmón que Fernando había padecido tiempo atrás, en las oficinas del Presidente no se encendían los aparatos de aire acondicionado. Colombo sudaba la gota gorda, sentía que la barriga hinchada por el cansancio le expulsaba la camisa afuera y que las perneras del pantalón estaban algo arrugadas para el momento histórico que se estaba viviendo. Espiaba al Presidente y lo veía absolutamente lejano, indescifrable, como corroborando la fama de autista que le había hecho el programa de Marcelo Tinelli y antes que "Videomatch" el ingenio anónimo de la calle, que lo había bautizado "Luis XXXII", "porque Luis XVI era medio boludo". Se dijo que tras esa máscara de goma, de la nariz carnosa, prominente y los labios resbaladizos, la mirada perdida del príncipe en desgracia debía proteger un vacío atroz, una autoestima dinamitada, la conciencia de que la historia lo consideraría, por los tiempos de los tiempos, un inepto.

En verdad, De la Rúa quería huir hacia el sueño. Por sus problemas vasculares, por perniciosas alquimias digestivas, por angustias y furias mal domadas, por la magnitud de las decisiones que había debido enfrentar desde los primeros días del gobierno de la Alianza —que debutó con la masacre del puente de Corrientes— era proclive a dormir mucho, en tiempos cada vez más cortos. El chiste que hacía Jorge Lanata al cerrar su programa televisivo, cuando se acomodaba sobre una almohada y simulaba dormir con una sonrisa beatífica, no tenía nada de gracioso para la servidumbre de palacio, que debía hacerle la cama al Señor cada dos horas. Con sábanas primorosamente limpias y planchadas cada vez, para no encender las iras del político que sonreía con dulzura en los comerciales de campaña del norteamericano Dick Morris, pero que en la intimidad solía ser despótico con los subordinados, hasta engendrar un espeso resentimiento en buena parte de los empleados de la Presidencia.

En aquellas horas finales del 20 de diciembre deambuló solitario por la multitud de salones y despachos del primer piso que había convertido en área exclusiva del Presidente. Minuto a minuto le llegaban las malas noticias, confirmándole que la maldición que pesaba sobre los mandatarios radicales estaba por cumplirse una vez más. En otros ámbitos del Palacio, muchos de sus colaboradores habían olfateado, aun antes que él, la inminencia del naufragio y se entregaban con frenesí a poner a salvo sus pertenencias.

Por los pasillos, incluso por la galería que en épocas opulentas Roque Sáenz Peña había engalanado con genuinos vitrales *art nouveau*, circulaban presurosos carritos de supermercado cargados de biblioratos y carpetas. Por las escaleras descendían funcionarios apresurados cargando papeles en bolsas de consorcio. En los salones semidesiertos, mientras un televisor que nadie miraba mostraba las cargas de la Montada contra periodistas y manifestantes, ajetreados empleados de camisa arremangada se llevaban las computadoras. Más que la sede del gobierno, el Palacio parecía el cuartel general de un ejército en fuga. Abajo, en el Salón de los Bustos, donde solían hacer declaraciones los visitantes ilustres, la alfombra roja había sido enrollada, como mudo testimonio de que nadie importante ingresaría ese día a la Casa Rosada. Sólo faltaba, pastando en el Patio de las Palmeras, la vaca que García Márquez encontró en el otoño de su Patriarca.

En uno de los despachos nuevos, Fernando de la Rúa escribió de pie el último discurso de su Presidencia, donde convocaba "al justicialismo, que triunfó en las elecciones del 14 de octubre y tiene mayoría en ambas cámaras, a que participe en un gobierno de unidad nacional". Lo leyó en la sala de prensa, a las cuatro y diez de la tarde. Condenado a los gags tragicómicos, el Presidente anunció que esperaría unos minutos, a que llegaran "los ministros". Pero sólo fue acompañado en la tarima por dos hombres que no eran del famoso "entorno", Colombo y el vocero Juan Pablo Baylac, y por dos viejos colaboradores que a veces tenían roces con el núcleo más íntimo, el que rodeaba a su hijo Antonio: el canciller Adalberto Rodríguez Giavarini y el secretario general de la Presidencia, Nicolás Gallo. Los otros miembros del gabinete no aparecieron. La ausencia más notoria fue la del ministro del Interior, Ramón Mestre, que estaba furioso con De la Rúa y para esas horas aseguraba a los periodistas que había renunciado. Principalmente, para no hacerse cargo de la represión policial y los muertos.

De regreso a su despacho, el Presidente se cruzó con el ministro de Salud, Héctor Lombardo, amigo íntimo y según el pérfido de Alfonsín, un importante "cajero del delarruismo", que sin embargo, lo había hundido ante los periodistas el día que tuvo que hacerse la angioplastia, al revelar que padecía arteriosclerosis. "Che, dicen que hay muertos. ¿Por qué no averiguás?" "Voy a llamar al SAME", respondió Lombardo. Y nadie sabrá nunca si lo hizo, porque De la Rúa declararía después ante la justicia que no tuvo información oficial de las muertes hasta cerca de la medianoche.

El justicialismo estaba muy lejos, política y físicamente de la tardía convocatoria a un gobierno de unidad nacional. La corporación de los gobernadores peronistas se había dado cita desde una semana antes en la localidad de Merlo, en la provincia de San Luis, donde el dueño de casa, Adolfo Rodríguez Saá, inauguraba un aeropuerto y renovaba su apetencia de llegar al sillón que estaba dejando De la Rúa.

Hacia San Luis se dirigió poco después Ramón Puerta, el ex gobernador justicialista de Misiones, que presidía el Senado tras el triunfo electoral de octubre. Un poderoso empresario yerbatero, que permanecía soltero a los cincuenta años ("porque me gustan las mujeres y no porque sea puto", como él mismo suele aclarar sin abusar de los eufemismos). Un playboy, que se luce en las revistas del corazón con una chica que fue reina de la belleza de su provincia y tiene, entre otras singularidades, un departamento en el *XVIème. arrondisement* de París. A De la Rúa le gustaba su cortesía y sus modales campechanos, pero lo sometía —como a todos, por otra parte— a su implacable desconfianza. Colombo lo conocía bien, porque había sido director del Banco Macro cuando Puerta gobernaba Misiones y privatizó el banco provincial, otorgándoselo a la entidad que gerenciaba el Jefe de Gabinete. Ahora Puerta era —gracias a la renuncia de Chacho Álvarez— el Número Dos en la línea de sucesión.

De la Rúa, que ese día fatigó los teléfonos llamando —entre otros políticos— a sus antiguos rivales y actuales aliados, Carlos y Eduardo Menem, habló ansioso con el virtual sucesor, antes de que éste se embarcara en un Cessna Citation rumbo a San Luis.

—Presidente, no se apure, espere el resultado de la reunión. —Le dijo el misionero con su estilo cachazudo. Y agregó:— Quédese tranquilo, que va a haber un fuerte apoyo a las instituciones.

De la Rúa, que en otras circunstancias hubiera sido más cauto, dejó traslucir su ansiedad:

—¿A qué hora me van a dar el apoyo?

—Bueno, mire, primero tiene que hacerse la reunión.

—¿Y a qué hora es la reunión?

—Está citada a las siete de la tarde, pero usted sabe que en política siempre se empieza una hora más tarde. Yo, antes de las diez de la noche, le tengo noticias.

El Presidente protestó:

—¡Ah, no! A las diez ya va a ser de noche.

El Número Dos largó la carcajada.

—Y sí, que a las diez va a ser de noche se lo puedo asegurar. Es más, es lo único que le puedo garantizar en este momento.

A partir de ese diálogo, todo se derrumbó.

El vocero Baylac, que no es graduado en diplomacia, fue a la sala de periodistas y confesó:

—Si el peronismo dice que no, De la Rúa renuncia.

El Presidente lo vio por TV, se indignó, lo mandó llamar y le dijo de todo. De inmediato envió al ingeniero Gallo, que tampoco era un as de la retórica, a desmentir al portavoz. Gallo ingresó en la sala de periodistas haciendo honor a su apellido: como su amigo Fernando, pensaba que los medios eran grandes responsables de todo lo que estaba pasando.

Ese mismo 20, al mediodía, habían citado a Gustavo López, director del Comité Federal de Radiodifusión (COMFER) a la Secretaría Legal y Técnica de la Presidencia. Allí Gallo y el secretario legal y técnico, Virgilio Loiácono, le informaron que habían redactado un decreto, basado en el estado de sitio implantado pocas horas antes, para censurar algunas imágenes en los canales de televisión. Pero que luego, pensándolo mejor, habían decidido cambiar el decreto por una resolución administrativa del COMFER. Gustavo López se negó rotundamente y dijo algo que no debió caerle bien a los amigos del Presidente, pero especialmente a Loiácono: "La última vez que se hizo algo así fue durante la guerra de Malvinas y lo hizo el general Galtieri".

Loiácono, un hombre bajo, morrudo y canchero, que ama los sacos de tweed y las expresiones fuertes, debió mirarlo con inquina. Un cuarto de siglo antes había sido funcionario de la dictadura militar, en la misma Secretaría Legal y Técnica que ahora comandaba.

Una vez enfrentado a los medios, el ingeniero Gallo informó que el Presidente iba a esperar el resultado del cónclave justicialista de San Luis. Uno de los periodistas quiso saber si esa espera no podía resultar fatal, dada la violencia de la represión que llevaba siete horas sin parar. Gallo soltó una frase reveladora:

—Hablemos de cosas lindas.

A las 18:19, el periodista de Canal 13, Gustavo Silvestre, adelantó que el bloque de diputados justicialistas estaba por pedir el juicio político al Presidente. Cinco minutos más tarde, el mismo Silvestre le dio la puntilla al anunciar que el titular del bloque radical de senadores, Carlos Maestro, "le habría pedido al Presidente que renuncie porque están agotadas las negociaciones con el justicialismo". El diálogo había existido. Y no sólo con Maestro, sino con Horacio Pernasetti, el jefe de la bancada radical de Diputados. Ambos le habían dicho también que detuviese la represión porque la televisión ya hablaba de cinco muertos en la Capital Federal y de dieciseis en todo el país. En realidad eran seis en la ciudad de Buenos Aires y treinta y tres en todo el territorio nacional. De la Rúa lo rechazó airado:

—No es así, son cuentos.

A las siete de la tarde dijo "esto se acabó" y escribió su renuncia de puño y letra. También le pidió al fotógrafo oficial de la Casa Rosada, Víctor Bugge, que le sacara la última foto. Traje oscuro, camisa celeste grisácea, corbata de rayas negras y rojas y una pose que pretende no ser pose: el Presidente hace como que trabaja revisando los papeles de su escritorio.

Sin embargo, en esas horas trabajó a un ritmo más febril que de costumbre. Los sucesores pronto dirían a quien quisiera escucharlos que De la Rúa no firmaba más de un decreto por día. La numeración correlativa muestra que, en este punto al menos, sus críticas no eran del todo fundadas. El tema, en cualquier caso, no es cuantitativo. La caída tenía que ver con muchas medidas de gobierno que no debieron tomarse nunca.

Virgilio Loiácono, que era un experto en decretos para legalizar hechos consumados, le había acercado esa mañana el que llevaba el número 1681/01, por el cual se aceptaba la renuncia del ministro de Economía, Domingo Cavallo. La dimisión más deseada de la Argentina había sido anunciada por el empresario periodístico Daniel Hadad a la medianoche, en su programa televisivo "Después de hora", y causó un júbilo generalizado.

Excepto al propio Cavallo, que no había renunciado. Cuando empezó a reponerse de la sorpresa, atribuyó la falsa renuncia a una maniobra de su archienemigo: el Jefe de Gabinete.

Entre los antecedentes del dúo De la Rúa-Loiácono figuraba un sonado escándalo: el 14 de julio del año 2000, el secretario legal y técnico había redactado un decreto "reservado" (el 564) por el cual se le otorgaban 30 millones de pesos adicionales a la Secretaría de Inteligencia del Estado (SIDE), en manos del banquero Fernando de Santibañes, íntimo amigo del Presidente. El 5 de octubre, "blanqueaba" el "reservado", con el 881 que era "público". Una maniobra para demostrar "transparencia", cuando todas las miradas se dirigían a la SIDE por el escándalo de los sobornos en el Senado.

Ahora, en la despedida, Loiácono había preparado el decreto 1682/01, por el cual se ponía "a disposición del Poder Ejecutivo Nacional" a 29 personas detenidas por la mañana y algunas ya liberadas por la acción de los jueces. La mayoría de las detenciones se había practicado de manera ilegal y salvaje, como ocurrió con el Defensor Adjunto del Pueblo de la ciudad de Buenos Aires, Gustavo Lesbegueris, a quien la policía había golpeado y arrastrado por los cabellos para meterlo en el camión celular. Como la jueza María Romilda Servini de Cubría había anunciado que impediría la salida del país del Presidente, el ministro del Interior, el secretario de Seguridad y el jefe de la Policía Federal, investigados por la represión, no estaba de más emprolijar esos virtuales secuestros. Para otorgarle aún mayor calidad institucional a los dos decretos, figuraba la firma al pie del ministro del Interior, Ramón Mestre, el hombre que aseguraba a la prensa haber renunciado un día antes.

A las 19:52 un helicóptero despegó de la terraza de la Casa Rosada. Algo que no ocurría desde que Raúl Alfonsín viajó a Campo de Mayo a negociar con Aldo Rico y sus carapintadas. Pero la mayoría, al ver la escena, pensó en Isabel Martínez de Perón, llevada con engaños de mal teatro a la base militar del Aeroparque.

Pero el sexagenario perplejo y despeinado, que logró trepar al helicóptero más pequeño de la presidencia, auxiliado por el teniente coronel Gustavo Giacosa (que ese día debutaba como edecán), no había sido derribado por ningún golpe militar, ni por la exclusiva conjura de su correligionario-enemigo Raúl Alfonsín y su ex rival Eduardo Duhalde, como el derrocado comenzaba a repetirse a modo de consuelo, sino por una compleja amalgama de circunstancias que se correspondían con la magnitud y trascendencia de la mayor crisis de la historia argentina.

Compleja amalgama que no excluye, por cierto, la existencia de una conspiración.

3

LA CALLE

RESURRECCIÓN

"El examen radiológico de cráneo, realizado en la Morgue Judicial, cuyas placas e informe adjuntamos, revelan la presencia de un cuerpo extraño de densidad metálica con las características de proyectil de arma de fuego deformado que se proyecta en área frontal derecha."

Así rezará (tres meses después de los hechos) una de las partes sustantivas del informe que el forense Jorge Carlos Odzak elevará a los fiscales Luis Comparatore y Patricio Evers, que investigan los asesinatos del 20 de diciembre. Dicho en criollo: la bala que le entró al chico de las rastas por la nuca, se deslizó entre los dos hemisferios cerebrales sin tocarlos, recorrió la curva del cráneo como si lo dibujara y detuvo su marcha en el seno frontal derecho, sin destrozarle el rostro con un orificio de salida. Si se hubiera desviado unos pocos milímetros hacia la derecha o hacia la izquierda hubiera podido acabar con la vida de Martín Galli, que apenas tiene 26 años.

El caso no es operable, aunque en un primer momento evalúen la posibilidad de intervenirlo. El plomo de 9 mm seguirá junto a su conciencia, como un recordatorio metálico de las múltiples inclemencias que pueblan la historia argentina, hasta convertirse en cuento, anécdota y leyenda para los nietos. Junto con la imagen del hombre del mechón blanco que esa tarde lo resucitó dos veces y la del taxista riojano, Luis Cocha, que se atrevió a cargarlo y llevarlo al hospital a pesar de que tenía mucho miedo.

El médico del Argerich le pregunta a Héctor Luis García, el Toba, cuánto tiempo pasó entre los dos paros. "Unos quince minutos". Asiente y anota. El Toba le informa acerca de los cuidados que le fue aplicando al paciente. El médico lo mira, aprueba con la cabeza y el Toba vuelve a sentir en la yema del índice derecho el paso pegajoso de la sangre del otro. La sangre del hijo. Del hijo ritual de todos los sacrificios, no sus hijos de verdad. No el menor, Sacha Guaira, Viento Salvaje en quichua santiagueño; el pequeño de manitas embarradas que lo espera en su casa de Ezeiza al final de ese día eterno, sino el de siempre: el cordero pascual *qui tollit peccata mundi*.

Curiosamente sonríen. Hablan de las rastas. ¿Amortiguaron el impacto? Puede ser que lo hicieran en una medida ínfima pero imprescindible. ¿Quién puede afirmarlo o negarlo? Puestos a imaginar, hasta es posible que ordenaran la parábola del proyectil para que se deslizara, como en un tobogán, en el estrecho pasillo que divide los dos hemisferios cerebrales. Como el aleteo de la mariposa china que modifica el indiferente metabolismo del universo. Al médico lo admira la sobriedad del Toba para referirse a su milagrosa intervención; al Toba le encanta la sencillez solidaria del médico, que contrasta con las risotadas e insultos de los policías que, en el hall del hospital, patotean a los familiares de las víctimas.

Para otros no hubo rastas, ni un Destino que jugara, por suerte, con la precisión de un milímetro.

En el libro de guardia del Argerich, bajo el sello del doctor Gustavo A. Flaget alguien anota con letra de médico:

"Lamagna Diego. 26 años. Paciente traído por ambulancia de SAME desde B. Irigoyen y Av. de Mayo. Encontrado en paro cardiorrespiratorio por herida de arma de fuego en tórax. Se traslada mientras se realizan maniobras de resucitación. Dándose por fallecido a las 16:45 hs. en el Hospital Argerich."

"Riva Marcelo. 31 años. Traído en ambulancia de SAME, Dr. Romano, por herida de arma de fuego (...) Se realizan maniobras de resucitación en Guardia del hospital dándose por fallecido a las 16:30 hs."

A las once y cuarto de la noche, mientras los médicos luchan denodadamente para salvarle la vida a Martín Galli, y el Toba espera a los padres del muchacho, muere en el mismo hospital Carlos Almirón, de 23 años.

El doctor Guillermo Enrique Ramos, médico de terapia intensiva, describe con el mismo lenguaje aséptico la batalla que él y sus colegas libraron por este otro joven. En una jornada alucinante, donde el Argerich, que padece como todos los hospitales públicos la asfixia presupuestaria, se convierte en algo muy parecido a una enfermería de campaña en medio de la guerra. Un verdadero hospital de sangre, donde la entrega de médicos y enfermeras suple la ausencia de un Estado que desertó.

"El paciente ingresa en la guardia del hospital Argerich (a las cinco de la tarde, aproximadamente) con una herida de arma de fuego en el tórax. Presentó paro cardiorrespiratorio por taponamiento. Fue intervenido quirúrgicamente, realizándose cierre de perforación del ventrículo izquierdo y aurículo izquierdo. En el postoperatorio evolucionó con shock hemorrágico y coágulopatía. Alto requerimiento de drogas vasopresoras y hemoderivados. Presentó paro cardíaco en la sala realizándose apertura esternal y masaje a cielo abierto (equipo de cirugía cardiovascular). Falleciendo a las 23:15 hs."

Debajo del médico de terapia intensiva, firma el oficial inspector de la Policía Federal Argentina Sergio Fernando Gómez, de la comisaría 24.

En cambio, Alberto Márquez, el hombre maduro que vomitaba sangre a tres metros de distancia, no está en la morgue del Argerich. Lo llevaron, ya sin vida (como intuyó el Toba) al hospital Ramos Mejía. Igual que un NN caído en Avenida de Mayo y Chacabuco, frente al banco HSBC, que luego sería reconocido como Gustavo Daniel Benedetto, otro muchacho que hubiera cumplido 24 años el 1° de enero de 2002, si una bala policial, disparada por una Browning 9 mm, no le hubiera entrado por arriba de la oreja izquierda, para salirle por la nuca.

En un primer momento, el NN del Ramos Mejía y Benedetto figurarían por separado en las listas, sumando seis muertos y no cinco en la Capital Federal. Sin embargo, dejando de lado ese error, pronto se comprobaría que los muertos eran efectivamente seis. El sexto es Rubén Darío Aredes, un villero de 34 años que fue acribillado por la policía en Mataderos, el jueves 20 y murió el viernes 21 en el hospital Santojanni. Olvidado por la prensa, no está incluido en la causa que investiga los otros cinco asesinatos. Acaso porque "era pobre y villero", como dijo el periodista Rolando Graña, cuando —varios meses después— exhumó el caso por televisión.

Aunque podría considerarse que, en realidad, los muertos en Capital fueron siete, si se incluye en la cuenta a Demetrio Cárdenas, baleado por la policía en el Congreso, en la madrugada del 19 al 20. Quien esto describe lo vio descender sentado las grises escalinatas de piedra, dejando un reguero de sangre, hasta quedar exánime al borde de la acera. Y creyó que se había muerto, como lo creyeron otros periodistas y millones de personas que no estaban en el lugar pero lo vieron desangrarse por televisión. (Este dato desvirtúa ciertas excusas oficiales alegando ignorancia sobre los asesinatos del viernes 20). Convencido de esa muerte que había visto a pocos metros, escribí una nota para el diario *Página/12* titulada "Esa costumbre de matar", que apareció el 21 de diciembre. Pero esa misma noche, recibí la llamada anónima de una mujer aterrorizada que me evocó, sin querer, aquella secuencia de "El Padrino", donde Michael visita a su padre el Don Corleone en el hospital y descubre que lo han dejado desamparado, a merced de los que vienen a rematarlo.

—No diga que está muerto, se lo suplico, porque está vivo. Internado en el Ramos Mejía y "custodiado" por la policía, ya me entiende. No quisiera que alguien aproveche que lo dan por muerto y le pase algo...

Nada le pasó, por suerte; esa misma madrugada, el médico forense que lo examinó, lo encontró en condiciones de prestar declaración pese a la gravedad de sus heridas. Sin embargo, según su hijo mayor, la policía no montaba guardia en el hospital para cuidarlo, sino para mantenerlo vigilado porque, aparentemente, "estaba preso".

El 6 de febrero de 2002 se presentó en los tribunales de Comodoro Py. Se lo veía muy bien, pero el 22 de julio tuvo un pico de presión y murió. Según sus hijos, a consecuencia de las heridas y el trauma causado por la agresión. Si esa tesis fuera aceptada por la justicia, los "muertos de la Plaza de Mayo", como se suele llamar a los caídos en la Capital el 20 de diciembre, serían siete.

El Toba espera a los padres del Tinta, sentado en un banco de madera. Se entera de que a Martín Galli le dicen el Tinta por Leonardo, el chico que se lastimó el pie cuando se arrojó al pozo del estacionamiento. Le hace gracia y lo intriga el sobrenombre. Vagamente, por datos escasos que deja caer Leonardo, sabrá que el Tinta no es militante y no había participado nunca de una manifestación, hasta esta tarde, en que justo le vienen a dar a él. Los padres de Martín, en cambio, tienen años de actividad sindical y política. El padre, Carlos, ha sido muchos años delegado de Luz y Fuerza. La madre, Ana Pilar, integra el consejo directivo del gremio docente en La Matanza.

En medio del caos de médicos, enfermeras, policías y esas dos chicas que lloran a gritos por sus muertos, regresan las imágenes de la tarde y no cesan de hablar, en voz baja, como si necesitaran certificar que es cierto lo que han vivido. El Toba habla de la "saña de la represión". "Mirá que tengo alguna experiencia en esto. Te digo que muy pocas veces vi semejante saña. Había un dejo hasta orgásmico, terrible".

El Toba recuerda lo ocurrido en el Obelisco. "La policía tenía tres frentes concretos: Corrientes, Diagonal, Sarmiento. Y era un ir y venir, un ir y venir. Avanzábamos. Retrocedíamos. Avanzábamos. Y me pasó algo: empecé a no bancarme el gas. O sea, pese al limón, al agua que me echaba, ya no podía hablar, no podía respirar. Me dije: '¡Qué viejo que estás, Toba!', calculé de qué lado venía el viento y enfilé para Sarmiento y Cerrito, para la placita". Desde aquí Leonardo y Martín veían a la policía de uniforme asomarse por el pasaje Carabelas, arrojar furtivamente sus granadas de gases y sus balazos de goma, para esconderse rápidamente de la lluvia de piedras que les caía invariablemente como respuesta.

El Toba regresa a las baldosas de Cerrito: a la caravana de la muerte que se detiene en medio de la avenida. El tipo "fortachón y no muy alto, que era el que tenía el chaleco antibalas. Un tipo de unos cuarenta años". Márquez que cae de rodillas. Martín que da una vuelta sobre sí mismo y se desploma al lado del cordón.

En la casa de Álvarez Thomas están los compañeros sitiados. Rodeados por la patota. Un helicóptero sobrevuela la casa donde Lito y los otros combaten como fieras. Sin cuartel. Durante cinco horas. Lito, allí. Su hermana, después. Y para él la culpa de sobrevivir, ahí, en ese agujero de mierda del exilio interno. En el agujero de Tupungato. Sobrevivir en medio de la nada.

Leonardo se levanta y le avisa que han llegado los padres del Tinta. Los observan con los ojos desbordados, con la perplejidad del que todavía no asimila el golpe, preguntan cómo está, dónde está, quiero verlo, yo quiero hablar con el médico, yo *tengo* que hablar con el médico. Tardan en saber que el Toba lo ha resucitado dos veces. Que ese hombre de su misma generación, con un absurdo mechón blanco en el pelo negro, ha salvado a Martín de una muerte segura. El agradecimiento es superfluo. El Toba hace un gesto con la mano como espantando el reconocimiento. "¡Por favor! Hice lo que debía hacer".

Finalmente, la madre de Martín logra hablar con el médico. La mujer ha temido todo el día que ocurriera lo que está ocurriendo. Supo que su hijo iría a la Plaza. Ella misma ha participado en varias de las manifestaciones que se gestaron espontáneamente en la jornada, hasta que no bancó más el salvajismo policial y regresó a su casa, donde la ausencia del Tinta le confirmó el peor de los temores.

La madre ha sabido contener el llanto hasta que el médico le dice simplemente: "Quédese tranquila, señora, que éste no se muere". Entonces llora y ríe a la vez, mientras el padre, Carlos, robusto, calvo, mira al Toba con ternura, sin atreverse a decirle lo que alguna vez escribirá en una carta al hijo resucitado.

El Toba deja de considerar a Martín como un hijo, o su réplica un cuarto de siglo después, y entiende finalmente que ha pasado a ser su hermano. Que salda con su resurrección una deuda que en realidad no tenía; que se ha fabricado todos estos años con saña culpable de sobreviviente.

Lito en la casa de Álvarez Thomas. Su hermana después. Su viejo, el milico de la Resistencia Peronista. Cuatro desaparecidos en la familia.

En la vieja quinta de Ezeiza, dedicada ahora a tareas solidarias, lo esperaba despierta su nueva esposa, que es aymará. Indígena como la madre del Toba. Viento Salvaje estaba durmiendo.

4
EL PALACIO

UN BOX MUY PRIVADO

¿Hubo conspiración? ¿Es verdad que hubo un complot?

La respuesta podría darla el hombre pequeño pero robusto, que no representa sus sesenta años, con su generoso cráneo de puerco espín, las mejillas desinfladas y el pellejo curtido, la boca breve, a la vez implacable y mezquina, con la comisura izquierda que suele extenderse de manera antinatural hasta el maxilar, en un rictus que oscila entre el desprecio y la incredulidad y se le suele dibujar cuando se le formula una pregunta incómoda o debe afrontar un ejercicio intelectual medianamente severo. Pero exigirle una respuesta al tema del complot sería pedirle peras al olmo, porque el hombre de la cabeza grande ha construido su fortuna política y personal a base de un espeso silencio que nada debe envidiar a la *omertá* siciliana.

Es un mediodía invernal de 2001 y lo vemos descender de su muy bien equipada combi con los vidrios polarizados, acompañado por sus fieles escuderos, Fabián Bujía y Norberto Rafetti. Tres metros detrás, en otro automóvil, vienen los pesados de la custodia. Dejan los vehículos en el estacionamiento del club, para no hacer alharaca innecesaria en la avenida, y entran al edificio que debía parecer modernoso allá por los años setenta.

El Tenis Club San Juan levanta una estructura de hormigón y vidrio que es alta para la manzana y de afuera parece la sede de un sindicato. Está en la avenida San Juan casi esquina Perú, en uno de los costados de ese barrio bohemio y cuasilumpen de San Telmo, donde más de un zurdito miraría con indisimulable inquina al hombre del rictus, el ex gobernador y frustrado candidato a presidente, Eduardo Alberto Duhalde. Un jugador de ajedrez que gusta compararse a sí mismo con la Dama, "porque es la pieza que ordena y conduce el juego".

El interior del club es muy distinto al barrio que lo cobija. Algo parecido a lo que podría encontrar en su territorio. El restaurante no será el Maxim, pero está bastante bien, se come bien —al menos para paladares educados en la rusticidad de la cocina bonaerense— y, sobre todo, es absolutamente discreto.

Bujía, como siempre, hizo el arreglo con el *maître* y les adjudicaron la especialidad del lugar: un box privado, a salvo de miradas curiosas. Especialmente las de esos periodistas jodidos, que no faltan entre los porteños, como los que ensuciaron la memoria del "Negro" Alberto Bujía, el finado padre de Fabián, muerto en un accidente de moto, al que vincularon con la historia del gangsterismo sindical y el narcotráfico. Igual que lo ensuciaron a él (tan luego a él, con un hogar cristianamente constituido) insinuando que la DEA lo tenía en la mira. Lo obligaron, más allá de lo que hubiera sido lógico, a enfatizar —una y otra vez, ante propios y extraños— que estaba en un combate permanente contra los mercaderes de la muerte.

Ignora, aunque un día se enterará, que toda regla tiene su excepción y que Roberto García, subdirector de *Ámbito Financiero*, de fluidas relaciones con el menemismo, con su finado archienemigo, el empresario postal Alfredo Yabrán y con los servicios de inteligencia, a veces descansa de las fatigas que produce el comercio informativo, comiendo su bife de chorizo en otro box privado del Club de Tenis San Juan.

Por el box privado, por una oficina de la calle Cerrito, por el cuartel general instalado en los altos del centenario café Tortoni, desfilan encumbrados personajes de la política argentina. Cada vez más numerosos a medida que las encuestas favorecen al caudillo bonaerense. Hay visitantes previsibles e imprevisibles. Que llegan en dúos, tríos o cuartetos que dejarían boquiabierto al ciudadano de a pie. Como el terceto que acaba de llegar y enciende una sonrisa irónica en el experimentado García.

Sin embargo, ni van juntos, ni están allí por las mismas razones. El más previsible, para la óptica del subdirector de *Ámbito*, podría ser ese personaje alto, algo desgarbado, de nariz aquilina y sonrisa de jóker que suele reírse del estrabismo que le subrayan los enemigos o los cómicos de televisión afirmando que tiene una mirada más amplia, de gran angular, en la que nada queda afuera. Viene de la JP de los setenta, no reniega de ese pasado y ha llegado a gobernar con eficacia la provincia chica, pero generosamente dotada, de Santa Cruz. Como buen patagónico sabe conjugar intrepidez y cautela, ambición y paciencia. La paciencia del colono que aguanta la soledad y los vientos de cien kilómetros por hora.

En el '99, el santacruceño Néstor Kirchner fue el único gobernador que lo secundó en su campaña presidencial y en agosto de 2001 la mayoría de los observadores políticos lo siguen considerando como uno de sus segundos, a pesar de que ya ha dado a conocer sus aspiraciones presidenciales. Para esas fechas, ambos hombres jurarían que siguen siendo buenos amigos. Salvo que la presencia de Kirchner en el box privado nada tiene que ver con la amistad, sino con la desesperación del bonaerense que en ese momento juega ajedrez en varios tableros.

En uno compite con los tres gobernadores justicialistas más poderosos: Carlos Ruckauf de Buenos Aires, Carlos Reutemann de Santa Fe y José Manuel de la Sota de Córdoba. En otro, libra su eterno duelo con Carlos Menem, su padre putativo en la política nacional, el antagonista que más teme y odia. En esos días se rumorea que el Turco está por salir de su cómoda prisión en la quinta de Don Torcuato, merced a un acuerdo bajo la mesa con el propio De la Rúa. Si una justicia complaciente con el Poder Ejecutivo logra desligarlo de la causa por la venta de armas a Ecuador y Croacia, revalidará su título como presidente del PJ y comenzará su campaña para el 2003.

Duhalde, que preside el Congreso del justicialismo, quiere convocar a ese cuerpo para dejar al riojano fuera de la jugada. Para eso necesita a Kirchner como puente hacia los otros gobernadores peronistas de las provincias chicas que pueden sumar congresales. Los once "chicos", hartos de las relaciones promiscuas de los "tres grandes" con el gobierno, al que cortejan para conseguir mayores tajadas presupuestarias, se han juntado en el Frente Federal, un conglomerado heterogéneo, al que sólo une la reivindicación gremial frente a la administración central.

Al lado del gobernador Kirchner se sienta el flamante ministro de Desarrollo Social, Juan Pablo "Juampi" Cafiero, hijo de Antonio, el veterano senador justicialista. Juampi ha sido uno de los promotores del Grupo peronista disidente de los Ocho y uno de los fundadores del Frepaso. Es un personaje amable y jovial, que en la Cámara de Diputados ha bregado por los derechos humanos y al que los autoritarios consideran un "garantista". Su mayor defecto, probablemente, consiste en no saber decir que no, cualidad que lo lleva, por ejemplo, a seguir en el gobierno ultraconservador de Fernando de la Rúa cuando ya la alianza había naufragado.

Pero el más conocido, el más desconcertante de los tres recién llegados, es un político joven aunque ya curtido, de sonrisa sarracena, al que se suponía definitivamente retirado de la actividad: Carlos "Chacho" Álvarez, creador del Frepaso, forjador de la Alianza que derrotó al menemismo, autor intelectual del renacimiento de la UCR y del triunfo del opaco

Fernando de la Rúa. El 6 de octubre del año anterior causó admiración (y enseguida odio) al renunciar a la vicepresidencia de la República, asqueado por la forma en que el entorno presidencial había tapado los sobornos en el Senado. Y cuando algunos esperaban que se pusiera al frente de los defraudados, de los que habían votado a la Alianza creyendo en sus promesas, se fue a su casa y ordenó a los suyos (Juampi entre ellos) que siguieran colaborando con el gobierno del que se había ido con un portazo.

Durante algunos meses se encerró en una oscuridad total, refugiado en Internet, donde buscó la utopía de un movimiento cibernético, o en sus poco pobladas clases de historia en la Universidad de Quilmes, hasta que en marzo de 2001 los mentideros políticos supieron que el antiguo jefe de la progresía porteña proponía a Domingo Cavallo como ministro de Economía. A cambio de que el Mingo lo propusiera, a su vez, como Jefe de Gabinete. A lo que De la Rúa se negó con un mohín despectivo.

Ahora está allí, almorzando con el rival de dos años antes, conversando con él y su círculo áulico sobre el inminente derrape de Cavallo y la subsecuente caída de su antiguo compañero de fórmula.

La charla es animada en el box privado. Los invitados bromean acerca de los contactos cada vez más frecuentes entre el Cabezón y Raúl Alfonsín, el ex presidente que debió huir del poder corrido por la hiperinflación, los saqueos y sus propias debilidades. Duhalde les explica que quiere derrotarlo, pero no aplastarlo, porque será siempre un interlocutor imprescindible. Sobre los cafés de la despedida flota el recuerdo del Pacto de Olivos, la vistosa jugada del líder radical que le aseguró la reelección a Carlos Menem.

Hablan de lo bien que le había ido al cura Luis Farinello y su Polo Social en las encuestas y del desinfle que se hacía más notorio cada semana. El jugador de ajedrez sonríe con aire de suficiencia. No comenta lo que los otros saben o intuyen: hace algún tiempo se vio con el cura que también se presenta como candidato a senador y le ha ofrecido apoyo, calculando con exactitud en qué momento debe "hacerlo mierda". No lo dice, pero se sabe que ha trabajado para debilitar el ya debilitado voto de la Alianza. Que trabaja incesantemente para parcelar el voto del centro izquierda, del ARI, del Polo Social. Porque la Dama debe ordenar el juego.

Llueven los chistes sobre su matrimonio morganático con su aparente rival y su rivalidad real con los "tres grandes". Duhalde está resentido con ellos, resiente la actitud altiva de Ruckauf a quien él "hizo" gobernador y en el fondo está atado a la buena o mala suerte de su padrino. Pero lo tranquiliza saber que en el momento oportuno le mostrará el abismo y lo obligará a secundar sus planes.

En los últimos dos años el Cabezón ha estado muy solo y por eso no deja de trenzar silenciosamente con la CGT oficialista de los Gordos y la CGT "rebelde" de Hugo Moyano. Tampoco desprecia a un personaje del empresariado que viene creciendo con un discurso nacionalista: el titular de la UIA, José Ignacio de Mendiguren. Tomando frases de Mendiguren, repetirá en privado y en público que es imprescindible pasar de una economía de especulación a una economía de producción.

En uno de esos almuerzos privados, cuando la resurrección electoral de Duhalde ya es un hecho, Chacho Álvarez se entusiasmará y le dirá sin ambages:

—Vos sos el hombre.

La frase de Chacho resuena gratamente en sus oídos, mientras la combi trepa a la autopista y enfila hacia el Puente Pueyrredón. Pero no alcanza para llenar el vacío que se ha venido apoderando de su estómago. Un vacío que nada tiene que ver con el menú del Club San Juan, sino con el más recurrente y real de sus temores. Una verdadera bomba de tiempo que puede pulverizar definitivamente sus aspiraciones.

La bomba anida en el tesoro del banco más antiguo del país, fundado en 1822 cuando las Provincias Unidas se desangraban en las luchas civiles: el Banco de la Provincia de Buenos Aires. La bomba late en las carpetas que ha comenzado a clasificar la

Comisión Investigadora de la Legislatura bonaerense; titila amenazadora desde la docena de causas judiciales relacionadas con la posible comisión de ilícitos en el otorgamiento de préstamos multimillonarios. Puede explotar si la Provincia, que asimiló el pasivo del Banco sumándolo a su propio endeudamiento en bonos europeos, llegara a entrar en default.

—Dame con Ruckauf —ordena a Bujía.

Y mientras espera que lo comuniquen con el gobernador, mirando sin ver la devastación del conurbano, la comisura izquierda le llega a los zapatos.

5

EL PALACIO

EL PLAN "A"

Duhalde ha caído en una de esas cíclicas depresiones que literalmente lo derrumban en el lecho. Ni siquiera la pócima milagrosa que le recetó el médico de la familia, Horacio David Pacheco, logra remontarlo.

El tema no son las inminentes elecciones para senador, en las que ya está seguro de salir primero lejos, aunque haya mucho voto bronca. Su malestar lo provocan la actitud displicente con que lo tratan los "tres grandes"; el negocio secreto entre el gobierno y el menemismo para que salga el Turco a cambio de que los senadores justicialistas voten la ley de déficit cero; lo pretenciosos que le resultan los gobernadores "federales" que le acercan Kirchner y Rodríguez Saá y, sobre todo, el tema del Banco Provincia y de la provincia misma, que puede ensuciar sus ocho años como gobernador y sepultar para siempre su carrera política.

A su lado, medicándolo, mimándolo y en algún momento retándolo, está Hilda González, "Chiche", su mujer desde los remotos sesenta, cuando se conocieron en la piscina donde él sacaba pecho como bañero. La mirada generalmente gélida y desconfiada de Chiche se ablanda cuando lo mira al Negro. Y él, que escucha a todos sus colaboradores y luego hace lo que quiere, suele prestar mucha atención a Chiche que es, de lejos, su mejor cuadro. Una petisa brava (mide un metro cincuenta y tres), que supo organizar una poderosa red social a través de las "manzaneras". Y a él le importa un pito que a eso le digan "asistencialismo" o "clientelismo", porque las manzaneras hacen lo que deben hacer: distribuyen la ayuda y controlan el territorio. ¿O alguien puede hacer política sin dar algo y controlar el territorio?

Allí en la intimidad, junto a esa mujer pequeña y peligrosa que proviene de la clase media de Lomas y Bánfield, el ajedrecista logra reponerse y pergeñar su apertura. Un Plan "A", coyuntural. Y un estratégico Plan "B".

El Plan "A" tiene tres grandes objetivos:

Salvar al Banco Provincia.

Evitar el default de la provincia de Buenos Aires, que tiene la mayor parte de su deuda externa en bonos europeos.

Disponer de la suficiente capacidad de lobby para arrancarle al gobierno nacional los fondos necesarios que aseguren la gobernabilidad provincial.

Eso es: hay que salvar a Buenos Aires. Es decir, a sus dueños.

Duhalde tenía razones para estar preocupado: el 12 de julio de 2001 la Legislatura sancionó la ley 12.726 por la cual se creó un fideicomiso al que se transfirieron los créditos del Banco Provincia que, al 31 de marzo, estuvieran clasificados en las categorías 3, 4, 5 y 6. Es decir: difíciles de cobrar o directamente incobrables. El pasivo del Banco sumaba 2.400 millones de pesos-dólares que pasaron a engrosar el abultado déficit del primer estado argentino.

Ese mismo 12 de julio, también sancionó la ley 12.729 por la cual se creó una Comisión Bicameral destinada a investigar cómo habían sido otorgados los créditos cuyo hipotético cobro se transfería al erario provincial, o sea, al contribuyente.

Los legisladores que acometieron la investigación (sobre todo, el diputado Alejandro Mosquera del Frente Grande y el senador Marcelo Di Pietro del ARI), concentraron su estudio en lo que llamarían más tarde, en un informe de comisión, "casos paradigmáticos (...) por el sinnúmero de irregularidades relevadas en ellos". Se trata de los más escabrosos de la cartera de crédito comercial, que "de ninguna manera representan a los 22.590 créditos que constituyen el universo del fideicomiso".

La tarea no fue fácil, tuvieron que rastrear datos en expedientes judiciales (concursos, quiebras, causas penales) porque las autoridades del Banco les pusieron "sistemáticamente trabas" para acceder a la documentación, que incluía las escasas auditorías internas y externas que se llevaron a cabo. Los legisladores accedieron a las realizadas en la Casa Matriz de La Plata, que estuvo once años sin ser auditada, "lo que habla a las claras de que se pergeñó una zona liberada".

En 1996, la consultora Harteneck, López y Cía. realizó una auditoría externa que detectó numerosas irregularidades en el otorgamiento de créditos. En marzo de 1999 debía realizarse otra auditoría en la Casa Matriz, pero fue pospuesta para fines de ese año porque el director secretario del Banco, Hugo Néstor Pifarré, consideró que "los negativos resultados podrían ser utilizados como tema de la campaña electoral". Se refería a la campaña presidencial en la que estaba inmerso el señor gobernador Duhalde, cuyo cuartel general en la Capital Federal solía ser el piso 19 de la sede central del Banco Provincia.

Pifarré tenía razón, los resultados eran tan "negativos" que provocaron la suspensión preventiva de su colega Héctor Rosario Ferraro, gerente de la Casa Matriz de La Plata y fusible para el caso. También se inició el sumario número 11.031 a los responsables "del otorgamiento de créditos en esa Casa".

El fusible Ferraro declaró ante la Suprema Corte de la Provincia que él no era "un compartimento estanco", sino que recibía órdenes de la Gerencia General y del Directorio, presidido en aquel momento por un hombre de confianza del gobernador, Rodolfo "Rolo" Frigeri. El diario *Hoy* de La Plata le dio la razón en un comentario publicado en febrero de 2001: "¿Por qué se sanciona a esos funcionarios como responsables directos del desequilibrio financiero del Banco? Fueron Frigeri y Duhalde que entregaron en forma irregular créditos millonarios sin avales y garantías, cuyas consecuencias se están pagando hoy".

Al avanzar en su investigación, los legisladores escucharían sorprendentes declaraciones testimoniales de algunos funcionarios del Banco. El gerente general Ernesto Bruggia admitió que "estaban expuestos a presiones políticas desde los distintos niveles". Se refería a la intervención de "un diputado" para que se le concediera un crédito a la constructora de Victorio Américo Gualtieri.

En cambio, el subgerente general adscripto, Raúl García, ingresó a la picaresca al aducir que "se encontraba con graves problemas de salud, y que esto le producía lagunas mentales. Así argumentó cuando se le cuestionó sobre la asistencia crediticia a su cuñado Miguel Ángel Nicolás, por él otorgada". El cuñado Nicolás recibió 676.983 pesos-dólares que pasaron también al fideicomiso. Más que lagunas había océanos.

Como suele suceder, la deuda estaba concentrada en un puñado de privilegiados. Apenas 153 deudores, el 0,7 por ciento del total, debía más de 812 millones de pesos-dólares, el 43,9 por ciento de la deuda transferida al fideicomiso. En tanto 16.899 deudores, que representaban el 74,8 por ciento, apenas debían en conjunto 257.180.147, el 13,9 por ciento de la deuda total. Eran los créditos más bajos: de 2.000 a 50.000 pesos-dólares.

Los peces gordos sobre los que se centró la investigación parlamentaria eran verdaderamente "paradigmáticos". No sólo por el monto colosal de los préstamos recibidos, sino por su significación social y política.

El más gordo, físicamente hablando, es Victorio Américo Gualtieri, una copia bonaerense del actor inglés Charles Laughton. Los medios y la propia Comisión Investigadora lo llaman "el Yabrán de Duhalde", por sus hábitos enigmáticos y porque le atribuyen un papel similar al que habría desempeñado el difunto Cartero junto al presidente Menem, bancando su actividad política —y algo más— a cambio de suculentos negocios.

Gualtieri es un hombre de suerte, indudablemente: según el fisco, el valor de sus propiedades pasó de 3 a 200 millones de pesos-dólares en apenas seis años. Casualmente, los años que van de 1993 a 1999, cuando Duhalde y su pintoresco ministro de Obras Públicas, Hugo Toledo, realizaron una vasta, extensa y —según los legisladores— sobrevaluada obra pública.

"La necesidad de 'cortar cintas', como manera de gobernar, tuvo para los habitantes de esta provincia, un cruel saldo", dice el informe y agrega: "No solamente significó endeudamiento externo en exceso, sino que también contribuyó en parte al vaciamiento del Banco Provincia. Las empresas constructoras, que en los '90 eran cartón pintado, ya que no tenían capital de trabajo, fueron asistidas financieramente por el Banco Provincia por encima de su capacidad de pago, alineándose el directorio del banco con la política pública del Gobernador".

No es retórica: La empresa Victorio Américo Gualtieri S.A. (VAGSA) se constituyó el 9 de agosto de 1993, mediante escritura N° 168, suscribiendo un capital de apenas 12.000 pesos-dólares y recibió préstamos del Banco Provincia por 118 millones de pesos-dólares. Son créditos clasificados con el número 4: "con alto riesgo de insolvencia". No obstante, la siguieron asistiendo. Incluso mientras los créditos a VAGSA eran motivo de una auditoría, el directorio del Banco les aprobó nuevos préstamos a razón de 10 millones de pesos-dólares por mes. Al cuestionar la forma en que los créditos fueron otorgados, los legisladores repetirán una advertencia que es válida para otros casos: "los hechos mencionados podrían constituir delitos tipificados por el Código Penal".

La investigación demostró que no sólo se había inventado una burguesía constructora provincial, sino que se había financiado generosamente a la vieja oligarquía, encarnada en el Grupo Soldati, e incluso al rival Menem, a través del ex cuñado y cajero presidencial Emir Yoma, a cuya empresa Yoma S.A. se le otorgaron 20 millones de pesos-dólares. No sólo eso: le permitieron girar en descubierto sobre la cuenta corriente durante 900 días.

El Grupo Soldati era un verdadero paradigma de la "patria contratista" que había hecho su agosto en tiempos de la dictadura militar y su ministro de Economía, José Alfredo Martínez de Hoz. El Grupo en conjunto recibió 80 millones de pesos-dólares, de los cuales 55 millones fueron para su famoso Tren de la Costa. Este proyecto de esparcimiento —sobre la base de un viejo ramal ferroviario desactivado y sus adyacencias útiles para los "shopping" y el negocio inmobiliario— floreció en la primavera de las privatizaciones a favor de las generosas concesiones que otorgaron Carlos Menem y su entonces exitoso ministro de Economía, Domingo Cavallo. El decreto de conseción benefició al único oferente que se preentó a la licitación pública, que era, casualmente, el Grupo conducido por Santiago Soldati.

Según la investigación de Mosquera y Di Pietro, al recibir como garantía del préstamo al Tren de la Costa el resultado de la explotación comercial, mediante "cesiones de créditos que luego resultaron revocados judicialmente", el Banco se convirtió, contra sus estatutos, en socio de riesgo del señor Soldati.

Pero el más grave, el que causó más asco entre los funcionarios decentes del "primer banco argentino", fue el otorgado a Showcenter S.A., un proyecto de "esparcimiento" del grupo conducido por Nicolás Maccarone, al que se le arrimaron créditos otorgados en condiciones más que cuestionables por valor de 113 millones de pesos-dólares.

Tal vez beneficie uno de los que se molesta cuando los piqueteros cortan la ruta y le impiden la "libertad de circular" con su BMW. O de los que aplauden al gobernador Ruckauf cuando promete bala para los delincuentes.

Chrystian Colombo, el jefe de Gabinete, no era precisamente un querubín (había sido, por ejemplo, gerente del Banco Macro, que había operado con el investigado banquero Raúl Moneta), pero pocas veces en su vida había escuchado algo tan repugnante.

Un gobernador peronista entró al despacho de Colombo, contiguo al de Fernando de la Rúa y, encontró al voluminoso vikingo temblando y puteando, con los ojos llorosos. "Pero no en un llanto modosito de cheto, de niño bien que se queja con la señorita, sino en un llanto de furia".

—Lo saqué como rata por tirante —repetía Colombo en su ataque, sin aclarar a quién se refería.

—¿Cuándo?

—Hace un rato, apenas. Casi te lo cruzás.

—¿A quién?

—A Diego Guelar.

Diego Guelar era el arquetipo del "reciclado" que floreció en los jardines del menemismo. Aunque venía de una familia judía de fortuna, en los '70 había tenido su cuarto de hora de "compromiso" y "radicalización" y había militado en las estribaciones políticas de la organización Montoneros. A comienzos de 1976 había salvado su vida por casualidad: llegó unos minutos tarde a la cita que tenía con el "Nono" Jorge Lizaso, frente al Café de los Angelitos, y pudo ver —desde la vereda de enfrente— cómo una patota, desconocida para él en aquel momento, se llevaba al compañero a la rastra, sangrando. Lizaso, sometido a torturas medievales por los hombres del Grupo de Tareas 332, fue asesinado en la Escuela de Mecánica de la Armada y su cuerpo nunca fue entregado a su familia.

Diego tuvo más suerte, astucia y dinero. La familia Guelar, que tenía negocios con algunos militares, como el general Manuel Ceretti o el almirante Emilio Massera y sus hijos, lo había salvado, reinstalándolo de a poco en ciertos oscuros emprendimientos financieros. Como el Banco del Oeste, por ejemplo, por cuyo vaciamiento su hermano Guido aún permanece cómodamente prófugo.

En 1983, cuando retornó la democracia, Diego retornó a la vida política y al peronismo, por el cual llegó a ser diputado y funcionario a lo largo de veinte años.

En las postrimerías del gobierno de Menem, Diego marchó como embajador a Estados Unidos y Washington le otorgó el *placet*, a pesar de que la oficina estadounidense de Interpol tenía un pedido de captura contra su hermano Guido. En aquellos días se mostraba como un cínico admirador florentino del Turco y para compensar la metamorfosis, cuando estaba en Buenos Aires, recalaba los lunes a la noche por la "Parrilla Rosa", para reencontrarse, lleno de emoción, con "los compañeros de los setenta".

Cuando Menem perdió la interna con Duhalde y se hizo evidente que su segunda reelección era imposible, Guelar descubrió los encantos del Cabezón. Y luego los del sucesor Ruckauf, de quien no tardó en convertirse en "asesor internacional".

Con ese rango, su cara redonda y colorada y el costoso bastón de caña, que empuñaba por snobismo y no por renguera, había hecho su entrada triunfal en el despacho de Chrystian Colombo para transmitirle una propuesta del amo de turno.

El gobernador Ruckauf —y detrás de él, Duhalde— le ofrecían al débil y vacilante gobierno de la Alianza un pacto de gobernabilidad. Una suerte de toma y daca. El peronismo bonaerense asumiría un "cogobierno" a cambio de salvar del desastre inminente al Banco y a la provincia de Buenos Aires.

—Mirá... —propuso Diego Guelar sin ruborizarse. —Lo único que importa en la Argentina es la provincia de Buenos Aires. Por lo tanto, el acuerdo no lo tienen que hacer con los "federales", sino con la provincia de Buenos Aires. Y acá la salida es que Ruckauf entre al gobierno nacional, como jefe de Gabinete. Como a vos Carlos te quiere mucho, podés hacerte cargo del Ministerio del Interior. Ah... uno de ustedes tendría que ir como interventor de la provincia porque Carlos —te lo digo entre nosotros— no lo quiere mucho a Felipito Solá. Ese sería el esquema. A discutir, desde luego...

Era una de las jugadas tácticas contempladas en el Plan "A".

Pronto las circunstancias históricas harían que madurase rápidamente el estratégico Plan "B".

6

LA CALLE

IR AL ENCUENTRO

Hoy se producirá el encuentro entre el Toba y el Tinta, Martín Galli, el chico de las rastas a quien él regresó de la muerte. Hace dos días fue al Argerich, pero no pudo verlo. Lo recibió un hermano, que no sabía cómo agradecerle al extraño personaje del mechón blanco. "No, loco, está todo bien".

Suenan las chicharras, en estos días tórridos de fin de año, entre la Navidad y el Año Nuevo. Sobre la tierra caliente de diciembre, arrugado y embarrado, un pedazo de diario con la sonrisa desmedida de Rodríguez Saá, el nuevo presidente que eligieron *entre ellos*. El Toba sale de la quinta que heredó de su viejo, el mayor retirado Héctor Luis García.

(*Viejo jodido, milicazo, que a los 14 años te odié para siempre cuando le alzaste la mano a la vieja y tuve que tomármelas de casa para no matarte. Que al final te quebraste y hasta te gustaba León Gieco. Que al final nos entendimos, esa vez, cuando hablamos toda la tarde y toda la noche, por suerte, para que no te murieses con tu propio muro por delante. Y supe que yo había estado equivocado: que nunca te mandaste una ranada, que nunca engañaste a la india. A pesar de que vos eras blanco, alto y pintón y ella, morocha, gordita y bajita*).

La quinta del viejo, que le habían ocupado y rescató, convenciendo a los desocupados-ocupantes de que la necesitaba para vivir con su familia porque no tenían otro lugar adonde ir. Que la necesitaban para que Sacha Guaira creciera en ese jardín sin límites, donde el pasto de la vereda se junta con el de la quinta. Donde el finado abuelo del Viento Salvaje debe haber conspirado con otros milicos peronistas como él, hace como mil años.

¿Qué diría si supiera que allí trabajan ahora con los chicos de la villa que tienen adicciones? Como el Polaco, al que no veía desde que era un pendejito de siete años y se lo encontró, un hombre ya. Y adicto. "Pero ojo, Toba: adicto legal. Yo laburo para comprarme la merca. Yo no robo".

¿Qué cara pondría al ver a los otros, a los que no tienen adicciones, pero quieren comer todos los días? Aprobaría el plan del comedor, seguramente. Porque algún día, pronto, estará todo listo para que esos pibes de la villa almuercen y merienden, como deberían bien almorzar y merendar todos los chicos argentinos.

¿Qué se le rompería por dentro al viejo si regresara por esta calle de tierra a la quinta pasando Ezeiza, donde antes reinaban los cardales y sólo había una o dos casitas perdidas entre los yuyos. Ahora está el barrio Sol de Oro, con sus casillas de emergencia, el arroyo contaminado, una desocupación del 77 por ciento, un 17 que trabaja cuando le cae una changa y sólo un seis por ciento que tiene un laburo estable? ¿Qué fichas se le moverían en el mate al regresar una noche y verlos sacar comida de los tachos de basura?

En el largo viaje al hospital, el Toba recuerda la tarde del 20 de diciembre. Volverá a evocarla, algunos meses después, frente a un grabador:

"Ese día yo estaba trabajando con los pibes de la escuela de fútbol del Sindicato de Farmacia y me llama el director. Voy, y estaban pasando por la tele lo que estaba ocurriendo en Plaza de Mayo. Y bueno, fue como volver el tiempo para atrás. Y sí, lo que me impactó mucho en un primer momento fue el nivel de participación de la gente, ¿no? Vos fijáte que en este país estamos hablando de 'hasta el veinte y después del veinte'. Un pueblo totalmente desmovilizado que de repente hace 'crac'. Y no va a pedir una bolsa de comida, va a pedir la destitución de un presidente. No es joda.

"Me sentí mal de no estar ahí. Así que lo miré al director y le dije: 'Chau, me voy a la Plaza'. Me di media vuelta y empecé a caminar por la calle Rincón para el Congreso. Y allí me encuentro siendo parte de lo que estaba sucediendo. Las idas y venidas con la policía. Los avances y los retrocesos. Y sí, me impresionó la firmeza de la gente."

Hubo tiempos buenos en los 27 años de Diego Lamagna, del Nano. Momentos acrobáticos, que eran el lujo de una vida áspera, signada por la tragedia: subir por la rampa pedaleando fuerte, hacer una curva en el aire y aterrizar de nuevo con las dos ruedas, sin tembleques ni tropiezos, completando el círculo, como debe hacerlo un *biker*.

En 1985, cuando el Nano tenía once años, su padre se murió de cáncer. La familia pasó a conocer la soledad y el hambre. El chico tuvo que ponerse las pilas y proteger a su madre y sus dos hermanas: Karina, de 13 y Lorena, de 8. De día iba al colegio y por las noches trabajaba en la panadería "25 de Mayo", en Sarandí, Avellaneda, donde vivían.

Como lo enloquecía andar en bicicleta, ahorró unos pesos para comprarse una de regalo el mismo día —21 de agosto— en que cumplía doce años. Su hermana Karina lo acompañó hasta Barracas, cerca de la vieja fábrica de Alpargatas, a buscar una de segunda mano. Con esa bici y un *skate* que él mismo se había fabricado comenzó a dominar las rutinas del *freestyle*, hasta llegar a ser un maestro.

Le encantaba la música, su grupo favorito era Slayer, que escuchaba hasta el hartazgo volviendo locas a sus hermanas.

Trece años más tarde, Diego corría para Vairo Bikes, con bicicletas que le daba la propia firma para testearlas en las revistas especializadas y competía en distintos lugares del país, como Córdoba, donde vivió más de un año y diseñó una rampa en Villa Carlos Paz. Tenía como *sponsors* a Vairo, a Roll 77, a Etnies. Karina Lamagna, que se había ido a vivir a Santa Cruz con su pareja, cultivaba la nostalgia del hermano que admiraba por su independencia ("porque siempre se las arregló solo") comprando las revistas de ciclismo que lo mostraban con su casco, volando sobre una rampa. Como voló en el programa de Susana Giménez, donde llegaron a pagarle tres mil dólares por una sola presentación. En esa época ganaba buen dinero y hacía lo que más le gustaba: era mentor de los chicos que empezaban y recorría el país diseñando bicis y rampas.

El 20 de marzo del 2001 la vida les propinó un golpe más duro e inesperado que la muerte del padre: la hermana menor, Lorena, de 22 años, fue acuchillada por su pareja y murió a causa de las heridas. Dejó un niño de tres años y una bebé de seis meses. A Diego le tocó darle la noticia, por teléfono, a Karina. Los dos hermanos se las arreglaron para preservar a la madre y evitarle los trámites del funeral. Juntos afrontaron después una dura batalla para que la justicia castigara al asesino y les entregara a los sobrinos. Al varón se lo habían llevado los abuelos paternos y no lo vieron más. Tuvieron más suerte con Catalina, la bebé de seis meses, que dejaron abandonada junto a la madre agonizante. Karina logró la guarda judicial de la sobrinita tras largos y engorrosos trámites en uno de esos juzgados que a la tragedia le suman el maltrato. La excepción fue la encargada de la Defensoría, Irene Yorio, que se mostró solidaria desde el primer momento.

Nueve meses después, el 20 de diciembre, Diego almorzaba con su madre en la casa de Sarandí, cuando vio por la tele lo que la Montada hacía con los manifestantes en Plaza de Mayo y aunque no tenía ni asomo de militancia política, se indignó. Sin acabar de comer se metió en la pieza para cambiarse. A la madre, a quien seguía manteniendo y protegiendo, le dijo que iba a verse con un amigo.

Viajó al centro en un colectivo de la línea 24.

Cuando no regresó por la noche, la madre sintió una ligera ansiedad pero no llegó a preocuparse. A veces Diego se quedaba a dormir fuera de casa, como cualquier muchacho de su edad. Pero al avanzar la mañana comenzó a pensar como quienes que ya conocen la tragedia: ¿si ya ocurrió una vez, por qué no va a volver a ocurrir?

Alberto Márquez tiene 57 años, tres hijos, dos nietos y una larga militancia en el Partido Justicialista de San Martín.

Ha festejado la caída de Cavallo y aguarda esperanzado que se confirme la renuncia de Fernando de la Rúa, pero está muy lejos de parecer un "violento" que hace trastabillar al Estado. Desde hace muchos años lleva una buena relación con Carlos Brown, que es un importante ladero de Eduardo Duhalde. Con él ingresa en 1984 a la Renovación Peronista que conduce Antonio Cafiero y, mucho después, a fines de los noventa, lo acompaña como funcionario cuando Brown asume como intendente de San Martín. Primero es delegado de Acción Social, después se integra al Consejo Escolar. Pero no es el típico puntero bonaerense, ni un burócrata insensible; es un tipo jovial, al que le gusta estar en contacto con la gente. Un señor sonriente, canoso y calvo, que lo pasa muy bien con su segunda esposa, Marta Pinedo, una criolla de 45 años, que está enamorada y se lo demuestra.

Alberto ya no trabaja en la municipalidad de San Martín: desde hace tiempo vende seguros del Banco Provincia.

El 20 de diciembre marcha a la Plaza de Mayo con su mujer, Marta, y una pareja amiga, pero como tantos otros miles, no pueden pasar.

Los cuatro amigos son gente grande, que se viste, comporta y caminan como personas prudentes. Cuando la policía no los deja avanzar hacia Plaza de Mayo se repliegan con otros ciudadanos de a pie como ellos: gente común y silvestre que incluso ha ido a protestar con sus hijos.

La plazoleta de Cerrito y Sarmiento les parece un remanso, donde otros manifestantes como ellos, que no quieren mezclarse con la batalla del Obelisco, encuentran un refugio arbolado y propicio en esa tarde agobiante. Con ese calor y esos gases que te hacen vomitar.

Se sientan en un banco, a mirar. En un momento, Alberto se levanta y baja del cordón para observar lo que está ocurriendo a pocos metros, hacia Corrientes, donde las camionetas de OCA se incendian en la tarde. El viejo Alberto no tiene vocación de mártir: simplemente no los ve llegar y estacionarse en medio de la avenida más ancha del mundo.

Está de espaldas al que le apunta al cuerpo con toda tranquilidad.

A diario se juegan la vida para que un mensaje llegue a tiempo o una pizza se coma caliente; es uno de los oficios —servicios, sector terciario— que han florecido con la globalización, mientras agonizaban otros menesteres fabriles; jinetes mecánicos del apocalipsis milenario, que no portan el Armagedón en sus negras mochilas, sino que lo padecen, como (casi) todos.

Los llaman "motoqueros" y transportan también ese nombre, con legítimo orgullo. Hasta hace poco no estaban organizados, pero en esta Argentina donde el caos viene de arriba, todo empieza a reorganizarse desde abajo. Y los "motoqueros" se sindicalizan. Algunos promotores del nuevo sindicato son chicos con una pesada mochila familiar e histórica sobre sus espaldas: hijos de desaparecidos que militan en la organización HIJOS.

El 20 de diciembre no sólo la policía utilizó motos para reprimir, el pueblo también empleó una formación de motociclistas para resistir. Jorge Camarassa, uno de los cronistas del levantamiento, los llamó "la caballería de los manifestantes", y no resulta una metáfora exagerada. Su formación en cuña abrió espacios donde los azules federales los cerraban, sus motos guapearon frente a las descargas cerradas de la guardia de infantería y en algún caso hicieron retroceder a un camión hidrante. Además, fueron la inteligencia que guiaba a los ciudadanos de a pie que no querían vaciar la Plaza ni el centro de la ciudad para regalarle ese vacío callejero al poder: "Vayan por allá", "Reculen por acá, rajemos", "Guarda que los esperan en la esquina", "Cuidado", "Ahora, vamo', vamo' que los chabones se van a la mierda". En algún momento de la tarde, cuando se supo que el "chabón mayor" había renunciado, desfilaron con gracia en la Plaza de la República, haciendo flamear, entre el humo negro y el oro de los incendios, una enorme bandera celeste y blanca, que no resultó patriotera ni retórica, sino plástica, dramática. Una perdurable imagen cinematográfica.

A esa caballería del pueblo pertenece Gastón Marcelo Riva, un joven robusto, atlético, de cara redonda y franca, que a las tres y media de la tarde conduce su Honda CG 125 por Avenida de Mayo, entre Tacuarí y Bernardo de Irigoyen. Gastón no marcha solo entre los gritos y los gases. En el asiento de atrás, el manifestante Daniel Horacio Guggini, un empleado del Hospital Pirovano, observa todo lo que ocurre a su alrededor, sin imaginar que será el testigo crucial de un asesinato.

Daniel registra que Gastón y otros dos motoqueros aceleran sus motores en vacío "para hacer bardo", mientras la policía se repliega hacia la Plaza de Mayo. Con alguna excepción: una formación de cuatro policías, "vestidos con las camisas blancas y las gorras (de visera) que usan ahora", se forman, vuelven a "tomar posición".

El motoquero está frente a la policía, con todo lo que carga en la mochila: 31 años, de los cuales, 21 los vivió en lo que históricamente fue "la rica zona agropecuaria" de Ramallo; su mujer María, sus hijos: Camila de 8, Agustina de 3 y Matías de 2 (esa gente chiquita y divertida con la que gozan metiéndose, todos juntos, a chapotear en una pelopincho de cuatro por cuatro). Un escrito dice por ahí que "Gastón conoció a su mujer hace diez años y con ella se vino a vivir a Buenos Aires, donde convivieron cuatro años antes de casarse". En Ramallo hizo dos años de industrial y es de imaginar por qué dejó. Alguna vez quiso poner un negocio en Neuquén, pero la cosa no anduvo, como no suele andar. Regresó a Buenos Aires y se compró la moto. De día, hasta las cinco de la tarde, trabaja en una mensajería. De noche, hace reparto para una pizzería de Flores, donde vive. Los domingos, cuando puede, se va a la cancha de Boca. A confirmar su fe de bostero irredento.

Son cerca de las cuatro de la tarde, Fernando de la Rúa está por hablar al país en cadena nacional. Gastón Marcelo Riva acelera la Honda CG 125 y avanza 50 metros en dirección a la Plaza de Mayo.

Él sí es militante y esta no es su primera movilización. Claro, ninguna alcanzó semejante intensidad y trascendencia histórica. Los viejos, los que eran jóvenes como él en los setenta, hablan ya de "Porteñazo" y "Argentinazo", dos sueños no cumplidos desde la edad de oro de los dos cordobazos y las siete insurrecciones populares que, treinta años atrás, descolaron el sueño franquista del teniente general Juan Carlos Onganía.

Carlos "Petete" Almirón tiene 23 años; una barba candado que encierra un labio inferior grueso, de beduino; ojos negros que podrían parecer perplejos pero indagan sin concesiones, lejos ya de la conciencia ingenua que se asocia a su corta edad. Un dibujante del FBI trazaría con esos rasgos el identikit del fundamentalista. "Cherco", su amigo el abogado Sergio Smietiansky subraya una cualidad por encima de todas: su disposición permanente e incondicional a ser solidario.

"Petete", como Lamagna, viene del sur del conurbano, que supo ser fabril y proletario. Él mismo trabaja con su padre colocando membranas en los techos. Vive en Lanús con su abuela y sus dos hermanos, Yésica (14) y Fernando (19), cursa el Ciclo Básico Común de Sociología en Avellaneda, es hincha de Independiente y de Talleres de Escalada y le gusta escuchar a una banda *heavy*, Hermética. Pero ninguna de esas señas particulares lo coloca en la mira de la policía y los "servicios", sino ciertas constantes que figuran en su ficha: comenzó su militancia en el secundario, en el grupo Mentes Abiertas que después se convertiría en el MIRP (Movimiento Independiente de Revuelta Popular); concurre a las marchas por Walter Bulacio, el muchacho que asesinó la policía a la salida de un recital de los "Redondos"; participa en los pedidos de justicia por la masacre de Ingeniero Budge y en las campañas para que se encuentre y condene a los policías responsables, que llevan once años prófugos; milita en la CORREPI (Coordinadora contra la Represión Policial e Institucional) y, por si esto fuera poco, es "un notorio activista" del Movimiento de Desocupados "29 de Mayo" de Lanús.

El 20 viaja en tren a Plaza Constitución, decidido a participar en la "gran pueblada". Llega a Plaza de Mayo con una columna de trabajadores desocupados, en momentos en que se desata la represión. Actúa y es observado.

Se llama Ciudad Oculta y está en el barrio de Mataderos, en uno de los confines de la ciudad. El invariable Matadero sigue apestando a sangre rancia como en tiempos de Esteban Echeverría y la Ciudad es Oculta por imperio de la necesidad, del abandono, de la hipocresía de la otra ciudad, la Ciudad Visible, que la escamotea. En México, las villas miseria se llaman, análogamente, "ciudades perdidas".

Es un escenario terroso, erigido al costado de un hospital que nunca se terminó de construir, donde los espacios abiertos, desalmados, se combinan con una intrincada trama de callejuelas bordeadas de casillas de cartón y latas; un dédalo que no conduce a ningún destino.

Por allí se asoman los uniformados de la 48, los robocops de la Guardia de Infantería y varios grupos de civil. "Unidades de combate". ¿De combate contra quién? Seguramente contra los villeros, a quienes los policías ven como el origen de todos los males, de todas las violencias, de todos los delitos, de todos los peligros. O fingen creer que es así, porque lo predican sus jefes. Entre ellos se suele encontrar algún represor de tez oscura, que gana un sueldo miserable y no ha leído a Fanon, que le comenta a su compañero de escuadra:

—Hay que hacer pelota a estos negros de mierda.

A Rubén Darío Aredes, por ejemplo, que el 20 a las tres de la tarde deja su trabajo en la tripería, donde gana doscientos o a lo sumo trescientos pesos por mes, para sumarse a la protesta del barrio.

Rubén tiene 34 años, una compañera que lo mira aterrada, pensando en el hijo pequeño y en el bebé que viene en camino. Pero el hombre está decidido y marcha a reunirse con los compañeros y vecinos. De reojo mira la casilla que está ampliando para recibir al nuevo bebé y se le insinúa en la garganta una molestia que avienta enseguida: ¿quién ha dicho que no va a regresar a terminarla?

Gustavo Daniel Benedetto es flaco, alto, de piernas largas. Tiene 23 años y una hermana, Eliana. Su padre murió hace un año y medio y desde entonces mantiene la casa paterna, porque su madre, Olga, recibe una pensión que no alcanza para nada. Viven en La Tablada. El flaco es tenaz y ahorrativo; desde los 18 años viene trabajando en supermercados de la zona y con sus ahorros de cinco años ha logrado comprarse un auto de segunda mano. En la semana previa al 20 compra un estéreo para el coche. Un estéreo para escuchar los temas del Grupo Baroja, una banda de rock de allí, de La Tablada, a la que quiere sumarse tocando la armónica. Pero el 19 de diciembre, el día de los grandes saqueos, se le dan vuelta los dados. El supermercado "Día" de Villa Madero, en el que trabaja como repositor, es saqueado y los dueños articulan la única respuesta que conocen: Gustavo Daniel Benedetto va a parar a la calle sin anestesia. A engrosar un ejército de desocupados que crece a razón de 8 mil trabajadores por día.

El 20, el flamante desocupado decide sumarse a la protesta. Poco antes de que den *las cinco en sombra de la tarde*, marcha al encuentro de su destino: en la esquina de Avenida de Mayo y Chacabuco, frente al edificio que ocupa el banco HSBC y la embajada de Israel.

Martín Galli, el chico que ya no lleva rastas, pero conserva la bala en la cabeza, espera la visita del Toba en el Hospital Argerich.

Las emanaciones del plomo en el cerebro deben engendrar delirios y pesadillas, porque en las madrugadas, en la hora del lobo, cuando los pasillos en penumbra del hospital se pueblan de fantasmas y agonías, *ellos* —los sin rostro— regresan a completar la tarea inconclusa.

Pocos días después, cuando el Tinta ya se haya ido del hospital, el padre del muchacho le revelará al periodista Claudio Savoia que su hijo, dormido, le gritaba al asesino al que no le vio la cara: "Matáme, matáme bien, hijo de puta".

De día, sobre todo en los primeros días, el Tinta siente bronca, antes que miedo o dolor, y le pregunta a su madre, la profesora de historia, por qué la sociedad argentina mata a sus hijos.

—¡Ah, allí está, ese morocho con un mechón blanco es el que me salvó!

El Toba lo abraza y lo besa, con los ojos llenos de lágrimas. Todos los presentes lloran: el Toba, el Tinta, el padre, la madre y el hermano del Tinta. Lloran por el milagro, aunque todavía no conocen el misterio que el milagro conserva oculto en su prodigiosa corteza.

Algo que va mucho más allá de este encuentro entre un hombre de 50 años y un muchacho de 26. De un hombre que conserva intacto hasta el lenguaje, cándido si se quiere, de sus años juveniles y le ha puesto "Hermanecer" al comedor de los niños humillados y ofendidos. Hombre maduro frente al cual hay un muchacho que se cree (o se creía) escéptico, fascinado ante la dual soledad cósmica de Borges, que dice "no creer en el ser humano", pero sin embargo fue a la Plaza y se ligó un balazo. Probablemente por lo que dice el libro que leyó antes del tiro y no suelta en esos días, el *Baudolino* de Umberto Eco.

El Toba lo ve sobre la mesa de luz, aunque no repara que tiene un marcador en la página 406, donde se lee un comienzo de explicación para el encuentro que las dos generaciones han logrado el 20 de diciembre: *"Todo no está prohibido, Baudolino, incluso el amor por lo soñado. Si tú supieras cómo quisiera cabalgar a la cabeza de un ejército sintiendo el olor del viento y de la sangre. Mil veces morir en batalla, murmurando el nombre de la amada, que quedarme en este antro para esperar qué, quizás nada".*

7

EL PALACIO

ÍCARO

Las consignas y los cánticos improvisados ascienden por las escalas de la noche de verano y llegan hasta el piso 23 de la torre de Libertador y Ocampo. A través de los ventanales, que la matrona de ojos saltones cierra con furia, todavía se alcanza a escuchar lo que aúllan cuatro mil desaforados sobre una de las avenidas más elegantes del país:

*"Que se va-ya, que se va-ya, que se va-ya, /
quesevaya, quesevaya, quesevaya..."*

También se oyen las cacerolas que empezaron a sonar apenas Fernando de la Rúa terminó su discurso anunciando el estado de sitio. Los bombos. Las sonoras mentadas de madre que horrorizan a Sonia Abrazian, la matrona de ojos saltones. A su marido le encienden esa mueca entre hipócrita y ausente que le brota en los trances difíciles: una sonrisa forzada, con dientes de barracuda, mientras los ojos celestes con pestañas de Betty Boop prometen venganza. A sus espaldas, en un ángulo oscuro del living interminable, las luces del árbol de Navidad se encienden a intervalos, como burlándose de su derrota.

Aún no sabe, se enterará más tarde, que esos manifestantes, congregados en abierto desafío al estado de sitio, no son negros hambrientos, ni piqueteros, ni siquiera los clásicos docentes de todas las huelgas, sino gente bien, vecinos de Palermo Chico y adyacencias, indignados con él por el embargo de sus ahorros. A lo sumo, en el nivel más bajo de la escala social allí presente, pueden encontrarse clasemedieros más o menos "progres", más que menos empobrecidos, que hace dos años votaron en contra de él y de lo que fue la década menemista, esperanzados en el país de trabajo y transparencia que la Alianza prometía. Ahora están pidiendo, junto a su cabeza, la del hombre que hicieron Presidente con el 48 por ciento de los votos.

De pronto Domingo Felipe Cavallo, el hijo del escobero de

Córdoba que llegó a Harvard en los setenta, siente miedo. Un miedo espeso que le nubla la conciencia. El miedo de que los manifestantes arrollen a la custodia, tiren la puerta de calle abajo y suban los 23 pisos para quemarlos vivos en ese departamento de 700.000 dólares. Sabe que este miedo se lo contagian Sonia y los hijos. La familia está alterada. Han logrado ponerlo nervioso. Tan luego a él, a quien la omnipotencia ha preservado (casi) siempre de los temores humanos.

Hay, sin embargo, un antecedente de esta protesta: el "escrache" que le organizaron trabajadores de Aerolíneas Argentinas cuando se casó su hija Sonia María, Sonita, en la iglesia del Pilar, el templo mayor de la vieja oligarquía vacuna. Esa fría noche de julio, integrantes de los gremios aeronáuticos que trataban de salvar la línea de bandera, a punto de ser liquidada por el Estado español, se apostaron frente a la iglesia para apostrofar a quien era ministro de economía de Menem cuando Aerolíneas se malvendió a Iberia.

Estaban el padre de la novia, de riguroso frac negro y corbata de plastrón gris perla; la madre, Sonia, con su vestido blanco de encaje diseñado en exclusiva —como el de su hija— por Gino Bogani; los otros hijos del matrimonio, Eduardo Alfredo y Alberto Felipe; la azorada novia Sonita y su marido norteamericano, Daniel Runde. Todos recibieron insultos y huevazos de los enfurecidos manifestantes y tuvieron que escapar de la barroca iglesia, por una puerta que conducía al contiguo cementerio de la Recoleta. La ceremonia adquirió un tinte buñuelesco con esas parejas de smoking y vestido largo, que saltaban en las sombras sobre las tumbas de los próceres. En la calle, la policía y los custodios privados cargaban contra los manifestantes usando entre otros argumentos persuasivos una vieja invención convenientemente aggiornada: la picana eléctrica a pilas, para apartar "elementos antisociales" con "toques" oportunos. El instrumento volvería a usarse contra manifestantes el 20 de diciembre, en el centro magnético de la Plaza de Mayo.

Después del mal trago, novios, padres e invitados lograron llegar sin mayores tropiezos al cercano Alvear Palace

Hotel, donde disfrutaron de una fiesta que apenas costó 75.000 dólares. Como los cortesanos de María Antonieta, olvidaron con el Luigi Bosca Cabernet Sauvignon y el champagne Chandon *extra brut*, los inquietantes resentimientos que pueblan las calles de la crisis. Es probable que ninguno de los presentes —incluidos el anfitrión Cavallo y su consuegro Mr. Runde, un cotizado banquero neoyorquino— haya sacado molestas conclusiones sociológicas. Como evaluar, por ejemplo, que un sector ponderable de la clase media había simpatizado, como nunca antes, con los trabajadores de Aerolíneas Argentinas. Y, sobre todo, con el ícono que alzaban en todas las protestas: la imagen de una azafata rubia, crucificada.

¿Pero cómo pensar en esas cosas, cuando uno ríe con genuina simpatía viendo a Mingo bailar un chamamé o hace coro para escuchar a su flamante yerno, el gringo Runde, cantando "Unforgettable" para la novia?

Cavallo toma el inalámbrico y marca el celular del abogado Alfredo Castañón, que ha sido y es mucho más que su secretario legal en el Ministerio de Economía: su jefe de inteligencia en los días duros de la lucha contra Alfredo Yabrán; uno de los organizadores y voceros parlamentarios del partido Acción por la República y el experto en seguridad que quiso llevar a la SIDE en marzo, cuando llegó al gobierno como salvador, a imponer condiciones.

—Comunicáte con la policía y que pongan una custodia especial. Hay mucha gente acá abajo y tengo miedo que hagan un desastre.

—OK. Ya lo llamo a Santos.

Son las once de la noche del miércoles 19 de diciembre. Castañón está en la Cámara de Diputados observando como los mismos diputados que hace apenas nueve meses le otorgaron los "súper poderes" a Cavallo, ahora se los están sacando. Marca el celular particular del jefe de la Policía Federal, Rubén Santos, y le transmite su diálogo con quien todavía parece ser el ministro de Economía. Santos le contesta amablemente que ya ha dispuesto "enviar gente", *motu proprio*. El policía, formado en los vericuetos burocráticos del área documentación más que en el duro realismo de las comisarías, suele mostrarse obsequioso (obsecuente, dicen algunos de sus pares) con los "políticos" en el poder. Con Castañón tiene una relación especial, porque se rumorea que el abogado de Cavallo podría ser nombrado secretario de Seguridad, palanqueado por su viejo amigo de los tiempos de militancia estudiantil en Franja Morada, el dirigente radical Rafael Pascual. Firme candidato, a su vez, para reemplazar al renunciante ministro del Interior, Ramón Mestre.

Al menos es lo que una parte del Palacio creía, apenas unas horas antes de que volara todo por el aire.

Castañón habla con Cavallo y le relata su diálogo con Santos para tranquilizarlo. Al colgar, oye el rumor que circula en voz baja de banca a banca y termina por estallar en el Salón de los Pasos Perdidos:

—¡Renunció el Mingo!

Castañón niega con la cabeza, se ríe, sobrador; acaba de hablar con él y no le dijo nada. Miren si Cavallo no va a saber si renunció. Alguien insiste: acaba de verlo en el programa de Daniel Hadad. Ya lo anuncia, con su marcha característica, la roja plancha de Crónica TV.

El jefe de inteligencia imagina una maniobra: Colombo, el Moriarty de Cavallo en Palacio, ha "filtrado" la noticia de la renuncia para frenar el descontento popular.

Dos horas más tarde, cuando en la Plaza de Mayo ya se ha lanzado la primera granada de gases lacrimógenos, el renunciado logra comunicarse con De la Rúa. Ya no es el hiperkinético, el omnipotente, ni siquiera el que se ha humanizado durante un instante gracias al miedo que lo rodea en el piso 23, sino un desconocido, de voz gris y talante abatido, el que propone:

—Me doy cuenta de que tal vez deba irme. Si es así, disponé...

Cortésmente, con gran suavidad, el Presidente, que está seguro de seguir en su cargo e incluso ya ha decidido nombrar a Chrystian Colombo como ministro de Economía, le da la puntilla:

—Te agradezco mucho. Yo creo que la situación es así, efectivamente. Mañana lo hacemos.

Ese mañana no llegará nunca. Al superministro le aceptarán la renuncia que nunca presentó con el decreto 1681/01, el primero que firmará De la Rúa en la mañana terminal del jueves 20. En la madrugada anterior, la frase del Presidente liquida al semidiós y lo remite a la temblorosa envoltura del hombre que curiosamente ha engordado catorce kilos durante los nueve meses de su segunda era ministerial.

Así que es cierto: por eso festejan esos degenerados de los bombos abajo en la calle. Cavallo ya fue. Lo imposible está sucediendo. Nunca logrará entenderlo de manera cabal. Nunca sabrá hasta qué punto es artífice de su propio destino y del gobierno moribundo que lo convocó hace apenas nueve meses.

En los días venideros, cuando le llegue la breve cárcel y el exilio dorado, irá elaborando el duelo a partir de la estrategia cínica que ya tenía en marzo, cuando reemplazó al fundamentalista del mercado Ricardo López Murphy.

—Si me va bien, soy Gardel y si me va mal, la culpa será de la Alianza —le había confesado a Néstor Kirchner, en una charla de pasillo durante su primer encuentro con los gobernadores peronistas.

Ahora intuye que no es tan fácil, que los que lo aclamaban en marzo lo escupen en diciembre, que la inmensa mayoría de la sociedad lo repudia, que su carrera política ha llegado a su fin. Que los sueños de convertirse en un Carlos Pellegrini del tercer milenio han naufragado dentro del corralito. Sabe, pese a su voluntarismo suicida, que muchos piensan lo que el caricaturista Sábat ha sintetizado con su talento proverbial en el suplemento "Tiempos Modernos" del diario *Clarín* bajo el título "Especie extinguida". Sábat lo dibuja como un lagarto con pintas y una leyenda subraya: "Cavallo: reptil originario de la provincia de Córdoba (Argentina), emisor de un veneno mortal que, finalmente, lo destruyó".

Pero hay que seguir viviendo y, por lo tanto, hay que buscar argumentos para levantarse todas las mañanas. Como siempre, hay datos de la realidad en toda fantasía autojustificatoria. El fracasado los busca entre los recuerdos, en esos días de repudio y soledad, de encierro en la torre para evitar las asechanzas de la calle. Cada salida obliga al jefe de la custodia a concebir curiosas estratagemas, que más de una vez caerán en el ridículo o en el barroco.

Un día, para despistar a periodistas y eventuales "escrachadores", uno de los guardaespaldas se calza una máscara de goma que imita a la perfección los rasgos de Cavallo y sale en el asiento trasero de uno de los coches en que se suele movilizar el ministro que nunca renunció. Mientras los curiosos se abalanzan sobre el auto donde viaja el hombre de la máscara de goma, el verdadero Cavallo huye en una 4 por 4 con los vidrios polarizados.

En los primeros días de soledad, antes aun de que el juez Julio Speroni lo encarcele por la famosa causa de la venta de armas a Ecuador y Croacia, irá depositando toda la culpa en los otros, apelando a los variados materiales de la memoria. Materiales a los que el economista les incorporará el imprescindible valor agregado. Así, por ejemplo, recordará hasta el cansancio el día que su amiga Patricia Bullrich renunció al Ministerio de Desarrollo Social y fue a verlo. Patricia pasó por el despacho de Cavallo y le advirtió en voz baja: "Mirá, Mingo, acá hay un acuerdo de Duhalde con Alfonsín del que Colombo es parte. Un acuerdo para voltearte a vos y, eventualmente, voltearlo a De la Rúa. Saben que si se cae Cavallo, se cae De la Rúa."

Descartará en esa elaboración todo asomo de autocrítica, ignorando la sentencia de Bismarck: "Todo estadista llega tan alto como la ola que tiene por debajo". Apotegma que, naturalmente, vale también para el movimiento inverso: para el descenso, el reflujo, el retorno a la negrura donde se funde el océano con la noche.

Tampoco incorporará la reflexión de un personaje de Buenos Aires que ha estado un tiempo a su lado como jefe de prensa: el ingenioso Albino Gómez. Ignorará que el héroe tiene límites muy precisos, que los protagonistas están determinados por la circunstancia histórica (la ola de Bismarck). Así, Albino le recordará que Charles De Gaulle subió en la Segunda Guerra, declinó luego para regresar en 1958, a caballo de los sectores más reaccionarios y colonialistas, pero entendió la circunstancia histórica y firmó la independencia de Argelia cuatro años más tarde. En cambio, su incomprensión acerca del levantamiento de París, en mayo de 1968, significó el comienzo del reflujo definitivo: el retiro al "naufragio de la vejez" en Colombey-les deux-Églises.

Probablemente Albino Gómez fracasó también en su intento por abrir el espíritu de Cavallo hacia la cultura y las artes, chocando con su obsesión excluyente por el poder y los trabajos que demanda. Tal vez no alcanzó a contarle al ministro la leyenda de Ícaro, hijo de Dédalo, que huyó con su padre del famoso Laberinto, gracias a unas alas de cera que se pegó a los talones de los pies y le permitieron volar y alcanzar rápidamente una gran altura. Hasta que el irresistible ascenso lo acercó demasiado al sol, las alas se derritieron y cayó vertiginosamente en el océano.

Aunque, puesto a la imposible tarea de humanizar al mediterráneo y vacunarlo frente a ciertos peligros, tal vez debería haberle acercado un ejemplar del *Frankenstein* de Mary Shelley.

8
EL PALACIO

EL REGRESO DEL DOCTOR FRANKENSTEIN

En marzo de 2001, cuando el doctor Frankenstein regresó al poder con todos los honores, nadie pensó que nueve meses más tarde sería destruido por su propia criatura.

Las encuestas mostraron abrumadores porcentajes de aceptación para su nombramiento. Lo apoyaron, sin retaceos, propios y extraños; especialmente, el Presidente y su entorno, amén del gobernador de la provincia de Buenos Aires, Carlos Ruckauf, su viejo aliado Eduardo Duhalde y el líder del Frepaso, Carlos "Chacho" Álvarez. También cosechó la adhesión de no pocos radicales y la resignada aceptación de Raúl Alfonsín y los dirigentes de la UCR bonaerense, que no lo tragaban. El senador Leopoldo Moreau no se privó de tomarle examen en la residencia presidencial de Olivos, cuando el Presidente presentó al nuevo socio ante sus correligionarios y los aliados del Frepaso. Moreau quería ser ministro de Desarrollo Social y el Regente le cerró el camino.

Entre la salida de Cavallo del gabinete menemista en 1996 y su entrada triunfal al gobierno De la Rúa mediaban apenas cinco años, que parecían mil por los cambios operados en el mundo y en la Argentina, donde ya resultaba muy difícil disimular la bancarrota. Para Domingo Cavallo esos cinco años eran los de la experiencia política partidaria: la creación y desarrollo de su partido Acción por la República, con el que había conseguido un diez por ciento de votos a nivel nacional y su ubicación en el arco parlamentario como el referente mayor de la centroderecha. Una perspectiva nada desdeñable para una futura opción presidencial.

Muchos creyeron entonces que ese paso por la política había tornado más dúctil y menos soberbio al tecnócrata mediterráneo, pero se equivocaban. En marzo de 2000, cuando perdió las elecciones porteñas frente a Aníbal Ibarra, derrapó en una escena histérica frente a las cámaras, acusando a sus rivales de la Alianza de haberle robado los votos. Alguien de su propio entorno comentó esa noche: "Se ve que Sonia no le dio su dosis de Tranquinal". Al día siguiente tuvo que salir, contrito, a pedir disculpas.

Pero en la Argentina esas pataletas, por desbordadas que sean, no clausuran ninguna carrera pública. Cavallo, el gran rival de la Alianza, fue llamado por el gobierno, nominalmente de la Alianza. La recesión, que ya llevaba más de tres años, se estaba convirtiendo en franca depresión. En gran medida, gracias a los consejos fiscalistas del Fondo Monetario Internacional y su aplicación al pie de la letra por José Luis Machinea, un economista injustamente tildado de progresista. Machinea había sido muy criticado por los ultraliberales vernáculos debido a su desempeño en las postrimerías del gobierno de Alfonsín y ahora quería mostrarse ortodoxo.

De la Rúa y Machinea estaban acosados por el abultado déficit fiscal que les había legado perversamente Carlos Menem y por una acumulación de vencimientos de la deuda en un plazo muy corto (2000-2005) que totalizaban 130 mil millones de dólares. El famoso "piloto automático" de su ministro de Economía Roque Fernández, que no intentó corregir las distorsiones generadas por la convertibilidad y se limitó a "administrar" el déficit fiscal financiándolo a través del incremento de la deuda, cuando todavía el mercado de capitales mantenía abierto el crédito a la Argentina. Lo cual no impidió que la comunidad financiera internacional, los medios especializados de Gran Bretaña y Estados Unidos aplaudieran las políticas económicas de Argentina, destacándolas como ejemplo para otros "mercados emergentes". Y que el 4 de octubre de 1998, en ocasión del Encuentro Anual del FMI-Banco Mundial, el *managing director* del Fondo, Michel Camdessus, le cediera en apoteosis la tribuna a Carlos Menem.

Y decidieron ajustar a los de siempre para "honrar los compromisos", en vez de negociar una reestructuración y aplicar los escasos recursos disponibles a la imprescindible reactivación del mercado interno.

El Presidente vivía obseso por el efecto que podían causar en el exterior las medidas económicas. Todas las mañanas, a las siete y cuarto, su primera llamada telefónica era para el ministro de Economía.

Machinea debutó con el famoso impuestazo, que perjudicó a muchos contribuyentes cautivos, cuyos ingresos fijos están gravados automáticamente. Y no tocó, obviamente, a los "grandes contribuyentes", a los que obtienen grandes ganancias financieras ni a los grandes evasores, que mantuvieron su impunidad. Tampoco modificó los distorsivos impuestos al consumo, como el 21 por ciento para el IVA, que

Cavallo instituyó en los primeros años de la era Menem, "por muy poco tiempo".

Los ajustes perjudicaban directamente a esos castigados sectores medios que constituían el núcleo electoral de la Alianza. De la Rúa comenzaba a socavar su propia base de sustentación: la mayoría que lo votó y muchos ciudadanos que no lo habían votado pero que lo apoyaban esperanzados, según mostraron las encuestas de los dos primeros meses, en las que su popularidad llegó a superar el 60 por ciento.

Economistas norteamericanos que nadie podría tildar de izquierdistas, como Paul Krugman o Joseph Stiglitz, el ex vicepresidente del Banco Mundial, criticaron al Fondo y al gobierno argentino por estos y otros ajustes que sólo podían generar más recesión. Stiglitz comparó al FMI (de cuyas entrañas provenía) con esos médicos de Molière que hacían sangrar a sus pacientes y al verlos pálidos y desfallecientes, consideraban que las sanguijuelas no habían hecho bien su trabajo y ordenaban redoblar la sangría, hasta que el muy necio del enfermo, contrariando su ciencia, se moría.

Krugman se sinceró. Muchos funcionarios norteamericanos le exigían al gobierno argentino que hiciera lo contrario de lo que Washington haría frente a un proceso recesivo: bajar las tasas, aumentar la liquidez y motorizar el consumo para reactivar la economía.

En diciembre de 2000, premiando la docilidad de una administración que alguna prensa europea todavía llamaba "de centroizquierda", el FMI brindó un aval indispensable para que el gobierno argentino pudiera armar con varios organismos y gobiernos (como el de España, que prometió 1000 millones de dólares) el famoso "blindaje". Se lo publicitó de manera triunfalista ante el ciudadano de a pie, como si nos hubiéramos sacado la lotería. En realidad se trataba de una suerte de seguro para los acreedores, por un total cercano a los 40 mil millones de dólares; cifra virtual que, en el mejor de los casos, sólo podría recibirse en cuentagotas, tras cumplir con una serie de severas exigencias y que no se acreditaba para inyectarla en la economía, sino para pagar la deuda.

Un seguro que pretendía dar, ante todo, una señal positiva hacia los famosos mercados, hacia los tenedores de bonos y las temibles calificadoras de riesgo: la Argentina conservaba el apoyo de los organismos financieros internacionales que no la dejarían caer en el infierno tan temido del *default*.

Pero los mercados no se la creyeron.

El temible riesgo país siguió ascendiendo. El equipo de Machinea, que cargaba un complejo por el final catastrófico de la presidencia de Alfonsín, comenzó a preparar las valijas. El propio Machinea sugirió que Cavallo podía ir a la presidencia del Banco Central si Pedro Pou, seriamente averiado por las denuncias de Elisa Carrió, decidía alejarse. El desenlace se aceleró debido a una cuestionada maniobra del secretario de Hacienda, Mario Vicens, que traspasó vencimientos del 2000 al 2001, para que cerraran las cuentas. En marzo de 2001, cuando el FMI monitoreó los resultados del primer trimestre del blindaje, tropezó con un incumplimiento de 840 millones de dólares del balance anterior.

Machinea regresó a la vida privada, a la confortable oscuridad de las consultoras. Años antes le habían significado algunos buenos negocios personales, como la privatización del Banco de Santa Fe.

Tras los intensos quince días del ultraortodoxo Ricardo López Murphy —que aterró al país con su intento fallido de aplicar un ajustazo superior a los 2000 millones de dólares, lo cual suponía drásticas podas en los presupuestos de la Universidad y el sistema educativo—, regresó el doctor Frankenstein.

Algunos críticos recordaron que su criatura, la Convertibilidad, que había servido a comienzos de los '90 para frenar la hiperinflación, llevaba unos cuantos años acogotando a la economía. Efecto que había empezado a percibirse con la recesión de 1995, alimentada por el "tequilazo" mexicano, cuando se disparó una hiperdesocupación que ya no bajaría de los dos dígitos.

El uno a uno consagraba una sobrevaluación del peso, que había favorecido el proceso especulativo de valorización financiera a expensas de la valorización productiva. Un verdadero saqueo propiciado por el altísimo nivel de endeudamiento que predominó durante toda la era de Carlos Menem; con Cavallo y con el sucesor, Roque Fernández.

Grandes grupos extranjeros y locales, especialmente aquellos, prebendarios, que habían integrado la "patria contratista" en tiempos de la dictadura militar, se endeudaban en el exterior, a las bajas tasas del mercado internacional. Ingresaban esos capitales y los convertían a pesos, los acrecentaban de manera exponencial con las altas tasas domésticas, volvían a convertirlos en dólares y se los llevaban a los paraísos fiscales. Hasta totalizar 140 mil millones de dólares fugados al exterior, una cifra difícil de conjugar con la idea de una burguesía *nacional* al estilo de la paulista.

A fines del '99, cuando se produjo la devaluación del real brasileño, quedó claro que el uno a uno conspiraba decisivamente contra la competitividad de las decrecientes exportaciones argentinas. Los más lúcidos se preguntaron entonces de dónde podrían salir las divisas genuinas que el propio monstruo necesitaba como alimento. Si no provenían de las exportaciones, debían proceder de las inversiones foráneas (tanto extranjeras como *nacionales* fugadas), que empezaron a decrecer en la segunda mitad de los noventa, cuando el movimiento de capitales dejó de dirigirse a los "mercados emergentes" y retornó al Centro.

Cegadas estas dos fuentes, sólo quedaba pasar la gorra y pagar *spreads* (recargos) cada vez más altos sobre la famosa tasa americana, hasta que nadie quiso prestarle un centavo más a la Argentina.

El uno a uno, por si fuera poco, había generado una bomba de tiempo bancaria, que tendría consecuencias funestas en el futuro cercano: la pérdida de una confianza sustentada en la ilusión de millones de ahorristas para quienes efectivamente un peso era un dólar. Los hubieran depositado en billetes verdes con la cara regordeta de Benjamín Franklin o en rectángulos violáceos con el rostro adusto de Julio Argentino Roca, *eran* dólares. ¿Eran?

La Alianza había subido prometiendo transparencia y trabajo, pero asegurando que se "honrarían nuestros compromisos con el exterior" y se mantendrían las privatizaciones y la ley de Convertibilidad. De la Rúa se mostraba inexorable en estos tres puntos. Sin embargo, cuando se hizo evidente que el país estaba a punto de perder el acceso al crédito, comenzó a escuchar con atención lo que le decía "ese gran amigo y gran estadista" que unos meses atrás, en octubre de 2000, le había movido el tapete con su espectacular renuncia.

Chacho Álvarez, recalando en ese pensamiento mágico que forma parte constitutiva del ser nacional, proponía en aquellos momentos: "El único que puede sacarnos es el Mingo. Él es el que nos metió, él nos tiene que sacar". Con un razonamiento similar, los sobrevivientes de Hiroshima habrían hecho alcalde al piloto del bombardero "Enola Gay", considerándolo el único que podría reconstruir la ciudad.

Entonces se decidió reinstalar a Cavallo en su laboratorio del altillo para ver si lograba cambiarle el software al monstruo. De la Rúa se permitió aconsejarle prudencia política. Aún estaba chamuscado por la reacción generalizada contra su amigo López Murphy (a quien consideraba "un hombre muy inteligente") y conocía el genio que se gastaba el mediterráneo. "No te preocupes, que no te voy a meter en líos", le dijo —profético— el padre de la Convertibilidad.

Llegó al Ministerio, político y seductor, y le dijo al oído a un gobernador justicialista:

—Vos no lo creerás, pero es así, ya lo vas a ver: regresé keynesiano.

9

EL PALACIO

PRIMEROS PASOS DEL REGENTE

Durante dos meses, desde fines de marzo hasta fines de mayo, Chrystian Colombo se la pasó solitario y amargado en su despacho de la Jefatura de Gabinete, sin que sonaran los teléfonos. Solo y alejado físicamente del Palacio; en las oficinas *ad hoc* de la Diagonal Sur, que en la fenecida era industrial habían pertenecido a la acería mixta SOMISA. Y no porque la Corte se hubiera mudado a Fontainebleau, como en tiempos de los Borbones: Fernando Séptimo tampoco recibía muchas visitas en la residencia de Olivos. Los cortesanos, la prensa, los diplomáticos, los funcionarios del Fondo, los parlamentarios, los empresarios, los sindicalistas (incluido el "rebelde" Hugo Moyano), los ciudadanos de la mayoría silenciosa estaban pendientes del hombre calvo y megalómano que ocupaba el centro del escenario y se había convertido en algo así como un regente: el que mandaba en nombre del rey, pero concentrando en sus manos todo el poder del monarca.

—Explicáme, Fernando, qué carajo hago acá —dijo el vikingo con el rostro encendido, la noche de la conferencia de prensa en que De la Rúa anunció la incorporación de Domingo Cavallo a su gobierno, ya fuera como ministro de Economía o como jefe de Gabinete. Inicialmente, Cavallo había planteado que Chacho Álvarez ejerciera la Jefatura de Gabinete; cuando de la Rúa se negó, se propuso él mismo como jefe con otras modificaciones en el elenco: Mingo quería dividir el Ministerio de Economía, dejando a López Murphy sólo como ministro de Hacienda, y que Colombo se hiciese cargo de Interior.

Con sus clásicas vacilaciones, el Presidente aún evaluaba la propuesta cuando se enfrentó a los periodistas. No tuvo mejor idea que exponer la alternativa públicamente. Colombo se sintió insultado y le arrojó verbalmente la renuncia. A la mañana siguiente, De la Rúa lo llamó para tranquilizarlo y rogarle que se quedara en el cargo; Mingo iría a Economía. Le preocupaba el portazo de Colombo: los mercados eran un Hermano Mayor en perpetua vigilancia y desde la renuncia de Chacho estaban muy pendientes de todas las desinteligencias en el poder político. Sin unidad no se reabriría el crédito internacional.

El Presidente creía, erróneamente, que la alianza chica que estaba anudando con el mediterráneo podría suplantar la Alianza grande del '98, la que había acabado con los intentos continuistas de Menem.

Colombo sofrenó la furia y continuó en el gobierno como tributo a la "lealtad partidaria"; es decir a la fracción radical que lo había encumbrado. Seguramente, consultó la decisión con su mentor político, el monje negro Enrique "Coti" Nosiglia, que pendulaba como siempre entre el entorno del Presidente (liderado por el banquero Fernando de Santibañes) y Raúl Alfonsín. Sin olvidar sus excelentes negocios personales y políticos con dos hombres claves del justicialismo: su gemelo, el otro monje negro, José Luis Manzano, célebre por la frase "robo para la corona", y el sindicalista gastronómico Luis Barrionuevo, famoso por su propuesta de salvar al país "si dejamos de robar durante dos años".

Tal vez Colombo intuía que había un verdadero De la Rúa, distante del Luis XXXII, el idiota profundo según el satírico apodo popular. Quzá pensaba que De la Rúa fallaba por la indecisión del carácter antes que por carencias del intelecto y que ese verdadero De la Rúa egoísta y ególatra, implacable y frío como muchos políticos profesionales, acabaría por devorarse silenciosamente al mesiánico Cavallo, ahora encumbrado. Ya antes había limado a figuras que le hacían sombra, como Chacho Álvarez y Rodolfo Terragno, el antecesor de Colombo al frente del Gabinete y uno de los cinco padrecitos fundadores de la Alianza.

Durante dos meses, el jefe formal del Gabinete tuvo que aguantar los desplantes del Regente que lo despreciaba y no le consultaba ninguna decisión importante. Pero a fin de mayo empezó a recuperar terreno, cuando se hizo evidente que Mingo no había logrado el *shock* de confianza que su sola presencia debía generar. De la Rúa quería recuperar plenamente el mando. Estaba ardido por los comentarios irónicos de sus rivales, le dolía especialmente la puñalada, disfrazada de furcio, que le había asestado Alfonsín cuando dijo aquello del "Presidente Cavallo", para luego pedir disculpas con una sonrisa socarrona.

Por eso escuchó con suma atención cuando Colombo le dijo:

—Presidente: acá no hay un verdadero plan económico, se están fugando los depósitos de los bancos y drenando las divisas del Banco Central; los de afuera no nos dan bola, los mercados temen el *default*, los del FMI se quejan de que Mingo los putea, los gobernadores no quieren hablar más con él y el Senado tampoco...

De la Rúa movía la cabeza, en una negativa cortés que pretendía decir: "¡qué barbaridad!", con la gravedad pero también con la neutralidad de quien escucha como le describen los destrozos de un huracán en el Caribe. No abrió juicio sobre el Regente, pero le hizo un regalo al Jefe de Gabinete: le anunció que lo sacaría de su ostracismo en el viejo edificio de Somisa y se lo traería a la Rosada, al despacho contiguo al suyo. Esta vez lo hizo rápido, de manera ostensible, para que todo el mundo supiera que Colombo subía y su adversario bajaba, merced a la soberana decisión de Fernando, el rey que retomaba el cetro.

Poco después, el barbado Colombo dio un paso audaz y le pidió al Presidente la cabeza de Cavallo. De la Rúa no se la concedió: todavía pensaba que el mediterráneo podía sacarle las papas del fuego.

Cavallo supo enseguida que las cosas no andaban como once años antes, cuando frenó la hiperinflación con la Convertibilidad y logró tres años de alto crecimiento merced a la liquidación de los activos del Estado. Liquidación que terminaría con el Estado mismo, al debilitar sus funciones y descomponer las instituciones que lo conformaban. Esa venta, cuestionada por innumerables denuncias judiciales de corrupción, hizo la fortuna de Menem, sus testaferros, ministros y amigos y supuso una gigantesca transferencia del sector público al privado del orden del 20 por ciento del Producto Bruto Interno.

En febrero, un mes antes de que asumiera el Regente, ya se había producido una inquietante corrida de 2 mil millones de dólares y el 23 de marzo, apenas tres días después de que se hiciera cargo, el riesgo país superó la barrera estratégica de los 1000 puntos. Una línea roja nada delgada, por cierto. Cada cien puntos en la tabla de riesgo equivalen a un punto porcentual por encima de la tasa que pagan los bonos del tesoro estadounidense. Es decir que en ese momento la Argentina, para conseguir crédito, debía pagar intereses de entre el 14 y el 15 por ciento anual, una tasa totalmente usuraria. Más allá de la aritmética, los mil puntos significaban algo aún más grave: los mercados le daban la espalda al Regente. También encendían la luz verde para los corsarios de Wall Street, los famosos "capitales buitres" que olfatean cuando un país está al borde del *default* y apuestan a que la profecía se cumpla.

Acaso el Regente no había tomado debida nota de los cambios operados en el sistema financiero internacional. Las cosas ya no se solucionaban hablando con el comité de cinco bancos que lideraba Bill Rhodes o con capos del FMI supuestamente "amigos de Argentina" como Stanley Fischer, con los que arregló en un fin de semana los problemas emergentes del Tequila. Desde 1995 los principales acreedores habían dejado de ser los bancos. Ahora se trataba de los tenedores de bonos en el mercado internacional de capitales. Ante esa nube fantasmal de los "mercados" y los inspectores de las "calificadoras de riesgo", Cavallo reaccionaba con furia: "Son pendejos imberbes, miopes, una verdadera banda de jovenzuelos arrogantes y estúidos"..

Pocos días más tarde, al finalizar el mes, 4000 millones de dólares correspondientes a depósitos bancarios emigraban del sistema financiero. Colombo no le estaba mintiendo al Presidente. Tampoco exageraba cuando decía que el gobierno carecía de un plan económico. El triunfal Cavallo, que en marzo gustaba presentarse como un neokeynesiano, hasta entonces sólo había anunciado una medida fiscalista: la creación de un impuesto al cheque que, entre idas y vueltas, en julio acabó fijándose en un máximo del seis por mil por operación.

El nuevo gravamen, manifiestamente distorsivo, respondía a la exigencia del Fondo de reducir drásticamente el déficit de 10 mil millones de dólares heredado de la administración Menem.

El Presidente solía llamar "la herencia" al presente griego que le había dejado el Turco, sin reparar que el desfase estructural de las cuentas estatales derivaba principalmente de los intereses de la deuda y de una feroz quita en los ingresos públicos perpetrada, precisamente, por el demiurgo que había convocado para salvar la economía. La privatización de los aportes jubilatorios a través del engendro de las AFJP, establecida por Cavallo en su primera gestión como ministro, le había restado al Fisco 4000 millones de dólares por año. Si se añadía la rebaja de aportes patronales, también decidida por el Mingo de la era menemista, la poda alcanzaba a los 7 mil millones de dólares anuales. En el 2001, cuando el país ya había caído al abismo y el FMI insistía en abatir el gasto público como receta principal, Joseph Stiglitz declararía al periodista Horacio Verbitsky: "Si Estados Unidos hubiera privatizado la seguridad social, el déficit fiscal hubiera llegado al 8 por ciento del PBI, el doble que en la Argentina".

De la Rúa, como todos los presidentes argentinos, no sabía nada de economía y por eso se limitaba a jurar y perjurar que abatiría el déficit, aunque las medidas para contenerlo ahondaran la recesión con nuevos impuestos y recortes. Sin embargo, por un elemental reflejo como político, no quiso que Cavallo debutara con un recorte draconiano como el que había abatido a su amigo López Murphy, a quien seguía considerando un hombre "muy inteligente". Le pidió entonces a Mingo que buscara el imposible equilibrio privilegiando el aumento de la recaudación por sobre nuevos ajustes.

Al Presidente le preocupaba también la emisión de "señales" que pudieran ser mal interpretadas por los organismos financieros internacionales, como la remoción del presidente del Banco Central, Pedro Pou, seriamente cuestionado por la Comisión Antilavado de la Cámara de Diputados y, de manera muy especial, por la presidenta de esa comisión, Elisa Carrió, que lo acusaba de haber apañado maniobras dolosas del "banquero de Menem", Raúl Moneta. Estas y otras acusaciones, basadas en documentación suministrada a la Comisión por el senador norteamericano Carl Levin (demócrata liberal de Michigan), molestaban profundamente al Fondo, al Tesoro de Estados Unidos y a los grandes bancos de ese país.

Michael Mussa, *senior fellow* del equipo de investigación

del FMI, escribiría más tarde acerca del "ampliamente respetado Pedro Pou" y reivindicaría la "efectiva independencia" del Banco Central, tótem creado en la "década infame", cuando la Argentina se preciaba de ser "una perla de la corona británica, y naturalmente revitalizado en la era de las "relaciones carnales" con Washington.

Cuando se precipitó el desastre y el ventarrón popular se llevó a la Rosada por el aire, un rencoroso De la Rúa sostendría en privado que las denuncias de Lilita sobre Pou y el lavado de dinero habían desatado una primera salida de capitales, contribuyendo decisivamente a la bancarrota argentina. El país, según esta curiosa visión, no sería víctima del saqueo financiero sino del hipercriticismo de algunos legisladores.

Con Cavallo hablaron mucho del banquero menemista y dolarizador. Mingo, aunque tenía choques con Pou, se mostró inicialmente de acuerdo en sostenerlo, hasta que un grupo asesor del que participaban Chacho, Alfonsín y el ex ministro del Interior Fredi Storani, juzgó imperativo que renunciara. Cuando el Congreso avanzó sobre el Presidente exigiendo la cabeza de Pou, Cavallo se sumó a los críticos. El 24 de abril, una comisión bicameral solicitó la remoción del titular del BCRA y en su reemplazo fue designado Roque Maccarone, cercano al ministro de Economía.

En abril llegó al país Tomás Raichmann, el funcionario del FMI que debía evaluar el cumplimiento de los acuerdos suscritos para el Blindaje y se encontró con una sorpresa en el altillo: el imprevisible doctor Frankenstein estaba tratando de reparar al monstruo de su creación.

Abruptamente, en una de sus jugadas teatrales, Cavallo anunció la modificación de la ley de Convertibilidad. El peso ya no se limitaría a la paridad 1 a 1 con el dólar, sino que ahora la cosa sería *fifty-fifty*: cincuenta con el dólar y cincuenta con el euro. El factor de "empalme" tenía, sin embargo, varias limitaciones para tratar de tranquilizar a los ortodoxos: en un primer momento sólo se aplicaría al comercio internacional y sólo entraría en plena vigencia cuando el euro estuviera a la par del dólar. Lo cual dio lugar a una sospecha razonable: ¿qué ocurriría si la moneda europea se ponía a la par y luego bajaba? ¿No se estaría frente a una devaluación disfrazada?

La verdad es que se trataba de una señal hacia uno de los dos grupos principales en que se dividía el poder económico: el de los partidarios de la devaluación.

10
EL PALACIO

EL PODER DETRÁS DEL TRONO

El fracaso del nuevo Cavallo no sólo se relacionaba con el cambio de interlocutores en el sistema financiero internacional, como pensaba Colombo, sino con algo más dramático y profundo que ocurre de tanto en tanto en las sociedades: un fin de régimen.

El régimen de "valorización financiera", que ha ingresado en una crisis terminal, lleva a su vez al paroxismo la lucha fraccional de los sectores dominantes. Una puja en el poder detrás del trono, que venía de tiempo atrás (por lo menos tres años) y ha sido rigurosamente analizada por el economista Eduardo Basualdo en un libro estratégico: *Sistema político y modelo de acumulación en la Argentina.*

A comienzo de los '90, el gobierno de Menem consolidó el proceso de destrucción del Estado de bienestar, creado por el peronismo de los años cuarenta y dinamitado por la dictadura militar en 1976. A partir de entonces y más específicamente de 1979, el ministro de Economía José Alfredo Martínez de Hoz reemplazó el modelo de industrialización sustitutivo de importaciones que había regido hasta entonces, por el de la valorización financiera. Éste se gestó y empezó a consolidarse a través de la famosa "tablita" cambiaria (un anticipo de la futura Convertibilidad, con su consecuencia de dólar barato, especulación y "plata dulce"). Según Basualdo, la valorización financiera no se refiere únicamente "a la enorme rentabilidad que obtienen los bancos o el sistema financiero en general, sino también a la renta financiera que reciben los capitales oligopólicos líderes en las restantes actividades económicas, entre las que se cuenta la producción industrial, agropecuaria y, más recientemente, los servicios públicos privatizados". Este fenómeno es posible merced a una tasa de interés que supera la rentabilidad de las otras actividades económicas, a una brutal concentración del ingreso en perjuicio de los sectores asalariados y a una deuda externa que "opera como una fenomenal masa de recursos pasibles de ser valorizados en la economía interna por parte del sector más concentrado del capital, sobre la base de las notables diferencias que presenta la tasa de interés interna respecto de las vigentes en el mercado financiero internacional".

No es un dato menor que Domingo Cavallo, que fue presidente del Banco Central en el tramo final de la dictadura y autor de la famosa resolución sobre seguro de cambio que estatizó la deuda privada, fuera el encargado de consolidar en la etapa democrática el modelo de acumulación iniciado por Martínez de Hoz bajo el negro paraguas de los treinta mil desaparecidos.

"Joe", como le decían en la *City* al ministro que cazaba rinocerontes en África y hacía secuestrar delegados sindicales en la Argentina, era a la vez *el intelectual orgánico* y la síntesis entre el viejo y el nuevo *establishment* de los setenta. Invernador, heredero de decenas de miles de hectáreas de la mejor tierra de la pampa húmeda, era también directivo de Acindar (la acería vinculada a la United Steel, que jugó un papel decisivo en la represión clandestina, tanto en el gobierno de Isabel Perón como en la dictadura militar) y mantenía estrechos lazos con la banca Morgan y su viejo amigo y condiscípulo de Harvard, David Rockefeller. Era, como se ve, la encarnación en una sola persona de lo que entonces se solía llamar "la alianza oligárquico-imperialista".

Bajo su conducción crecía y se concentraba un selecto núcleo de grupos empresariales locales ("nacionales" y extranjeros) que, más que prebendarios del Estado, eran el Estado mismo. Entre ellos puede citarse, aunque no de manera excluyente, a Celulosa Argentina, Soldati, Astra, Pérez Companc, Roggio, Loma Negra (Fortabat), Macri, Bridas (Bulgheroni), Bunge y Born, Techint, Bemberg. A este núcleo, de raíces o vínculos con la vieja oligarquía terrateniente, debían sumarse algunas automotrices y la banca privada, "nacional" y extranjera.

En 1977, algunas empresas concentradas del interior avanzarían "de la periferia al centro", como lo hizo la cordobesa Arcor, mecenas de la Fundación Mediterránea, que sirvió de *think-tank* y trampolín a Cavallo. En 1982, tras el seguro de cambio, la Fundación Mediterránea engrosaría sus filas con decenas de empresas procedentes del *establishment* tradicional "del Puerto", agradecidas por el extraordinario favor que les había hecho Mingo desde el Banco Central. Incorporación que le vendría muy bien al *benefactor* a la hora de articular la nueva alianza del '91, la de las privatizaciones.

A partir de la gran crisis del '89, que eyectó a Raúl Alfonsín y anticipó la llegada a Palacio de Carlos Menem, muchas empresas pequeñas y medianas —pertenecientes a lo que entonces se llamaba "la burguesía nacional"— quedaron en el camino. También cayeron algunas grandes, que formaban parte del bloque dominante, como Celulosa Argentina, comprada inicialmente por el Citibank y luego por un grupo chileno, o Sasetru. También quedó malherido el grupo Bunge y Born, otrora conocido en Wall Street como *the octopus* (el pulpo), por su poder verdaderamente tentacular. En los '90, se vio forzado a liquidar alguna de sus empresas industriales. La parábola personal de su principal directivo, Jorge Born, es la metáfora más expresiva de la decadencia del Pulpo. El millonario, que fue secuestrado por los Montoneros en 1975, se asoció veinte años más tarde con uno de sus secuestradores, el montonero arrepentido Rodolfo Galimberti. Juntos fundaron Hard Communications, una oscura agencia que ganó dinero fácil a través de líneas telefónicas especiales que les consiguió el gobierno menemista y concursos (de pseudobeneficencia) en el programa de Susana Giménez.

En la primera mitad de los noventa, estos grupos concentrados locales conformaron un nuevo *establishment*, una nueva Santa Alianza, con algunas transnacionales y los bancos acreedores. Si Cavallo pudo "disciplinar" al bloque dominante entre 1991 y 1994, no fue por su indiscutible formación técnica, sino gracias a las privatizaciones donde se asociaron los "grupos locales" con bancos y empresas extranjeras. Para participar en esos consorcios, estos grupos repatriaron parte del capital que tenían en el exterior.

Cuando se acabaron las privatizaciones comenzó un acelerado proceso de extranjerización del capital con dos grandes vertientes. Por un lado, los grupos concentrados locales vendieron sus acciones de las privatizadas y volvieron a sacar buena parte de esos fondos al exterior. Convenientemente "valorizados", claro está, por la diferencia entre las tasas internacionales y las internas. El resto lo dirigieron centralmente hacia actividades vinculadas con la exportación: especialmente agroindustrias y petroleras.

Por otro lado, algunos de los grandes empresarios de los setenta y los ochenta, que habían acumulado un gran capital al calor de la drástica redistribución del ingreso, de la valorización financiera y de las gabelas proporcionadas por ese maravilloso socio bobo que siempre supo ser el Estado argentino, vendieron sus empresas a grupos foráneos y también sacaron la plata fuera del país. Un caso paradigmático es el de la petrolera Astra que en sólo quince años aumentó su patrimonio neto de 8 a 800 millones de dólares. Lo que supone un 30 por ciento acumulativo por año. Para "realizar" ese patrimonio y encontrarse con semejante torta, los dueños locales vendieron Astra a la española Repsol, que luego compraría YPF en 13 mil millones de dólares.

El producto de la venta, naturalmente, marchó al extranjero junto con otros 12 o 13 mil millones de dólares que se escapaban por año del país entre 1994 y 1998.

Las consecuencias de semejante drenaje trascienden el terreno económico y explican por qué la crisis argentina es simultáneamente social, política, cultural y moral.

La nueva *comunidad de negocios* subordinó a gran parte de la clase política a través de la corrupción, unificándola en un discurso "realista", acorde con la "globalización", presentada ésta con la inevitabilidad de los fenómenos meteorológicos y no como consecuencia de una transferencia gigantesca del ingreso a nivel mundial. Redujo su papel a la mera "gestión", dejando fuera lo que constituye la razón de ser de la política que es la ingeniería social, el diseño de un determinado tipo de sociedad para un determinado proyecto de Nación. Lo que en consecuencia fue divorciando a los grandes partidos populares de sus respectivas bases sociales.

El radicalismo dejó de interpretar la voluntad democratizadora de las capas medias y el justicialismo, bajo la conducción menemista, dejó de lado las reivindicaciones de la clase trabajadora para apoyar a los gerentes en el proyecto de exclusión más drástico de la historia argentina contemporánea. Cuando nació el Frepaso, como alternativa renovadora de centroizquierda, muchos militantes populares se ilusionaron, para caer, muy pronto, en una de las cíclicas frustraciones que prodiga la política criolla.

A fines de la década, cuando los efectos deletéreos de la valorización financiera se tradujeron en el empobrecimiento masivo y vertiginoso de la clase trabajadora y gran parte de la clase media, los gerentes que habían usado a los políticos como subgerentes, le echaron la culpa de la crisis "a la política". Esta prédica fue alimentada por algunos comerciantes de la información como Daniel Hadad. Y fue creída, en parte por ignorancia, en parte por un genuino deseo de mejorar la calidad de la representación, por vastos sectores de la sociedad. Desde los que suscribían el protofascismo gerencial de Radio 10, hasta los que buscan desesperadamente un nuevo liderazgo democrático más allá del "que se vayan todos".

El Cavallo de la era menemista pudo conducir con eficacia al bloque dominante porque disponía de joyas para todos; el de la Regencia carecía de ellas y no pudo, por tanto, arbitrar entre los dos grandes bandos en que se dividió el poder detrás del trono: dolarizadores y devaluadores.

En el bando de los dolarizadores militaban activamente las compañías extranjeras que compraron las empresas de servicios públicos y los bancos extranjeros que adquirieron bancos locales. Unas y otros querían preservar el valor de sus activos fijos, llevando el "uno a uno" a sus últimas consecuencias: la desaparición de la moneda nacional. Las grandes privatizadas, como las que conducían el oligopolio telefónico (Telecom y Telefónica), no querían reducir sus tarifas, que eran las más altas de la Tierra, se regían por el índice de precios de Estados Unidos y en "los años de oro" les habían significado ganancias del 15 por ciento sobre ventas, cuando el promedio de las primeras diez compañías del mundo apenas superaba el 5 por ciento.

Los dolarizadores tenían fuertes lazos con el menemismo y contaban con el poder de fuego de dos grandes cadenas de televisión abierta: Telefé y Azul Televisión, además del *think-tank* del CEMA, conducido por el ex ministro de Economía Roque Fernández. También los respaldaba la capacidad de presión de connotados lobbistas internacionales como el ex presidente de España, Felipe González o el actual, José María Aznar.

La fracción de los devaluadores estaba integrada por los grupos locales que poseen activos financieros en el exterior y tienen un fuerte perfil exportador. Su capacidad de presión y difusión tampoco era escasa. Uno de sus notorios integrantes es el Grupo Clarín, dueño —entre otros medios— de Canal 13 y Radio Mitre, que anunciarían el "nuevo plan económico", con el tipo de cambio a 1,40 pesos por dólar, en las mismas horas en que De la Rúa deshojaba la margarita de su alejamiento.

Desde mucho antes de que Cavallo se hiciera cargo del Ministerio de Economía, esta fracción comenzó a trabajar por la devaluación, liderada por el grupo italiano Techint, un poderoso conglomerado conducido por la familia Rocca (vinculada en sus orígenes a Benito Mussolini) que emplea a más de 50.000 trabajadores en diversos países.

La capacidad de lobby y simbiosis con el poder político de

Techint, está reflejada en un artículo de Julio Nudler, en *Página / 12*, donde se afirma que los hombres de esta organización "presiden cámaras tan diversas como la de la Construcción (Eduardo Baglieto) o la de Exportadores (Enrique Mantilla). También conducen el Centro de Industriales Siderúrgicos (Javier Tizado), y se dice que manejan la Confederación de Industrias Metalúrgicas (CIMA). Su máximo lobbysta, Sergio Einaudi, encarna el poder detrás del trono en la Unión Industrial Argentina, donde nadie llega a presidente sin la anuencia de la familia".

Esta última frase parece escrita pensando en José Ignacio de Mendiguren, un tipo entrador, con verborragia de odontólogo y modales cancheros de vendedor de autos, que llegó a la presidencia de la UIA con un discurso muy atractivo y racional sobre la recuperación de la economía a través de la recuperación del salario. Basado, en gran medida, sobre los aportes técnicos de dos economistas que conducen la FIDE (Fundación de Investigaciones para el Desarrollo): Héctor Valle y Mercedes Marcó del Pont. En aquel momento, el "Vasco" conducía el MIN (Movimiento Industrial Nacional), expresión de empresarios pequeños y medianos que se contraponía con el poderoso MIA (Movimiento Industrial Argentino), dirigido por los capos de las petroleras transnacionales.

Es impensable, desde luego, que pudiera ascender a la conducción de la UIA sin la luz verde de Techint, como es dudoso que pudiera mantenerse, con un discurso en el que condenaba el hambre y la exclusión social o se mostraba a favor de la restitución de los aportes patronales, si el señor Einaudi hubiera considerado que esto iba en contra de los intereses de Techint. El holding, en todo caso, lo dejó hacer, al igual que algunos otros grupos que más tarde, cuando todo estuviera consumado, lo mirarían caer con indiferencia.

Según escribió Horacio Verbitsky en *Página / 12*, "De Mendiguren es un ex empresario de la confección textil. Su empresa Coniglio diseñaba prendas, contrataba su confección en China e importaba y comercializaba la producción. (...) También él vendió su empresa a muy buen precio al misterioso fondo de inversión Exxel Group".

De Mendiguren suele lamentar en privado esta y otras críticas "de intelectuales y dirigentes" que respeta, por considerar que "los hombres del campo nacional y popular nos dividimos haciéndole el juego a ellos", (genérica alusión a los portavoces de un pensamiento "antinacional, cipayo": los Cavallo, López Murphy, Patricia Bullrich, etc.). Asegura que su participación en Coniglio era minoritaria y que en realidad cobró una comisión. Lo cual no altera el dato estratégico de la venta: a lo mejor, en los años del modelo sustitutivo, el Vasco hubiera integrado la Confederación General Económica, el bastión del "empresariado nacional" de José Gelbard; en los de la valorización financiera, se sumó a la pulsión vendedora de casi toda la burguesía industrial argentina. Lamentando la fractura entre el discurso y la realidad material que debiera sustentarlo, un político radical lo lapidó: "En realidad, es un observador".

En su recuerdo de los hechos, De Mendiguren niega haber participado de ninguna "conspiración devaluadora". Se presenta, en cambio, como un dirigente empresario que trató de salvar al gobierno aliancista de la debacle y aporta un dato cierto: su excelente relación con Chrystian Colombo, que data de cuando él era director del Nación y el robusto vikingo, el presidente. Con el Gordo, rememora, trataron de salvar a De la Rúa, proponiéndole un drástico cambio de la política económica. Es verdad que hubo reuniones en tal sentido, tanto en la residencia presidencial de Olivos como en el chalet del Vasco en San Isidro.

También es cierto que a partir de setiembre (casualmente, del 11 de setiembre, cuando lo agarró en Estados Unidos el ataque a las Torres Gemelas) se multiplicaron sus contactos con el camionero Hugo Moyano, con Raúl Alfonsín, con Eduardo Duhalde. Con los hombres que buscaban "una salida", un "gran acuerdo nacional", sin hablar, claro, de golpe institucional, pero muy en consecuencia con esa imprescindible salida de la convertibilidad por la que venía bregando el grupo liderado por Techint.

78

En una lucha a muerte contra los dolarizadores.

El 28 de abril de 2001, un avión Cessna 208 Grand Caravan de la empresa Techint se desplomó en un campo cerca de Roque Pérez, unos 180 kilómetros al sudoeste de la Capital. En el accidente murieron, junto con otros nueve pasajeros y tripulantes, el titular de Techint, Agostino Rocca, y el secretario general del diario *La Nación*, Germán Sopeña. Se dirigían a El Calafate, en la provincia de Santa Cruz, pero cayeron a tierra mucho antes por una llamativa falla técnica que produjo acumulación de hielo en las alas.

Agostino Rocca, nieto del fundador del Grupo, era un magnate de 56 años que conducía Techint desde 1993, con energía, astucia y bajo perfil. En sus seis años de reinado, el holding había triplicado su facturación.

Rocca, además, era un experto piloto, igual que el comandante oficial de la nave, Raúl Tejedor. El avión, que los expertos consideran uno de los más seguros de su tipo, era flamante.

Algunos observadores se sorprendieron cuando Techint envió al campo "El Socorro", donde había caído el Cessna, unas gigantescas grúas que levantaron los restos del avión y se los llevaron. Era evidente que no confiaban ni en la Policía Bonaerense, ni en los peritos aeronáuticos oficiales y querían llevar a cabo su propia investigación acerca de las causas del desastre.

Seguramente fue un accidente, nunca Techint afirmó lo contrario, pero se produjo en medio de la lucha entre los grupos locales versus los bancos y las privatizadas, y generó suspicacias.

Una fuente de este libro, uno de los "Gargantas Profundas" que permanecerán en el anonimato, vinculó con humor negro la catástrofe aérea que se llevó al mejor cuadro de Techint con la "canasta" pseudodevaluadora de Domingo Cavallo:

—Ahí tiene usted el factor de empalme.

EL PALACIO EN LA CALLE

LOS ASESINOS

El comisario de la Policía Federal Orlando Juan Oliverio, de 51 años de edad, era (o aparentaba ser) una persona normal. Al menos es lo que dice el médico forense Andrés Alberto Mega, como conclusión de la pericia psicológica a que fue sometido el policía: "No presenta indicadores actuales de actividad psicopatológica mayor, estando sus funciones psíquicas encuadradas globalmente en la normalidad psicojurídica".

Por si fuera poco, "Se presenta atento, correcto, con plena conciencia de su estado, relatando todo detalle (sic) y demostrando buena memoria, tanto próxima como remota". Además, "niega enfermedades de transmisión sexual. Niega fumar, niega tomar alcohol o drogas. Concurrió al colegio, cursando hasta el ciclo secundario completo, estando sus conocimientos actuales en concordancia con los estudios que dice realizó".

No es lo que sugiere intencionadamente un "Garganta Policial" al cronista de esta historia. Según Garganta: "Ojo, chequéelo, pero tenía ciertos *problemas de personalidad*". En todo caso, esos problemas no evitaron su ascenso a comisario inspector el 31 de diciembre de 2001, once días después de la masacre de la Nueve de Julio.

En cambio, hay otra "data" aportada por el Garganta Policial que suena plausible: "Es un hombre de Santos". En 1997, Oliverio revistaba en la División Estadística de Antecedentes Personales. En noviembre de 2001 estaba a cargo de la División Individualización Científica de Personas y se mostraba muy orgulloso ante la prensa por el primer cumpleaños del sistema de identikits digitales. "Antes, los NN eran dos letras; ahora tienen un rostro, un color y brillo en los ojos", le comentará exultante a un cronista del diario *Clarín*. "El mayor beneficio de este nuevo sistema es para las víctimas, que vienen sin nada y se van con una imagen que, además, va a estar disponible para ser identificada en nuestra galería de delincuentes ya habilitada en Internet".

En esta área, "científica", o más precisamente en "documentación", es donde ha medrado el jefe de la Policía Federal, Rubén Santos. Su máximo lauro y beneficio —según sus críticos— es el famoso pasaporte de alta seguridad confeccionado por Ciccone Calcográfica, que permitió a los ciudadanos argentinos un privilegio ya perdido: el ingreso sin visa a los Estados Unidos.

Según una nota del periodista Carlos Rodríguez, publicada en julio de 2001 en *Página/12*, la justicia no había podido determinar para esas fechas si Oliverio había participado o no, junto a otros ocho policías, en el asesinato del joven Christian Gabriel Robles, casualmente hijo de un sargento de la Federal.

El único acusado y condenado a nueve años de prisión por el crimen fue el oficial principal Nino Arena, que en julio de 2001 seguía libre y en actividad, porque la sentencia no estaba firme. Arena fue discretamente recluido por sus superiores en la Superintendencia de Policía Científica.

Otros dos acusados del crimen, el sargento primero Hugo Gorosito y el sargento Horacio Rafael Suárez, aguardaban la actuación de la justicia de manera más expuesta, en un servicio que debería ser honroso: la custodia presidencial. En su caso, la de Fernando de la Rúa.

El asesinato del joven Robles, donde también pereció el ladrón Andrés Daniel Duarte, presenta un ritual macabro que evoca los crímenes de la Alianza Anticomunista Argentina (AAA) en los años setenta: le metieron 17 balazos en el cuerpo, de los cuales 10 fueron derecho a los genitales. Para el padre de Robles, también policía, no hay dudas: sus colegas venían "a cortarlo".

Los asesinos, como suele ocurrir, se desplazaban en dos autos no identificables.

El 20 de diciembre de 2001, el comisario Orlando Juan Oliverio también se desplazaría en autos no identificables. Pero ahora "desempeñando funciones en el Departamento de Control de Integridad Profesional perteneciente a la Superintendencia de Asuntos Internos de la Policía Federal Argentina, que se ocupa específicamente de investigar las conductas del personal policial". O sea que no se excedan en sus funciones y que no cometan delitos.

Según el testimonio judicial de Oliverio, el 20 de diciembre, entre las dos y las dos y media de la tarde (no lo recuerda con precisión, porque no conviene recordarlo), el superintendente de Asuntos Internos le ordenó "recorrer el ejido capitalino a los efectos de establecer que se desarrollen las tareas policiales con el *mínimo* de violencia necesaria". Orden juiciosa y humanitaria, emanada —según el comisario— de la preocupación que existía en Asuntos Internos "por las denuncias que realizaba la gente en forma radial y televisiva por abuso de autoridad y contra los derechos ciudadanos".

Un bello relato escandinavo desmentido por la realidad. Porque la orden que recibió el comisario Oliverio fue la opuesta: "salir a operar".

Ese mismo jueves 20, a las dos de la tarde, media hora antes de que Oliverio recibiera la orden del superintendente de Asuntos Internos, el jefe Santos reunió a la plana mayor de la Federal en la sala de reuniones contigua a su despacho para bajarles línea. Allí estaban los jefes máximos de una fuerza de treinta y tres mil hombres que aún no ha hecho su autocrítica por el tenebroso papel que desempeñó durante el gobierno de Isabel Perón (sustentando a la Triple A) y en los años de la dictadura militar. Una fuerza que sólo se había "aggiornado" cosméticamente. Como el despacho confortable y gerencial de Santos, con sus paredes celeste pastel, sus luces dicroicas, ajenas a la imagen austera (incluso algo tétrica) que añoraban algunos comisarios. Los mismos que despreciaban al Jefe porque era una "creación" del odiado Adrián Pellachi, de buena imagen en los juzgados y los medios, pero resistido por los que gustan llamarse a sí mismos "polis".

Lo despreciaban porque era un perito calígrafo, un oficinista que no había conducido nunca una comisaría ni una fuerza de choque, como la Montada o la Infantería. Le reprochaban haber debilitado por eso mismo "a los Cuerpos" (Montada, Infantería, Tránsito y Perros), a los que juntó en la Montada; por "desconocimiento de la fuerza" y porque no quería "comisarios-caciques". Aunque concentró muchas de las unidades especiales en manos de otra hechura de Pellachi, el comisario mayor Jorge Alberto "el Fino" Palacios, a cargo de la investigación del caso AMIA y de la Unidad de Investigaciones Antiterroristas, bien visto en los tribunales federales de Comodoro Py y en la embajada norteamericana.

Los desafectos, que no eran pocos, decían que Santos era jefe de Policía porque había ayudado a Fernando de la Rúa cuando los desconocidos de siempre montaron una operación para acusar a sus hijos Antonio y Aíto de presionar a profesores de la Facultad de Derecho para que les tomaran pruebas "preconvenidas" a fin de aprobarlos y sumar puntaje en la carrera. De allí le había quedado una buena relación con el influyente secretario privado Leonardo Aiello.

También le atribuían pingües negocios con el tema de los pasaportes y la propiedad de algunas estaciones de servicio. "Les daba por las pelotas" que hubiera concesionado una suerte de supermercado en el propio hall del Departamento Central, con tiendas que hasta vendían "corpiños y bombachitas". Y atribuían a ese desarreglo institucional, a ese imbancable desorden producto de su actividad gerencial, la famosa fuga, de una celda en el mismísimo Departamento, del "Tractorcito" Daniel Agustín Cabrera, el lugarteniente del "Gordo" Luis Valor.

Por si faltara algo, lo veían totalmente subordinado al secretario de Seguridad, Enrique Mathov, con quien se daba una paradoja que explica en buena medida lo que pasó el 20 de diciembre. Mathov procedía familiarmente de la línea más antipopular y reaccionaria del radicalismo, era un notorio partidario de la mano dura policial y así lo había evidenciado en episodios anteriores, como la dura represión contra la CGT de Moyano, cuando el Senado aprobaba la ley de flexibilización laboral. Pero los policías más duros no le creían por diversas razones, entre las que primaba la portación de apellido: cada vez que se presentaba en el sepelio de un policía, escoltado por Santos, algún familiar del caído se acercaba a gritarle:

—¿Qué hacés acá, judío de mierda?

Por eso no es de extrañar que el jueves 20 a las 14 horas, después de hablar con Aiello y con Mathov, Santos arengase a la plana mayor con la imbatible estridencia del que ha decidido ser más papista que el Papa. Ordenó que saliera "todo el mundo a la calle", bajo el palio protector de la voluntad política y el estado de sitio, que protege al que reprime de la molesta mirada de los jueces.

Todos a la calle, con lo que tengan. A operar.

Asuntos Internos forma siete brigadas que montan en sendos vehículos no identificables. La brigada número 1 (la nave insignia) está a cargo del comisario Orlando Juan Oliverio, a quien secundan el inspector Pablo Savino, un experto en comunicaciones que manejaba un HT digital "de los que se denominan troncales", y el agente Ariel Firpo Castro, "en carácter de ametralladorista".

Según su declaración judicial, el comisario recibe "en préstamo" una camioneta Ford Ranger, color gris claro, "que manejara el dicente en cabeza de la columna de rodados para no tener que impartir constantes órdenes al chofer, parando y doblando donde quería, conduciéndose en el operativo de una forma más cómoda y accesible, resaltando que se trataba de la camioneta del Superintendente, y se sentía más cómodo manejando personalmente para mejor cuidado del rodado".

La División Armamento le provee armas y municiones: "tres escopetas marca Itaka, cartuchos antitumultos (de goma), granadas de gas y mandaron dos cajas de postas de guerra (cartuchos con perdigones de plomo de 8 mm)".

Traicionándose, el comisario Oliverio reconoce que tenían "postas de plomo", aunque luego afirme que las guardaron "en la dependencia" (las oficinas de Asuntos Internos en Hortiguera 104). "De las otras —agrega— se dispuso hacer entrega de una caja de posta antitumulto por vehículo". "Que en su caso, en virtud de ser alérgico y sufrir severamente la acción de los gases lacrimógenos, guardó las granadas pertenecientes a su vehículo en una bolsa plástica, que anudó y las tiró bajo uno de los asientos", junto con unos chalecos que compraron ese día, que no eran antibalas, "sino chalecos con encajes y agarraderas para portar los elementos necesarios al trabajo policial".

Eran diez chalecos negros "sin inscripción alguna", salvo la "camperita de plástico" que portaba "uno de los efectivos", "de esas que dicen PFA".

No había tiempo. Todo fue tan rápido.

El comisario Oliverio agarró una escopeta "Batán reducta" (es decir, recortada), dos granadas de gas y "una caja de cartuchos 12/70 antitumulto". "El segundo vehículo (Fiat Palio rojo) a cargo del subcomisario Carlos José López, llevaba una escopeta Itaka, una escopeta Browning 2000, más las granadas y la caja antitumulto. El tercero (Peugeot 504 blanco), al mando del Principal Eugenio Figueroa, una Batán 12/70 y la caja de cartuchos 12/70", que en el relato escandinavo eran de goma. Las otras cuatro brigadas, integradas también por tres hombres cada una, llevaban un equipamiento similar.

La Ranger y su séquito deambulan primero por Mataderos, después de las tres de la tarde, más o menos a la hora en que es asesinado Rubén Aredes. Después se dirigen hacia los almenares posmodernos de la gran mezquita de Palermo y a la embajada norteamericana. Y de allí, a la Plaza de Mayo, justo cuando "se va De la Rúa de la Casa de Gobierno", "pasando sobre sus cabezas el helicóptero". Momento histórico que sorprende al comisario Oliverio dialogando con un grupo de jóvenes manifestantes, "de ánimos bastante caldeados", a los que convence amablemente de no tirar piedras. Después de que "se va De la Rúa", se queda nada menos que 45 minutos platicando constructivamente con los rebeldes, que deciden tomarse un descanso. Finalmente, tras recorrer la Plaza de Mayo "que ya estaba libre", mantiene "un pequeño diálogo con un grupo de Oficiales Jefes". Una hermosa secuencia que no coincide con el *time code* de las cámaras televisivas. Sólo puede explicarse con la palabra *coartada*.

Porque el helicóptero que transporta al Presidente renunciante sale a las 19:52 del techo de la Rosada. Si Oliverio se hubiera pasado luego tres cuartos de hora charlando con los manifestantes y (pongamos) cinco minutos más con los Jefes, debería haber abandonado la Plaza a las 20:42, lo cual le hubiera impedido estar en el lugar de la masacre, cuando algo tan neutral como el código de tiempo del Canal 4 de la Policía Federal marcaba las 19:20.

El momento en que el Toba observó la extraña caravana que conformaban la Ranger, el Peugeot 504 blanco y el Fiat Palio bordó y se dijo:

—Qué pelotudos son esos chabones. Justo se van a meter en el quilombo.

12

FICHAS

MENEM LO HIZO.
(Slogan creado por el publicitario brasileño Duda Mendonça)
Según el semanario *Cash* de *Página/12*, el 31 de diciembre de 2000 la deuda pública y privada totalizaba 145.000 millones de dólares. De los cuales:

El 1,3 % fue contraído en el período 1966-1972.

El 2,3 % en los gobiernos justicialistas de Perón e Isabel.

El 25,26% durante la dictadura militar (1976-1983)

El 13,68% en el gobierno de Alfonsín (1983-1989)

El 54,8% durante el gobierno de Menem. Con el primer Cavallo y con el sucesor, el ex militante del Frente de Izquierda Popular (FIP) Roque Fernández (1989-1999)

El 0,99% fue contraída en el breve gobierno De la Rúa (1999-2001)

El servicio de la deuda se triplicó entre 1993 y 2001, pasando del 1,6% del PBI al 3,6%.

Según el mensuario *Le Monde Diplomatique* entre 1976 y 2001, la deuda externa argentina pasó de 7.600 millones a 132.000 millones (155.000 millones sumando la deuda privada), a lo que hay que agregar 40.000 millones ingresados por la privatización de empresas nacionales. *Entre tanto, la desocupación trepó del 3% al 20%, la pobreza extrema de 200.000 personas a 5.000.000; la pobreza de 1 millón a 14 millones; el analfabetismo del 2% al 12% y el analfabetismo funcional del 5% al 32%.*

En julio de 2001, apenas el 4% de los desocupados recibía un subsidio del Estado.

APERTUGES

El país industrial sucumbió tras diez años de "apertura económica". Las importaciones pasaron de 4.076 millones de dólares en 1990 a 25.242 millones en 2000, con un pico de 31.377 millones en 1998. La avalancha de productos importados barrió con 1500 empresas textiles, 1200 fábricas de zapatos, 360 autopartistas y 150 empresas fabricantes de juguetes.

MONEY, MONEY, MONEY

En los últimos 25 años (1976 a 2001) se fugaron 120 mil millones de dólares. En el mismo lapso el gobierno argentino devolvió 200.000 millones de dólares a los acreedores.

En 1991 había 167 bancos en la Argentina, en 2001 quedaban 86. Los bancos públicos se redujeron de 35 a 13; los privados nacionales, de 57 a 32; los cooperativos, de 44 a 2; los extranjeros aumentaron de 31 a 39. Esos 39 bancos extranjeros concentran el 51% de los activos de todo el sistema financiero.

Desde 1994 a diciembre de 2001, el Banco Central de la República Argentina otorgó redescuentos a los bancos por 12.000 millones de pesos-dólares, únicamente para situaciones transitorias de iliquidez.

La reconversión y concentración del sistema financiero produjo, entre diciembre de 1989 y agosto de 2001, la desaparición de 60.000 puestos de trabajo.

"Hoy que se empieza a hablar de la remoción de Pedro Pou de la presidencia del Banco Central, es imprescindible volver a remarcar que este personaje fue compañero de ruta de José 'El Brujo' López Rega (y colaborador de Celestino Rodrigo, el del "Rodrigazo" de 1975), amén de ministro de Hacienda en la provincia de Buenos Aires durante la dictadura militar" Agrupación Nacional de Trabajadores Bancarios — Central de los Trabajadores Argentinos — CTA.

LA FIESTA DEL TRABAJO...

De los ocho millones y medio de asalariados que aún había en marzo de 2000, tres millones y medio estaban en negro y de los cinco millones restantes, la mitad estaba flexibilizada.

Un informe de la OIT , de julio de 2001, revela que el 50% de los trabajadores argentinos aceptaron reducciones en sus sueldos en los dos años previos.

En los últimos cuatro años, los ingresos de los trabajadores cayeron en promedio el 20%. El descenso más pronunciado fue en el diez por ciento más bajo, donde los jornales promedio se redujeron en alrededor del 40%.

EL QUE PARTE Y REPARTE

El 10% más rico de la población se queda con el 48% de la torta nacional.

Más de 1.500.000 argentinos de la clase alta y media debían pagar impuestos en mayo del 2000, pero sólo contribuyeron 370.000 ciudadanos. Apenas 370.246 declararon activos por más de 100.00 pesos.

El 70% de la recaudación impositiva corresponde a impuestos al consumo. Apenas el 20,8% de la recaudación neta procede de impuestos a los ingresos, beneficios y ganancias de capital.

La señora Amalita Lacroze de Fortabat, dueña del holding Loma Negra, pagó sus deudas impositivas atrasadas con bonos que compró al 25% de su valor nominal.

PATENTE DE CORSO

Durante la era de la Convertibilidad, las privatizadas aumentaron sus tarifas en un promedio del 104%. Sus facturas representaban, en promedio, el 12% de los gastos de una familia tipo.

Durante 2001, las tres empresas líderes en extracción de petróleo obtuvieron una rentabilidad promedio del 18%, dos veces superior a la que esas mismas compañías obtienen a nivel internacional.

La rentabilidad local fue 7 veces superior que la internacional en electricidad y gas y el 8% superior en el caso de las telecomunicaciones.

Hay 800.000 teléfonos cortados por falta de pago.

HABÍA UNA VEZ...

Entre 1946 y 1950, la participación de los asalariados en el ingreso nacional creció del 39% al 46%. A fines de los cuarenta se había alcanzado la plena ocupación.

En 1942, los créditos hipotecarios representaban el 30% del PBI (el equivalente en dólares actuales de unos 100 millones). En 2000, el 3%.

En 1957, la red ferroviaria era de 43.938 kilómetros. En una década de gobierno menemista, la red ferroviaria operable pasó de 35.746 kilómetros de vías a 8.339. El gran argumento para reducir la red y privatizar el ferrocarril fue el déficit presupuestario. Pero el Estado mantuvo un subsidio a las compañías privadas superior a los 300 millones de dólares por año. (640 millones en 1998).

En 1974, la desocupación era del 3,4%. La Argentina tenía fábricas de autos y de aviones y formaba parte del exclusivo club de siete países que podía enriquecer el uranio.

En 1975, la Argentina tenía unos 20 millones de habitantes, de los cuales 2 millones eran pobres. Hoy tiene 37 millones de habitantes y 14 millones de pobres. En otras palabras, 12 millones de ciudadanos cayeron en un cuarto de siglo por debajo de la línea de la pobreza. La "caída de la clase", el surgimiento de nuevos pobres, se fue haciendo cada vez más vertiginoso.

BUCÓLICAS

Catorce millones de hectáreas de tierras productivas están hipotecadas en dólares y los productores agropecuarios tienen deudas por 6.000 millones de dólares con los bancos y de 3.000 millones con los proveedores (Monsanto y otras multinacionales). (*Le Monde Diplomatique*, diciembre de 2001).

Desde que el Estado dejó de regular la actividad privada, las grandes exportadoras (Cargill, Dreyfus, Bunge y Born y Nidera) actúan "cartelizadas", pagando precios miserables a los productores. En el caso de la soja, por ejemplo, ofrecían 120 dólares por tonelada cuando el precio internacional rondaba los 170.

CONVERTIBILIDADES ERAN LAS DE ANTES

Hipólito Yrigoyen abandonó la convertibilidad que Marcelo T. de Alvear había restituido en agosto de 1927, dos semanas antes de comenzar 1930, cuando ya había comenzado la Gran Depresión. La convertibilidad restablecida por Alvear se había suspendido en 1914, en vísperas de la Primera Guerra Mundial y en momentos en que la Argentina atravesaba una recesión.

BASTA LA SALUD...

Durante la convertibilidad, con inflación cero, los medicamentos aumentaron, en promedio, el 156%.

Los primeros 25 laboratorios, de un total de 280, manejan el 75% del mercado. Las empresas nacionales, encabezadas por Roemers y Bagó, controlan el 52% de las ventas, mientras que el 48% restante está en manos de 40 laboratorios extranjeros, entre los que se destacan Roche y Novartis.

HAY QUINCE (15) MILLONES DE ARGENTINOS
QUE YA NO CONSUMEN MEDICAMENTOS.
"Este es un negocio como cualquier otro". (*Thomas Ebelling, jefe del laboratorio medicinal suizo Novartis. El señor Ebelling se desempeñaba antes como gerente de Pepsi.*)

PROFETAS
"Si Argentina hace bien los deberes, puede crecer un 10 por ciento este año (2001)." *Domingo Felipe Cavallo*
Pedro Pou afirmaba, a comienzos de los '90, que el arribo en masa de bancos extranjeros era muy bueno para los ahorristas, porque las casas matrices respaldarían los depósitos, actuando como prestamista de última instancia.
"Los bancos extranjeros respaldarán a sus filiales." *Domingo Felipe Cavallo, 10 de diciembre de 2001*

GEOGRAFÍA DEL HAMBRE
La Argentina produce por año 99 millones de toneladas de alimentos básicos, que alcanzarían para dar de comer a más de 330 millones de personas, casi diez veces la población del país. Pero hay siete millones de argentinos que no alcanzan a consumir los nutrientes básicos. Miles recorren la Capital y otros centros urbanos buscando comida en las bolsas de basura.
La Argentina produce 25 millones de litros de leche diarios, pero algunos no lo saben. El país recibe donaciones de leche en polvo procedentes de organizaciones humanitarias de Italia y España.
La caridad no alcanza: un estudio del Ministerio de Salud Pública correspondiente al año 1999 reveló que el 40% de los menores de seis años que se atendía en los hospitales públicos estaban anémicos; el 12% padecía problemas psicomotrices por

encontrarse subalimentado y el 2% sufría desnutrición aguda. Tres años más tarde, con una recesión convertida en depresión, esos índices han aumentado de manera exponencial. En el país se producen 11,2 millones de toneladas de verduras y hortalizas; el 40% se tira por falta de una cadena de frío que mantenga frescos esos productos perecederos.

EL METESACA

Según un estudio de la CEPAL, entre 1992 y 1999 la inversión directa extranjera sumó 82.213 millones de dólares, pero la fuga de capitales en el mismo período alcanzó a 73.332 millones de la misma moneda. O sea: por cada dólar invertido por extranjeros, 90 centavos se fugaron de la economía.

FRASES CÉLEBRES

"Un equipo extranjero debería intervenir el gobierno argentino y asumir el manejo en áreas críticas como el control y la supervisión del gasto público, la impresión de dinero y la administración tributaria. Recién después de 'ceder temporariamente su soberanía' en esas áreas, el Fondo Monetario debería asistir financieramente al país". *Rudiger Dornbusch, profesor del Massachusetts Institute of Technology y cotizado asesor de los principales bancos de inversión. La propuesta es de marzo del 2002; el profesor Dornbusch murió poco después, pero por causas naturales.*

"La Argentina va por buen camino." *Horst Köhler, director gerente del FMI, 16 de mayo de 2000.*

"La Argentina me irrita." *Horst Köhler, junio de 2002.*

"Las últimas medidas del gobierno (De la Rúa-Cavallo) son realmente positivas." *Paul O'Neill, secretario del Tesoro de Estados Unidos, 24 de julio de 2001.*

"Argentina es la definición de una sociedad desorganizada." *Paul O'Neill, 22 de febrero de 2002.*

"Antes de la crisis, dados sus recursos humanos y naturales, la Argentina generaba uno de los mayores PBI de América Latina. Esos recursos no han sido destruidos por la crisis financiera. Lo que ahora se requiere es reencender la máquina (...). Hay otra manera en que Estados Unidos puede ayudar: deberíamos abrir nuestros mercados a los productos argentinos. "Acusar a la víctima no es manera de ayudarla." *Joseph Stiglitz, Premio Nobel de Economía. Ex vicepresidente del Banco Mundial. "The Washington Post", 12 de mayo de 2002.*

13
EL PALACIO

EL PLAN B

A mediados de agosto, el presidente De la Rúa recibió una información inquietante que mantuvo en secreto: en una cena celebrada esos días en Washington, su antiguo rival Eduardo Duhalde había dicho que "sería presidente de la Argentina". Y no como consecuencia de un normal relevo del poder en las elecciones del 2003, sino antes, merced a una catástrofe institucional que no se mencionaba por su nombre, pero iba implícita en el augurio.

Según los informantes del Presidente, a la cena habrían asistido el embajador argentino en Estados Unidos, Guillermo González, y el jefe de la SIDE durante el gobierno menemista, el voluminoso, jovial y astuto Hugo Anzorreguy.

El banquete, al que fueron invitados altos funcionarios del gobierno de George Bush y de los organismos financieros internacionales, fue servido en la mansión de Francisco Aguirre, un lobbista nicaragüense, de gran vitalidad pese a sus ochenta años, que estaba en Washington desde los tiempos del dictador Anastasio Somoza, era miembro del Congressional Club y había ganado mucho dinero conectando gente poderosa.

Los informantes secretos del Presidente no andaban descaminados: aunque el antiguo Señor 5 no había asistido a la cena de marras, sí había contactado a Duhalde con el lobbista nicaragüense, a pedido expreso del candidato a senador que se sabía condenado a presidir la Argentina.

En las horas que siguieron al domingo 14 de octubre, De la Rúa hubiera debido inquietarse más aún; pero en cambio, viajó a Madrid, lo pasó bien en la pompa de las recepciones y no pareció darse cuenta de que la Alianza había sacado 5.400.000 votos menos que en las elecciones presidenciales de 1999. En la ciudad de Buenos Aires, bastión del voto "progresista", la coalición había perdido 700.000 sufragios. "Los resultados electorales muestran un relativo equilibrio de fuerzas", dijo a la prensa madrileña, mereciendo el calificativo de autista que le aplicaron algunos observadores.

Aunque las elecciones eran legislativas, tenían una importancia estratégica para saber qué ocurriría con la gobernabilidad y con el propio gobierno.

Duhalde festejó su triunfo y lo saboreó como una revancha respecto de su derrota de dos años antes. No pareció reparar en algunas señales negativas que también lo afectaban. En primer lugar, ese domingo 14 de octubre había sacado 2.032.000 votos, contra los 2.738.000 que le había brindado el primer distrito del país en las presidenciales de 1999, cuando De la Rúa lo derrotó. En números redondos, 700.000 votantes le habían retirado el apoyo "en su propio territorio". Algo similar les ocurría a Reutemann en Santa Fe y a José Manuel de la Sota en Córdoba. El peronismo aparecía como triunfador, pero no lo era. Se había impuesto holgadamente el ausentismo y el voto-bronca.

Sobre un padrón de 24.883.991 votantes, 10.218.924 se habían negado, de diversas maneras, a elegir candidatos entre las modestas opciones que presentaban el justicialismo y la Alianza. El ausentismo alcanzó a 6.297.163 personas, rompiendo todos los récords de un país que, a diferencia de Estados Unidos, siempre se caracterizó por un altísimo porcentaje de concurrencia electoral.

A los ausentes había que sumar los 3.921.761 votos en

blanco, que expresaban —de manera pasiva pero rotunda— el voto-bronca. Por último, los 150.000 sufragios "recurridos o impugnados" rechazaban el comicio de manera ostensible y no pocas veces escatológica.

Desde las primeras horas del domingo se supo que algo muy feo estaba ocurriendo en los comicios: en una escuela de la Capital, un asqueroso había defecado en el "cuarto oscuro" y se había limpiado con las boletas partidarias en exhibición; en varias mesas del país, al abrir los sobres para el escrutinio, encontraron condones, aparentemente usados. O fotos pornográficas. También, para estar a la moda-catástrofe de Estados Unidos, un polvillo blanco imitando al publicitado ántrax. Las opciones más suaves incluían estampitas de próceres como San Martín o Sarmiento y el clásico de la jornada: Osama Bin Laden.

Los presidentes de mesa tuvieron que mandar a comprar barbijos y guantes de látex para proteger la salud de los fiscales. Todos los comentaristas se horrorizaron, pero muy pocos explicaron tamaña anomalía con inteligencia y honestidad. En gran medida, porque muchos de esos comentaristas habían realizado una formidable campaña contra los políticos y la política, alimentada por los libelos propagandísticos del CEMA que firmaba Carlos Rodríguez. Los principales culpables de la deuda y el drenaje de divisas transferían los costos a sus socios minoritarios; a los que habían puesto la cara, simulando ejercer el poder mientras los hilos se movían detrás del trono.

Era un mensaje altamente peligroso en un país donde la supuesta "eficiencia" de los militares había suprimido demasiadas veces la democracia.

Pero además de la campaña antidemocrática del *establishment*, en abierta contradicción con el protofascismo de sus voceros, crecía la crítica democrática de un gran sector de la sociedad hacia una dirigencia política que había dejado de representar a sus electores. Ambos rechazos, el democrático y el antidemocrático, se mezclaban en esa argamasa indiferenciada de la que brotaría el grito emblemático de diciembre: "que se vayan todos".

Haciendo caso omiso del metamensaje para el conjunto de la mal llamada clase política, Duhalde evaluó que el repudio popular sólo alcanzaba a De la Rúa. En declaraciones al diario *La Nación* se fue de lengua: "La gente tiene la sensación de que el Presidente no llega al 2003. No quieren esperar dos años más. Y esa sensación puede convertirse en una profecía autocumplida". Faltaba agregar lo que había augurado, dentro de la más rigurosa privacidad, en la cena de Washington.

El romance entre Duhalde y los gobernadores justicialistas del Frente Federal nació, creció y murió en poco más de dos meses. Desde mediados de setiembre a finales de noviembre. Desde que el puntano Adolfo Rodríguez Saá conquistó la presidencia del Consejo Federal de Inversiones (CFI), desplazando al pampeano Rubén Marín que lo odiaba, hasta que el misionero Ramón Puerta fue elegido presidente provisional del Senado, en reemplazo de su coterráneo radical Mario Losada. Un agitado período que incluye las elecciones de octubre y el congreso del PJ en Lanús, el 10 de noviembre.

Ya convertido en senador, el jugador de ajedrez se dio a la tarea de seducir a los gobernadores "federales", que habían crecido con las elecciones de octubre y, con sus 22 senadores, podían determinar el perfil del cuerpo más desprestigiado ante la opinión pública pero más necesario para garantizarle al Ejecutivo la continuidad y fluidez de su propio poder.

También necesitaba los congresales de las provincias federales para el próximo Congreso del PJ. Los "muchachos peronistas" de las provincias chicas servirían para disimular la presencia casi exclusiva del aparato bonaerense y sumarían votos para arrollar a los delegados menemistas. Por eso, redujo su perfil caudillesco, compuso su rostro más humilde y se dio a la tarea de cultivarlos sin pausa, jugando de visitante cuando hiciera falta.

Los federales acostumbraban reunirse públicamente en el CFI o en las distintas casas provinciales —como la de Salta—, pero las decisiones principales solían tomarlas en dos pisos muy cercanos, ubicados en uno de los barrios más elegantes de la ciudad: el del matrimonio Kirchner, en Uruguay y Juncal, y el del gobernador salteño Juan Carlos Romero, en la breve calle Parera, gozosamente emplazada en ese reducido circuito de lujo parisino donde se levantan, entre otras mansiones, los edificios *belle époque* de las embajadas de Francia y Brasil.

El grupo federal era heterogéneo política, ideológica y culturalmente, lo que daría lugar a gags de película cómica. Como el que protagonizó el formoseño Gildo Insfram la primera vez que acudió al piso principesco de Juan Carlos Romero, sin saber que iba a lo del gobernador de Salta.

Insfram no conocía del todo bien a este señor feudal salteño, de tez cetrina y gesto adusto, casado con una dama de la aristocracia provinciana, que se jactaba de su inglés con acento norteamericano, empleaba a represores de la última dictadura militar como Sergio Nazario, propiciaba la criminalización del conflicto social y había llevado sus ideas a la práctica con la violenta represión de los piqueteros de General Mosconi, donde fue asesinado Aníbal Verón.

El formoseño nunca había estado en el piso de la calle Parera, por eso, cuando Rodríguez Saá —de puro comedido— le abrió la puerta del departamento, dio por sentado que el puntano era el dueño de casa. El gobernador de San Luis lo hizo pasar al living, de colosales dimensiones, donde aguardaba, sentado en un confortable sillón, Juan Carlos Romero. Luego se metió a orinar en uno de los múltiples baños.

Insfram saludó al taciturno Romero, mientras observaba de reojo el gigantesco salón: las pinturas de firma y los tapices originales que colgaban de las paredes, los exquisitos adornos que poblaban mesas ratonas y esquineros, las mullidas alfombras que atemperaban los sonidos, la sosegada luz de la riqueza iluminando los metros cuadrados más caros de Buenos Aires, y se sonrió con malicia. Dirigiéndose a Romero, a quien suponía visitante como él, le dijo en voz baja y cómplice, señalando la puerta por donde se había escurrido Rodríguez Saá, el supuesto dueño de casa:

—¡Mirá que ha hecho guita este hijo de puta!

Furcios y equivocaciones no eran patrimonio de Gildo Insfram: Eduardo Duhalde tenía lo suyo. Una noche, el caudillo bonaerense invitó a cenar en La Bourgogne, el oneroso restaurante del Alvear Palace Hotel, a los dirigentes de mayor peso del Frente Federal: al Adolfo Rodríguez Saá y su colaborador más cercano, Luis Lusquiños, así como a Néstor Kirchner y su mujer, la flamante senadora Cristina Fernández de Kirchner. Charlaban animadamente al calor del Nieto Senetiner Bonarda recomendado por el *maître*, cuando hizo su entrada en el salón un hombre muy alto, elegante, de unos sesenta años largamente cumplidos, con anteojos, al que acompañaba un joven yuppie de traje negro, estudiadamente descuidado. El elegante sexagenario miraba aburridamente en derredor para elegir mesa, cuando descubrió el interesante cónclave y sonrió cortésmente en dirección a Duhalde. El bonaerense lo descubrió también y le hizo una seña con la cabeza, como si aceptara salir a bailar un tango. El hombre interpretó la seña y se acercó a la mesa, dejando unos pasos atrás a su joven escudero. Tras un corto y aséptico abrazo con Duhalde, a quien tuteó, saludó a cada personalidad por su cargo público, como quien antepone un título nobiliario.

"Buenas noches, senadora", a Cristina Kirchner. "Buenas noches gobernador", al esposo. "¿Cómo está, gobernador?", a Rodríguez Saá.

A su turno, los que eran saludados se ponían de pie y volvían a sentarse, dejando discretamente a Duhalde y el misterioso sexagenario enzarzados en un diálogo intenso acerca de amigos comunes, en el que se escuchó varias veces el nombre "David". Tras unos breves minutos de charla, el desconocido se despidió de Duhalde y de cada contertulio, con la misma cortesanía del saludo inicial. Cuando ya estaba lejos, ubicado en la mesa con su joven acompañante, Duhalde se inclinó hacia Cristina Kirchner y le preguntó en voz baja:

—Che, ¿éste no está escrachado en la Comisión de Lavado?

Cristina Kirchner había integrado la Comisión de Lavado de la Cámara de Diputados, con cuya presidente, Elisa Carrió, la relación no siempre fue fácil. Pero en esta ocasión no retuvo el nombre del amable desconocido que acababa de saludarlos.

—No sé quién es éste.

—Rohm —musitó Duhalde, mirando para todos lados, como si nombrara al diablo.

Se refería a José "Puchi" Rohm, el banquero acusado de lavado de dinero que poco después se convertiría en prófugo de la justicia por sacar divisas ilegalmente del país.

La senadora pegó un respingo.

—¿Escrachado? Perdón, Eduardo, está recontraescrachado.

—Claro... —explicó el bonaerense— No ves que me hablaba de David. Es por David Rockefeller.

—Qué Rockefeller ni Rockefeller... —refutó Cristina Kirchner—. Si él es Rohm, el David de que te habla es Mulford.

La senadora sabía por qué lo decía: David Mulford, que fue condecorado por el gobierno argentino en los tiempos augurales de Menem y Cavallo, cuando se desempeñaba como segundo del Tesoro norteamericano, era diez años más tarde vicepresidente del Credit Suisse First Boston, el banco que junto al JPMorgan lideró el Megacanje de títulos de la deuda. La operación, catastrófica para las finanzas públicas de la Argentina, le reportó a los bancos comisiones por 152 millones de dólares, de los cuales 10 millones fueron para "David", el cerebro de la oscura jugada. Un misterioso "paper", entregado a la Comisión de Lavado, revelaba que Mulford, Cavallo y los hermanos Rohm (José "Puchi" y Carlos Alberto) no sólo eran socios sino que tenían una cuenta bancaria en común. Llevada por su temperamento, Carrió había exhibido ante la prensa el documento, lo que supuso una confrontación con Cristina Kirchner, que se negó a sostener esa denuncia sospechando que se trataba de "pescado podrido". Meses más tarde se comprobaría efectivamente que se trataba de una falsificación y el traspié de "la Gorda" sería explotado por los cavallistas para intentar desprestigiarla. Uno de los Gargantas de esta investigación, vinculado a menesteres de inteligencia, llegaría a sugerir que el "paper" envenenado había sido "plantado" entre los documentos que investigaba la comisión, por el banquero Raúl Moneta, enemigo público número uno de Lilita.

Toda esa turbia historia subyacía tras los furcios del senador, que parecía ignorar hasta qué punto Rohm estaba "escrachado" y pensaba que "David" era Rockefeller. ¿O en realidad no lo pensaba?

En vísperas del Congreso Justicialista, Duhalde se pegó a los "federales" y, en particular, a Kirchner. Una tarde, los gobernadores, que estaban reunidos en el CFI, lo dejaron esperando dos horas y media en el departamento del santacruceño, donde la senadora le hizo el aguante.

Ningún federal, ni siquiera el más astuto, imaginaba entonces que "el Cabezón" había comenzado a elaborar el Plan B , la gran fuga hacia adelante para salvar de un seguro naufragio a la provincia, al Banco y a su propia supervivencia política. Había que llegar a la Presidencia de cualquier manera o todo estaba perdido. El pacto con Alfonsín y sus segundos bonaerenses (Moreau y Storani) ya era un hecho.

Tampoco Cristina Kirchner imaginaba los designios ocultos de ese hombre opaco, taciturno, con el que le costaba tanto encontrar un tema de conversación, a tal punto que la mayor parte del tiempo se la pasaron viendo televisión en el living. Sólo se animaron un poco cuando vieron a Néstor y los otros muchachos, hablando con los medios desde el CFI.

Aunque tenía una larga experiencia parlamentaria y conocía bien los vericuetos del poder, le creyó cuando afirmaba que estaba cansado, harto de los magullones de la política, que muchas veces pensaba en retirarse y hacerle caso a Chiche, refugiándose en los hijos, los nietos, el ajedrez y el fútbol. Especialmente el fútbol: el único juego que realmente lo "desconectaba".

"Yo jamás volveré a ocupar un cargo ejecutivo... —dijo frunciendo la comisura en un simulacro de sonrisa— ...porque la tensión que me produce es insoportable. Uh, yo me acuerdo cuando era gobernador..."

Cristina Kirchner volvió a creerle. Iniciada en la política con la JP de los setenta, la senadora no podía concebir que un dirigente, derrotado en elecciones presidenciales, quisiera alzarse con la Presidencia al margen de la voluntad popular. Por eso tampoco advirtió lo que tramaba el personaje silencioso que miraba la TV junto a ella.

El Congreso del Partido Justicialista, que Duhalde calificó hiperbólicamente como "histórico", se llevó a cabo el 10 de noviembre en el microestadio de Lanús, con una presencia mayoritaria de congresales bonaerenses, salpimentados con representantes de las provincias chicas en poder de los federales.

El cronista Felipe Yapur de *Página/12* observó que faltaban "banderas, cánticos y calor", pero también que "el acuerdo alcanzado entre Eduardo Duhalde y los gobernadores (había permitido) desplazar de todo espacio de poder partidario a los seguidores del detenido Carlos Menem".

Ese acuerdo había tenido un costo para el Cabezón: los gobernadores pasaban a controlar la Comisión de Acción Política que debía definir, entre otras cuestiones, la convocatoria a elecciones internas, "desde donde saldrá el seguro presidente peronista de 2003".

Apenas una semana después estallaba la bronca entre Duhalde y sus socios federales.

Los federales querían que uno de ellos, el misionero Ramón Puerta, asumiera la presidencia provisional del Senado, como lógica consecuencia institucional del triunfo electoral del justicialismo.

El tema tenía sus bemoles porque se vinculaba nada menos que con la posible sucesión presidencial. Tras la renuncia de Chacho Álvarez a la vicepresidencia de la Nación, la presidencia natural del cuerpo había quedado vacante. Según la ley de acefalía, el número 2 en la línea sucesoria pasaba a ser el presidente provisional, que era el radical, también misionero, Mario Losada. El gobierno quería mantenerlo, afirmando que la línea sucesoria debía estar cubierta por alguien del mismo partido que el Presidente. Los federales sostenían, por el contrario, que las instituciones debían sincerarse, como se sinceraban en otras democracias (Francia, por ejemplo) con el principio de cohabitación: podía haber un presidente de un color y un primer ministro de otro, si así lo estipulaban los electores.

Duhalde no quiere que Puerta sea el elegido. Aspira secretamente a ir él mismo o, en su defecto, Raúl Alfonsín. Pero naturalmente no lo dice. Al contrario: les reprocha a los socios chicos pero molestos una postura que puede causar "la desestabilización institucional". Llega a decir que hay que preservar las instituciones a cualquier costo y fortalecer a De la Rúa para que dure dos años.

Cuando ve que le van ganando, intenta dividirlos y debilitarlos de mil maneras. Incluso aliándose con lo que llaman "la Banda", el viejo núcleo de senadores bajo sospecha por el escándalo de los sobornos. Cuando la designación de Puerta se torna imparable, presiona para que algunos músicos de la Banda, entre los que destaca el pampeano Carlos Verna, mantengan el control de ciertas comisiones estratégicas, como la de Presupuesto y Hacienda.

Una tarde lluviosa, en el despacho del presidente del bloque justicialista José Luis Gioja, los federales confirman a Puerta y logran varias comisiones, como la de Asuntos Constitucionales, que recae en Cristina Kirchner.

Desesperado, Duhalde se olvida de la estabilidad institucional y lanza al voleo el nombre del chaqueño Jorge Capitanich, propuesta que es descartada con miradas de inteligencia y risas apenas disimuladas de los triunfadores.

La comisura desciende y Duhalde se retira amargado al territorio, dispuesto a recomponer la tela averiada y cobrársela. Al cabo, los tipos estos no deberían estar tan seguros con Puerta, porque Ruckauf le ha ofrecido la candidatura a la vicepresidencia.

La breve historia de este odio que fue amor crecerá hasta alcanzar dimensiones inimaginables en las horas convulsas que se avecinan.

VIDAS PARALELAS

MAYO DE 1977

El combate fue en la avenida Álvarez Thomas, a dos cuadras de la calle Mendoza, y duró cinco horas.

Todo empezó lejos de allí, la noche anterior. Los cinco combatientes del Ejército Revolucionario del Pueblo (ERP) habían culminado exitosamente el operativo de *recuperación de armamento*, cuando apareció la policía inesperadamente. Se produjo un tiroteo infernal, pero lograron romper el cerco, salir a la calle e irse a bordo del coche que habían *levantado especialmente para esa operación.*

En el auto iban cinco *erpios*, apretujados, molestándose con los codos para contestar el fuego de *la cana* que los iba persiguiendo: *Lito* (Manuel Segundo Ponce), *su hermano, su primo, un chango al que le decían Oscar y otro chango que había venido de Israel y era una fiera para el combate. El Gordo. Tenía apenas 17 años y ya era el responsable militar.* Los patrulleros los persiguieron, disparando, pero los guerrilleros lograron perderlos. O eso creyeron, al menos.

Cuando evaluaron que ya *no traían cola*, abandonaron el auto *quemado* y se subieron a otro, que habían dejado estacionado no muy lejos de la zona, en prevención de un eventual *antiseguimiento*.

Con el nuevo vehículo marcharon directo a la *casa operativa* donde los esperaba la mujer de Rubén Darío Oliva, el médico de la Selección, que se había quedado al cuidado de Clara Soledad, la hija de Lito, una beba de seis meses, porque la madre, la Negra Inés Alicia García, estaba en otra operación. Dos cuadras antes de llegar a la cueva, el chofer operativo miró por el retrovisor y dio la voz de alarma: los venían siguiendo.

No lo pensaron mucho. Abandonaron el auto y se metieron en la primera casa que tenían a mano, la que estaba como esperándolos en aquella esquina de Álvarez Thomas. Los dueños, dos viejitos aterrados, comprendieron enseguida que debían obedecer a esos chicos armados hasta los dientes y alejarse de su hogar de toda la vida, porque algo terrible estaba por ocurrir.

Los combatientes lo divisaron a través de una de las ventanas y entendieron todo de golpe: un helicóptero de la policía, que parecía detenido en el aire de la mañana, sobrevolaba la casa. Ese aparato siniestro los debía tener en la mira desde mucho antes y lo observó todo: el auto en que fugaron del primer tiroteo y el cambio de móvil.

No tuvieron mucho tiempo para pensarlo: comenzaron los escopetazos, los agujeros en ristra de las metras levantando el empapelado de las paredes, el olor de la lubrilina tan cerca de la nariz al apuntar con el FAL, el estrépito de los vidrios al estallar, el olor de la cordita, la prodigalidad de los tiros de afuera, de los que tienen todo el parque y todo el tiempo del mundo para matarte, el olor de la propia adrenalina, la furia, el miedo a no salir vivo.

Usaron tanquetas, helicópetros, toda la parafernalia...

Casi cinco horas más tarde, el Gordo, Oscar y el hermano de Lito yacían acribillados sobre un polvo rojizo, de yeso y sangre. El primo de Lito, milagrosamente, había logrado romper el cerco y escabullirse en la ciudad indiferente.

A Lito lo sacaron a la rastra, pero vivo. La Negra, su compañera, llegó justo al lugar cuando lo metían a presión en uno de los coches. También pudo ver cómo entraban a la casa operativa y se llevaban a su beba de seis meses.

Al Toba lo golpeó duro lo de Lito: era su amigo, era su responsable en la Orga y era su cuñado. Pero más lo golpeó aún la conciencia clara de que su hermana, la Negra Inés, iba a caer. El ERP estaba replegando los pocos cuadros que le quedaban al exterior. El Toba tenía la sensación material de que el techo descendía sobre sus cabezas como una gigantesca laminadora. Que bajaba cada vez más rápido.

Después de reventar la cueva de Lito y la Negra, reventaron la del Toba. El loco, sin alternativas, se fue a la casa de su padre. Llevaba apenas dos noches en el domicilio legal del viejo milico de la Resistencia Peronista, cuando llegaron de madrugada. Voltearon el portón y le pusieron un fierro en la cabeza al padre del Toba, que había salido a encararlos.

—¿*Usted es Héctor Luis García?*

Mi padre les dice que sí. Yo estaba durmiendo con mi hija y mi mujer arriba. Nos llamábamos igual, sí: Héctor Luis García. Mi viejo va y les dice todavía que pertenece al Ejército Argentino, les muestra la credencial, chapea y qué se yo... Les dice: "Miren, déjenme que me voy a cambiar". "Sí, como no" (venían de repatota los chabones). Y se lo llevan. Yo estaba arriba. Y cuando vi que se habían ido, obviamente me fui.

Los nombres idénticos y el escaso rigor profesional de aquella patota, que ni siquiera allanó la casa, habían salvado al Toba, pero a un costo terrible. Hubo que deambular nuevamente, en busca de un techo mínimamente seguro, con la compañera de entonces y la primera hija. El Toba era un fantasma al que le habían secuestrado el padre, el cuñado y la sobrina. Que sobrevivía con un objetivo central: salvar a la Negra, sacarla urgente del país. Su padre le había dejado unos contactos y armó las cosas como para que su hermana se exiliara en Venezuela. Arregló una cita con ella y caminaron por la ciudad que se había tragado a Lito y la beba. Como dos militantes que, además, eran hermanos.

—Está todo listo para que vayas a Venezuela.

—Toba, mi hija está acá. Yo hasta que no recupere a mi hija ni pienso...

Lo malo de los malos presentimientos es que muchas veces se cumplen: pocas semanas después levantaban a la Negra en otra casa de Flores, en la calle Junta.

El exilio interno fue en pleno campo, *en medio de la nada*, en un lugar perdido de la provincia de Mendoza que se llamaba Villaseca, entre Tupungato y Tunuyán.

Ubicáte lo que era. Allí trabajaba dos hectáreas de viñas para la familia Mozo, que eran dueños de media Mendoza.

Encima yo no podía bajar ni al pueblo, porque había muchas redadas de Gendarmería. No por cuestiones políticas, sino económicas. Gendarmería trabajaba con los turcos en una sórdida combineta. A laburar en la zafra caía gente de Santiago del Estero, de Tucumán. Los turcos la hacían laburar a sol y a sombra y cuando había que pagarles el jornal les daban un adelanto para que fueran al boliche a ponerse en pedo. Entonces venía Gendarmería, los levantaba como sorete en pala, los tiraba en la frontera y los turcos se quedaban con el jornal.

En la nada sarmentosa de Villaseca era un muerto vivo. Un espectro que apenas revivía gracias a su hija Marcela. Acosado por todas las culpas del sobreviviente, cada noche, en el jergón del rancho, se decía que su hermana, su padre y su sobrinita estaban desaparecidos por su culpa.

Por suerte, al viejo lo liberaron seis meses más tarde y a su sobrina dos años después, en una restitución poco común a la familia, porque a las criaturas que no devolvían de inmediato se las llevaban para siempre.

Pero la Negra no apareció nunca más.

Evocaba a la *otra Negra*, la Negra que era antes de meterse de cabeza en la militancia. La hermanita menor, linda, concheta, que diseñaba modas desde los 16 años y se vestía en consecuencia, con sacos de cuero a medida y botas que eran realmente de gamuza y no imitación gamuza. Esa Negra veinteañera se estaba por casar con un tipo que era de Florencio Varela, que tenía uno de esos comercios donde se vendían artículos para el hogar. *Que no era mal tipo, pero viste... usaba hebillas de oro.* Y todos los sábados, sin falta, invitaba a los viejos de su novia a comer al Mesón Español o a los carritos de la Costanera.

Hacía mucha ostentación de la plata que tenía. Mi hermana movía un dedo así y él movía la cabeza para el mismo lado. A los tres meses de salir habían comprado una casa en un barrio residencial de la zona sur, con otra casita, atrás, para mis viejos. O sea, el chabón estaba hasta el cuajo. Y mi hermana obviamente lo quería...

Y en eso llegó el Lito, que era su *respo* y le dijo que organizara una reunión en el barrio del Sur donde el Toba trabajaba políticamente. El Toba cumplió la orden de buen grado y se le ocurrió invitar a su hermana, que aceptó ir a visitar ese universo tan distinto de la moda, del Mesón Español y la venta de electrodomésticos. Tal vez, porque era una tipa muy solidaria.

Fueron a la reunión, donde Lito bajó línea. *Lito medía un metro noventa y cuatro, era flaco como un lápiz, sin ninguna forma. Una nariz así, unos culos de botella así. Lito era lo más feo que yo había conocido en mi vida.*

Al día siguiente se lo encontró para hacer una evaluación y Lito le dijo: "Toba, necesito pedirte un favor: necesito que me hagas una cita con tu hermana." "¿Para qué?" "Cuestiones personales."

Yo lo miro y le digo: Vos estás en pedo, loco. Estás de la nuca. Mi hermana dentro de tres meses se casa. Me dice: "Me chupa un huevo". Bueno, está bien, le dije, pero no le armé nada. A la semana viene mi hermana y me dice: "Toba, ¿hay alguna posibilidad de verlo a Lito?" ¿Por? "No, por nada, tengo que hablar una cuestión personal con él". Era demasiado: hice la cita y se engancharon ahí nomás. Mi vieja se quería morir. El prometido de los electrodomésticos era rubio, de ojos celestes; mi vieja, sirvienta de toda la vida, india, negra, con ese yerno que era un Adonis completo. Cuando se metió con el otro, largo, pobre, horrible, no sabés. Mi vieja lo odiaba a Lito.

En el '79, cuando su hija Marcela se le enfermó de otitis y tuvo que hacer sesenta kilómetros para encontrar un médico, el Toba decidió que ya estaba bien de Villaseca y la nada. Regresó a Buenos Aires, se separó de su primera mujer y tuvo un reencuentro decisivo con el viejo milico de la Resistencia que se había bancado seis meses secuestrado por llamarse igual que él.

25 DE MARZO DE 1977

Los represores del Grupo de Tareas 3-3/2 de la Escuela de Mecánica de la Armada están exultantes: esa tarde, si todo sale bien, van a *chupar* a uno de los *subversivos* más odiados y temibles, el famoso escritor Rodolfo Walsh (alias Neurus o Esteban). La Marina tiene demasiadas cuentas pendientes con él: por haber sido *agente de la inteligencia cubana*; por ser el segundo a cargo de la estructura de inteligencia de *la banda de terroristas montoneros*; por haber escrito y difundido con su agencia clandestina de noticias el primer informe que conoció la prensa internacional sobre secuestros y torturas en la ESMA y, ¿por qué no?, por ser hermano de *un digno capitán de navío, héroe de la Aviación Naval, cuyo apellido deshonró* convirtiéndose en peronista y montonero.

La reunión se realiza en *el Dorado*, la oficina de inteligencia a cargo del capitán de corbeta Jorge Eduardo Acosta, conocido en el inframundo de la ESMA como Santiago, Aníbal o, simplemente, el Tigre. Participan oficiales de inteligencia y operativos. Unos y otros escuchan con gran atención el relato del Tigre: su astuto mecanismo para quebrar al prisionero que le tiró (por un teléfono alquilado) la cita envenenada al "oficial segundo Esteban".

Según el Tigre Acosta, si la operación resulta un éxito y logran capturar vivo a Walsh, el propio "Cero", el mismísimo almirante Emilio Eduardo Massera en persona, descenderá al Sótano de la ESMA para supervisar el interrogatorio. Por eso, el chupe va a estar conducido por el Tigre en persona y van a participar, entre otros, tres operativos muy efectivos: el teniente de corbeta Alfredo Astiz (Ángel, Rubio o Cuervo), el mayor del Ejército Juan Carlos Coronel (Maco) y el subcomisario de la Policía Federal Ernesto Enrique Frimon Weber, más conocido allí por sus alias: Armando, Rogelio y 220. Sobre todo 220, por sus conocimientos de electricidad aplicada que transmitió a los marinos (el Tigre incluido) cuando éstos todavía no sabían usar la picana.

Weber no sólo es torturador como el Tigre y operativo como Astiz, también participa de la sección Logística, que es la que administra y usufructúa en beneficio de los represores el "botín de guerra": los bienes muebles e inmuebles robados a los desaparecidos.

A simple vista no parece un pesado, pero ha participado de sonadas capturas: Graciela Daleo, Alicia Milia de Pirles y Norma Arrostito (la Gaviota), una figura emblemática de Montoneros, que integró el grupo de los "fundadores".

El subcomisario Weber es un hombre enjuto, fibroso (de un metro setenta y cinco, aproximadamente), de cara afilada y nariz aquilina, que a veces toma mate con algunos secuestrados "en proceso de rehabilitación" y con voz chillona exhibe ante el auditorio esclavizado su machismo, su visión mezquina y sórdida de la existencia.

En principio se decide que el Cuervo Astiz le haga un tackle a Walsh para inmovilizarlo e impedirle toda resistencia, pero algunos errores de la patota y el coraje de "Esteban" colocarán a 220 en el centro de la trágica escena.

Rodolfo Walsh recibe el pedido de ayuda a través del *pie telefónico* alquilado y concurre a la cita para *guardar* al compañero que no tiene a donde ir. Su disfraz es muy bueno, o al menos así lo piensa su compañera Lilia Ferreira, de quien se despide en la estación Constitución un rato antes de caer en la trampa: *parece un modesto jubilado, vestido con un pantalón marrón, una camisa de manga corta color beige, deslucida por múltiples lavados, y un sombrero de paja que cubre su coronilla pelada.*

Salvo que el inofensivo "jubilado" lleva en un viejo portafolio varios ejemplares de su célebre "Carta a la Junta Militar" (que ha terminado de escribir la noche anterior) y calza al cinto, bajo la camisa deslavada, la pistolita Walther PPK calibre 22 que compró tres años antes para Lilia, *como regalo de defensa y de cumpleaños*. También guarda en el bolsillo, para pasar algún control poco riguroso, la vieja cédula de identidad a nombre de Norberto Freire que usó veinte años antes para la investigación de *Operación Masacre*.

La cita es a las dos de la tarde, caminando por la avenida San Juan desde Entre Ríos a Sarandí. "Esteban" entra al punto de arranque poco después de las dos y pasa frente a los autos donde están los hombres del GT33/2 que tardan unos segundos en reconocerlo. El Cuervo no atina a tacklearlo. Pero la confusión dura poco: *alguien lo identifica, Rodolfo percibe el vértigo de los secuestradores y se da vuelta.* Los que deben llevarlo vivo no se bancan que meta la mano al cinto; antes que saque la pistolita, Weber comienza a disparar. Walsh corre entre los autos y logra sacar la Walther PPK. Weber sigue gatillando, secundado ahora por los otros tipos de la patota que no quieren correr el más mínimo riesgo. "Yo tiraba y tiraba y él seguía de pie al lado del árbol, hasta que al fin cayó", le confiará el policía a un prisionero que le hace documentos falsos a la patota en el Sótano de la ESMA.

El cuerpo acribillado de Rodolfo llegó muerto a la ESMA, quedó esa noche tirado en un pasillo, y dicen que después lo desaparecieron junto al río y con el fuego. Tenía 50 años.

20 DE DICIEMBRE DE 2001
Transcripción de "modulaciones policiales" entre algunos jefes que comandaron la represión, distintos efectivos de la fuerza operando en los lugares álgidos y la Dirección General de Operaciones (DGO).

HORA 16:30:56.-
C-7 (Jefe de la Circunscripción VII, comisario inspector René Derecho): Voy a tratar con la Brigada de civil y gente de uniforme de infantería que tengo, (de) limpiar lo que queda en el centro de la Piramide.
D.G.O.: Interpretado Sr., Sr. Ahí tenemos un inconveniente en AV. DE MAYO y Chacabuco (banco HSBC), ahí está desplazándose WEBER con un par de Grupos de Combate.
D.G.O.: Sr. WEBER, Operaciones.
WEBER: Si estoy en escucha.

D.G.O.: Señor. A ver si podemos adelantar algo ahí al tema de AV. DE MAYO Y CHACABUCO, está el 451 con el personal en el lugar.
WEBER: Ya desplacé personal de Montada, debe estar próximo al arribo.

El Weber que figura en la transcripción de las cintas policiales del 20 de diciembre no es el que *tiraba y tiraba, hasta que al fin cayó*. "220" se retiró con el rango de subcomisario y fue perdonado de sus crímenes por la ley de Punto Final que promovió el gobierno de Raúl Alfonsín en 1986. Desde entonces vivió plácidamente de su jubilación (y otros menesteres) en la calle Virgilio 1245, departamento 2, de la ciudad de Buenos Aires. Al menos durante una década, porque en diciembre de 1996 fue escrachado por la agrupación HIJOS, que volvió a visitarlo el 7 de octubre de 2000. El asesino de Walsh no puede hacer turismo fuera de las fronteras: el 2 de noviembre de 1999, Día de los Fieles Difuntos, el juez español Baltasar Garzón lo procesó por "terrorismo y genocidio" y pidió su captura internacional.

El Weber que se estaba desplazando hacia donde cayó asesinado Gustavo Daniel Benedetto "con un par de Grupos de Combate", es el también subcomisario Ernesto Sergio Weber y es, como los lectores ya lo habrán adivinado, hijo de Ernesto Weber. El 20 de diciembre tuvo a su cargo la estratégica Fuerza Número 2 del Cuerpo de Operaciones Federales (COF).

Nadie puede ser juzgado *a priori* por ser hijo de un represor. En este país hay —aunque sean una selecta minoría— algunos hijos de represores que militaron en el campo opuesto al de sus padres. Pero ocurre que Weber hijo figura como imputado en la causa por la salvaje represión del 20 de diciembre.

Aunque la jueza federal María Romilda Servini de Cubría no lo acusa, hasta el momento, de ningún asesinato, sí lo responsabiliza, *prima facie*, de un delito que lo vincularía ideológicamente con su padre: "los ultrajes, maltratos y vejámenes que sufrieran Hebe Pastor de Bonafini" y otras Madres de Plaza de Mayo. Para la fiscalía, la jueza se quedó corta en sus señalamientos (una vez más): Weber hijo debería ser investigado también en relación con los asesinatos ocurridos en las inmediaciones de la Plaza de Mayo.

En otra modulación puede escucharse este instructivo diálogo:

COF 2 (Weber): PACI, el COF 2.
D.G.O.: Sr. Lo escucho, adelante.
COF 2: Bueno, ahí sobre la 9 DE JULIO hay tiradas dos personas, eh..., casi inconscientes eh... el personal policial fue agredido sin consecuencias para esta..., con este móvil, ¿QSL?
D.G.O.: ¿Pero a qué altura Sr.? ¿A qué altura por favor? ¿A qué altura?
COF 2: Sarmiento PACI.
DGO: 9 de Julio y Sarmiento. Interpretado Sr. WEBER.
WEBER: Te escucho PACI.
DGO: El COF 2 ahí está con inconvenientes a la altura de 9 DE JULIO Y SARMIENTO. Ya..., ya se retiró del lugar pero hay un grupito ahí que está produciendo incidentes.
WEBER: Si con un Grupo andate a 9 DE JULIO E HIPOLITO YRIGOYEN.

El diálogo precedente está registrado por la Policía Federal Argentina a las *19: 21:15*.

A la misma hora en que el Toba se inclina sobre el chico de las rastas y le alza la cabeza ensangrentada. Es "la continuidad de los parques" que imaginó Julio Cortázar, la reunión de los mismos antagonistas en un nuevo acto de la tragedia.

15

EL PALACIO

EN CÁMARA LENTA

"A diferencia del gigante energético Enron, que tomó a todos por sorpresa, la caída argentina fue en cámara lenta y no agarró a inversores desprevenidos: esto nos lleva a pensar en Wall Street que la calidad y transparencia en los mercados emergentes es superior a la del propio mundo corporativo norteamericano."
WALTER MOLANO, BCP's Securities

—Los nueve meses de Domingo Cavallo tenían que culminar en el Viernes Negro y el Corralito, porque fueron nueve meses de corrida bancaria continua, con pequeñas interrupciones. —El Banquero Público se ríe, editorializa—: ¡Nueve meses de embarazo para semejante aborto!

En rigor, el drenaje de los depósitos se inició un año antes, a comienzos del 2000. Entonces hubo una salida de 2.000 millones de pesos-dólares que nunca se recuperó. Pero la sangría mayor se produjo a partir de febrero de 2001, cuando mercados, calificadoras de riesgo y bancos llegaron a la conclusión de que la Argentina marchaba inexorablemente hacia el *default*. Desde el 28 de febrero hasta el 10 de diciembre, los bancos perdieron 19.190 millones de pesos-dólares de depósitos, el 22,4 por ciento del total. Entre el primero y el 10 de diciembre, con el Corralito ya establecido, se fugaron otros mil millones de dólares.

—Primero se van los peces gordos, luego los medianos... —Se detiene, sabe que no puede decir "y los chicos", porque estos últimos quedaron atrapados y le cacerolean en la puerta del banco todos los días hábiles. Además, por su conocimiento de la operatoria bancaria, debe admitir que los depositantes de a pie no son los responsables de la hemorragia financiera.

Tampoco ignora que algunos tiburones sortearon la red en el último minuto, cuando ya les rozaba la aleta dorsal.

Es el caso de la hispana Repsol, que empezó fabricando lubricantes y gracias a los hidrocarburos argentinos se convirtió en la quinta petrolera de la Tierra. El 29 de noviembre, apenas veinticuatro horas antes del Viernes Negro, el directorio de Repsol YPF aprobó la distribución a sus accionistas de un "dividendo anticipado" por 787 millones de dólares que fueron puestos a buen recaudo. Con este anticipo, "exportado" a toda velocidad, los dividendos repartidos durante 2001 sumaron 1.652 millones de dólares frente a los 317 millones del año 2000. Algunos habían ganado muy buen dinero en medio de la bancarrota argentina.

En un artículo publicado el 23 de abril de 2002 en el diario madrileño *El País* (que el Banquero Público tiene sobre su escritorio), los periodistas Inés Abril y Miguel Jiménez informan que las empresas españolas pusieron "a salvo del riesgo argentino" 5.200 millones de euros (unos 4.524 millones de dólares al cambio de aquel momento). De los cuales, 2.600 millones de euros (unos 2.262 millones de dólares) correspondieron a "pago de dividendos" y otros 2.600 millones, a "venta de activos".

—¿Tuvieron un soplo de alguien del Banco Francés o del Central Hispano? —se pregunta el Banquero Público. Y se responde: —Puede ser, pero no era indispensable. Primero: todo el mundo sabía la que se venía y segundo: no había ningún límite legal para la salida de capitales. La fuga de depósitos habrá sido todo lo amoral, antiargentina y hasta venérea que usted quiera, menos ilegal. ¿Estamos? Por eso me reí mucho con esa pelotudez de las camionetas que inventaron... Con aquello de las 380 camionetas de transportadoras de caudales que se llevaban los dólares a Ezeiza clandestinamente, con nocturnidad y alevosía. El típico *thriller* de espionaje que venden los medios y compra la gilada...

Es curioso; igual que en la tragedia griega, todo el mundo intuye lo que va a pasar y nadie puede evitarlo. Desde el mismo momento en que supo que iba a ganar las elecciones presidenciales, Fernando de la Rúa empezó a imaginar el espectro de la corrida bancaria que podía eyectarlo del sillón. Por eso vivió sus días en la Rosada como un equilibrista sobre una cornisa.

Muchos meses después de la catástrofe le dirá a un inesperado confesor, a modo de excusa y consuelo: *Eso es lo que la gente no entiende, con esa demagogia purista de decir que hay que repartir más. Acá había que administrar una deuda que no habíamos creado para asegurar la sobrevivencia del país. Por eso, aunque sabíamos que la convertibilidad se estaba convirtiendo en una dificultad por el tipo de cambio, había que mantenerla. Porque saliendo de la convertibilidad se iba a producir un desastre como el que se produjo. Yo le decía a Moyano: "Pero Moyano, la devaluación es devaluar los salarios ¿Cómo vamos a salir de la convertibilidad?".*

Su estrategia frente al drenaje se limitaba a *dar señales positivas a los mercados; generar confianza en el exterior.* Por eso tuvo miedo cuando Cavallo intentó meter al euro en la Convertibilidad, porque los mercados podían pensar: "¡Ah!, éstos pueden salirse del uno a uno". También le preocupó que el Fondo Monetario Internacional criticara los planes de competitividad porque podían disminuir la recaudación con sus reducciones impositivas.

Como buen liberal conservador, De la Rúa fiaba mucho a las relaciones personales y a ciertos lugares comunes, como aquel que proclama la supuesta amistad con la Argentina del ex número dos del Fondo, Stanley Fischer, actual vicepresidente de un banco muy amigo de la plata argentina: el Citigroup. De la Rúa lo trató cuando se negoció el Blindaje, ofreciéndole su garantía personal de que se cumplirían los distintos puntos del acuerdo. "Stanley Fischer siempre siguió ayudando y Köhler era más rígido pero también am plio. Nuestro gobierno tenía un gran respeto afuera".

A De la Rúa no le preocupaban demasiado las excepciones, como la de Fidel Castro, que se irritó mucho por el voto en la ONU contra Cuba y calificó de "lamebotas" al Presidente y su canciller Adalberto Rodríguez Giavarini. Especialmente al canciller, cuyo apellido se regodeaba en silabear: "este caballerito Gia-va-ri-ni".

También el presidente brasileño Fernando Henrique Cardoso estaba molesto por el ostensible sabotaje contra el Mercosur de Domingo Cavallo.

Sin embargo, las limitaciones ideológicas del Presidente no le impedían percibir ciertas maniobras de los bancos que agravaban la descapitalización del país y subrayaban que ninguno de ellos creía, como aparentaba creer Cavallo, en la eternidad de la Convertibilidad. Tuvo noticia, por ejemplo, de la jugada perversa que hacían las casas matrices al enviar a sus filiales títulos de la deuda argentina que habían conservado en el exterior, para llevarse a cambio esos dólares que facilitaban el uno a uno. Pero jamás se le hubiera ocurrido poner coto a esas y otras triquiñuelas, para no vulnerar un principio sagrado de la globalización: *el libre movimiento de capitales*.

Traje oscuro, corbata plateada, pelo blanquinegro prolijamente peinado para atrás, tez blanca convenientemente bronceada, sonrisa *public relations*, bigotitos de guías levemente alzadas, un aire inconfundible de los años cincuenta que combina bien con la banda tornasolada de la Orden de Mayo al Mérito que le acaba de imponer el presidente Carlos Menem, por indicación de su amigo *Mingou*.

La foto es de 1993 y su protagonista es el banquero David Campbell Mulford, a quien Duhalde confundía (o decía confundir) con Rockefeller. Mulford había sido condecorado por instrumentar el Plan Brady que, según Cavallo, acabaría definitivamente con el problema de la deuda. David, que no tenía demasiados escrúpulos en pasar de lo público a lo privado o viceversa, había dado una mano crucial en su carácter de subsecretario del Tesoro de los Estados Unidos. Era un "amigo de la Argentina", como Stanley Fischer. Así se lo hizo notar nueve años más tarde —en un escrito— a los fiscales federales Eduardo Freiler y Federico Delgado, que investigaban a Cavallo por "abuso de autoridad" y a su famoso Megacanje, porque podía constituir una "estafa" en perjuicio del Estado. Los dos jóvenes acusadores no temían enfrentarse al poder: el año anterior habían tratado infructuosamente de que los senadores que recibieron sobornos para votar la ley antiobrera fueran identificados y condenados.

Mulford, que se desempeñaba ahora como titular del Credit Suisse First Boston (CSFB), describió el Brady como un "programa altruista" y, a la vez, "sustentable". No explicó por qué la deuda había aumentado ni habló de la gigantesca concentración de intereses que obligaba a "patearla" hacia adelante, en otro programa altruista en el que se canjearon bonos por un valor cercano a los 30.000 millones de dólares.

Según declaró el propio banquero, el nuevo programa altruista comenzó a ser diseñado por un "equipo de profesionales del Credit Suisse First Boston, en el mes de febrero", cuando ya era un secreto a voces que el amigo Cavallo estaba por entrar al gobierno de la Alianza, ya fuera al Banco Central o al Ministerio de Economía. Ninguno de los dos amigos perdió un minuto: el 21 de marzo, menos de doce horas después de que Mingo asumiera como ministro, se reunió con Mulford en el entrañable despacho con *boisserie* de roble de los viejos tiempos. El 10 de abril, David Campbell Mulford regresó con su avión particular a Buenos Aires y se encontró en el Ministerio con otro viejo conocido de tareas altruistas: el siempre sonriente Daniel Marx, ex empleado de Nicholas Brady (el autor intelectual del Plan del mismo nombre). Marx, que ahora era viceministro de Economía, había transitado en perversa simultaneidad por el mundo financiero internacional acreedor de la Argentina y por todos los gobiernos de la democracia: Alfonsín, Menem y De la Rúa. No comulgaba con su homónimo de *Das Kapital*, pero sabía cómo acumularlo.

Aunque Mulford y Marx sintonizaban ahora distintas frecuencias financieras, conversaron acerca del ambicioso plan. Diez días más tarde, Cavallo y Mulford se reunieron en Londres, en el consulado argentino. "Allí el Ministro le informó que coincidía con la idea, que había recibido un consejo similar del JP Morgan y le pidió que trabajara con ellos para desarrollar una propuesta detallada para una transacción de canje de bonos".

Los banqueros viajan mucho y rápido: tres días más tarde, David aterrizó en Buenos Aires, acompañado por los "otros funcionarios del CSFB que trabajaban en la propuesta de canje". Ese mismo fin de semana "se reunieron con representantes *senior* de JP Morgan, Banco de Galicia y Buenos Aires S.A., Banco Río de la Plata S.A. (subsidiario de Santander-Central Hispano Investment) y BBVA Banco Francés S.A.". Todos ardiendo en deseos de hacer el bien.

No siempre las cosas de Palacio van despacio: en apenas una semana, el 30 de abril, el Ministerio de Economía tuvo la delicadeza de llamar a licitación por escrito. Las ofertas podían presentarse hasta el cercano 3 de mayo. El 7 de mayo, casualmente, "se eligió al grupo liderado por Credit Suisse First Boston y el JP Morgan". Un proceso que los fiscales calificarían después como "pantomima", una *mise en scène* para montar la maniobra estafatoria".

El Megacanje, concretado oficialmente en junio de 2001, consistió básicamente en la recompra de bonos de la deuda pública, a cambio de un nuevo título a largo plazo con una tasa usuraria (vinculada al riesgo país) del 16 por ciento. Los bancos privados propusieron el canje de unos 27.700 millones de dólares, de los cuales ya tenían en cartera unos 20.000 millones a través de las AFJP. A pesar de ello, las comisiones percibidas alcanzaron a 152 millones de dólares, de los cuales 20 millones fueron para el amigo Mulford que sólo aportó el 5 por ciento de los bonos a canjear.

Alguien tan escasamente crítico de los banqueros como el *senior fellow* Michael Mussa, que dirigió durante diez años el Departamento de Investigación del FMI, anotó en su libro sobre la Argentina y el Fondo: "con el canje, el gobierno argentino logró una reducción de sus obligaciones en el servicio de la deuda entre 2001 y 2005 de tan sólo unos

US$ 12.000 millones, a cambio de obligaciones adicionales de cerca de US$ 66.000 millones a partir de 2005".

Aunque el FMI emitió un diplomático comunicado dando la bienvenida al "exitoso canje", en privado deben haber compartido los argumentos que Mussa haría públicos: "Al buscar y aceptar un canje de deuda en condiciones tan onerosas, el gobierno argentino estaba en efecto declarando que compartía la evaluación del mercado de que el *default* soberano era virtualmente inevitable".

La operación fue considerada "lesiva para los intereses del Estado" por dos extensos informes de la Auditoría General de la Nación y la SIGEN (Sindicatura General del Estado Nacional) y provocó un sinfín de denuncias judiciales, entre las que sobresalió la de los dirigentes del ARI especializados en las maniobras dolosas de los banqueros: Elisa Carrió, Graciela Ocaña y Mario Cafiero. Este último, hijo del senador peronista Antonio Cafiero, había sido diputado del PJ hasta que se enfrentó con el Cavallo poderoso del 2000, que era —todavía— un estrecho aliado de Carlos Ruckauf y Eduardo Duhalde.

Solo o en coautoría con Javier Llorens, Mario Cafiero produjo varios documentos acerca de la "responsabilidad de la banca internacional y del FMI en el vaciamiento del sistema financiero argentino". Una de sus tesis principales era que la corrida bancaria había sido "una retirada ordenada y silenciosa" del mercado financiero argentino, protagonizada por los propios bancos y no por los ahorristas como se "trataba de hacer creer".

Al analizar los balances de los bancos, basándose en cifras oficiales del Banco Central, Cafiero tropieza con los rubros "Otros créditos" y "Otras obligaciones", que registran movimientos gigantescos de capital. "Es como si hubiera dos sistemas financieros: uno formal de depósitos y préstamos y otro configurado como una gigantesca 'mesa de dinero'. Las operaciones de esta 'mesa' se registran dentro de estas megacuentas 'otros', que como la alfombra sirven para esconder mucha suciedad. Estas operaciones financieras mayoristas comprenden las operaciones de financiamiento al sector público, operaciones de pases de títulos, de compra y venta de divisas a término, de operaciones interbancarias, es decir de toda la parafernalia de transacciones de la patria financiera".

El Megacanje se anunció el domingo 3 de junio. En la mañana del día siguiente, Mario Cafiero lo definió como "el robo del siglo" en una entrevista por radio Continental. El martes 5 lo llamó Eduardo Camaño para decirle que Ruckauf quería hablar con él "por lo del Megacanje". Cafiero imaginó fácilmente lo que le diría el gobernador de la provincia de Buenos Aires: "Dejáte de joder Mario, si Mingo se enoja no vamos a tener guita para pagarle a la policía". El jueves 7, como todos los años, concurrió a la cena anual del Centro Argentino de Ingenieros, del que era socio. Sabía que en la cabecera estarían Cavallo y De la Rúa. Apenas había saludado al Presidente, cuando Cavallo se volvió hacia él, rojo de furia, y estalló el escándalo.

—Vos, Mario, sos un irresponsable, porque vas a hacer una denuncia penal por el Megacanje y no sabés lo que estás diciendo.

—Perdóneme, ministro, yo lo que estoy diciendo es que ustedes no tienen autorización para hacer un canje que empeore la deuda.

—Vos no sabés lo que decís. Es un disparate lo que estás diciendo. Se nota que vos el título de ingeniero lo compraste, porque ni siquiera sabés hacer una cuenta.

—Yo sé hacer bien las cuentas y esto significa aumentar la deuda.

Entonces terció De la Rúa, alarmado:

—¿Cómo, cómo? Pero ganamos tiempo con esto, Mario. Ganamos tiempo para poder reconstruir el país.

—Presidente: esto endeuda al país en más de cuarenta mil millones de dólares.

—¿Cuarenta mil millones de dólares? —exclamó De la Rúa, agarrándose la cabeza, como si se acabara de enterar.

Cavallo no cejaba en sus insultos:

—Vos no sabés usar la regla de cálculo, vos sos un animal, un delirante.

—Mire, ministro, usted no me va a hacer enojar a mí. Conozco su técnica, pero el insulto conmigo no va. Lo que estoy diciendo es la verdad y voy a probarlo.

"En ese momento —recuerda Mario Cafiero—, yo creía que el Parlamento servía, que podíamos parar el Megacanje en el Congreso. No lo pudimos parar".

16

EL PALACIO

EL FIN DEL CAPITALISMO

Hay gente que no aprende. En abril de 2002, cuando estaba preso en la Gendarmería por orden del juez en lo penal-económico Julio Speroni, en la causa por la venta de armas, Cavallo fue llevado en helicóptero a los tribunales de Comodoro Py para prestar declaración sobre el Megacanje ante otro magistrado, esta vez del fuero penal federal: Jorge Ballestero. Si alguien esperaba ver a un hombre contrito por todo lo que había ocurrido en esos meses de hecatombe, estaba profundamente equivocado: el detenido se acomodó el chaleco antibalas que le habían puesto bajo el saco sport y le dijo al juez:

—Soy el único que puede salvar a este país.

Los fiscales Freiler y Delgado admitieron que fue el único imputado "que no apuntó hacia un costado ni hacia arriba", "caracterizó el Megacanje como parte de un proceso de administración de deuda" y atribuyó su fracaso "a lo que llamó *un golpe institucional*".

"Argumentó que las condiciones que llevaron a acordar un canje en términos tan desfavorables fueron consecuencia directa de la negativa legislativa a autorizar la inclusión de nuevas garantías para los bonos a emitir (la recaudación impositiva, nada menos), por lo que responsabilizó a los miembros del Congreso por la carga". A veces, efectivamente, es una lástima que haya Congreso; tal vez evocaba con nostalgia aquellos tiempos del Proceso, cuando el padre de su mano derecha, Horacio Tomás Liendo, era ministro del Interior del general Roberto Viola y el propio Cavallo era subsecretario.

Regresó en helicóptero a Gendarmería (donde, por cierto, permanecería preso muy poco tiempo). Sobrevoló unos minutos la ciudad ingrata que lo había sacado a cacerolazos de la vida pública. Porque son mediocres, porque no entienden nada de economía. Porque ni saben hacer las cuentas, como el delirante de Mario Cafiero.

Algunos meses más tarde, en una austera oficina del Barrio Norte, un De la Rúa de *blazer* azul oscuro y pantalón gris de sarga, que no se veía muy distinto al de los días del poder, maldijo en voz queda, ante el Inesperado Confesor, a quienes lo pintaban como negligente o dormilón; a él tan luego, que había "dejado la salud" allí, en la Casa Rosada. Él también atribuía el fracaso de su gobierno al "golpe institucional", a la falta de cooperación legislativa, a la ausencia de apoyo de su propio partido y a esas denuncias de Lilita Carrió sobre la moral media de los banqueros, que *no pasaron desapercibidas en el exterior, porque allí leen todo.*

Sin embargo, el ex presidente evocó con calma, a veces incluso insinuando una sonrisa, el momento exacto en que los famosos mercados desahuciaron a su administración: fue el 10 de julio de 2001, un día que debía haber sido feliz. El ex presidente Bill Clinton había venido a Buenos Aires, para adornar con su elevada presencia un evento filantrópico, organizado por el portal *educ.ar*, que conducía Aíto de la Rúa, el hijo menor del Presidente, y se había podido crear merced a una donación del joven megamillonario cibernético Martín Varsavsky. Al mediodía de esa jornada fatal, el presidente argentino agasajó con un almuerzo al ex norteamericano, a quien seguía llamando *Mister President*. El ministro Cavallo integró el selecto número de invitados que se dieron cita en el comedor presidencial de Olivos, arreglado por un decorador tan convencionalmente cinematográfico, que Clinton se sintió como en la Casa Blanca: las paredes empapeladas en tonos pastel, el centro de mesa de plata bajo la araña de caireles, la vajilla de Limoges con sus guardas azul y oro, la hojarasca del parque tras las puertas acristaladas y detrás de las cabeceras, los oscuros óleos de marinas encrespadas.

Como siempre, el ministro Cavallo dio la nota al abandonar precipitadamente la mesa presidencial porque le acababan de transmitir una pésima noticia: para colocar la nueva emisión de Letras de Tesorería (Letes) había que pagarles a los banqueros una tasa del 14 por ciento, superior, por cierto, a la que habían pactado. En marzo, al hacerse cargo de los superpoderes, había proclamado que no pagaría "tasas usurarias"; en julio, la realidad se empeñaba en volver a desmentirlo.

Se había acabado el crédito externo y el interno se tornaba impagable. El riesgo país había trepado a 1.300 puntos y en los últimos cinco días la fuga de depósitos había superado los 1.300 millones de pesos-dólares.

Esa misma noche del martes 10 de julio, el dúo Cavallo-De la Rúa debía presentarse en el aniversario de la Bolsa de Comercio y alguien planteó en Palacio: *¿Vamos o no vamos?*. "Vamos —respondió De la Rúa—, ¿cómo no vamos a ir?" Cuando llegaron al viejo edificio de la *City*, el presidente de la Bolsa le preguntó al presidente de la Nación:

—Doctor, ¿no prefiere entrar por detrás del escenario?

De la Rúa se molestó: *De ninguna manera. Vamos a entrar por donde se entra siempre y vamos a marchar hacia el escenario saludando a todo el mundo, fila por fila.*

Esa noche el ministro de Economía anunció que se acababa el crédito y que, a partir de ese momento, los argentinos debían vivir de sus propios recursos. Nacía la efímera doctrina del Déficit Cero. De la Rúa, que se sentía muchas veces ninguneado por su explosivo ministro, habló después de Cavallo para decir que el Presidente respaldaba el programa draconiano.

El planteo del Déficit Cero, tan peligroso e incumplible como la "tolerancia cero" de Ruckauf (inspirado en Rudolph Giuliani el alcalde de Nueva Yook), era una señal para los mercados y para el FMI, disconforme por el incumplimiento de las metas del ya olvidado Blindaje. Los talibanes neoliberales del Fondo, que tenían la misma receta (mala) para todos los países en crisis, desde Indonesia hasta Rusia, consideraban que todos los males de la Argentina derivaban del déficit presupuestario, originado a su vez en un gasto público desbordado. Sin embargo, el gasto público era relativamente bajo, considerando la crisis que agobiaba al país y la consecuente y sostenida caída de la recaudación. Según Stiglitz: "Las cifras oficiales revelan un déficit de menos del 3 por ciento del PBI, lo cual no es algo excesivo. Recuerden que en 1992, cuando los Estados Unidos estaban sufriendo una recesión mucho más leve que la que sufre la Argentina, el déficit federal era del 4,9 por ciento".

Además, la carga principal del déficit era casualmente el servicio de la deuda, inflado a más no poder por las altísimas tasas de interés. Lo cual no quiere decir que la racionalidad del gasto no pudiera ser mejorada, eliminando malversaciones y distorsiones producidas por privilegios y clientelismo, para destinar esos fondos a las terribles carencias de la educación y la salud. Pero el FMI convertía esas distorsiones en el problema central y apuntaba obsesivamente al déficit de las provincias, donde proponía dejar cesantes a cientos de miles de empleados públicos. Los tecnócratas del Fondo, que percibían sueldos de 15.000 dólares por mes y se relajaban de sus tensiones en el Sheraton de Retiro, probablemente ignoraban que los cesantes del empleo público no tenían retaguardia privada adonde dirigirse, porque las economías regionales habían sido devastadas gracias a tres fenómenos propiciados por el Consenso de Washington que institucionalizó, a nivel "global", el modelo neoliberal: la extranjerización de los bancos que había concentrado el crédito en las grandes empresas; la apertura indiscriminada del comercio que liquidó muchas industrias locales y la privatización de los bancos públicos provinciales, que completó la privatización de las grandes empresas públicas.

No era casualidad que el movimiento piquetero cortara rutas en La Matanza, un verdadero cementerio de industrias (especialmente las textiles), o en la salteña General Mosconi, convertida en pueblo fantasma (como las neuquinas Cutral Co y Plaza Huincul) tras la privatización de YPF.

El Déficit Cero descansaba en otra premisa expropiatoria que contribuyó a calentar la caldera social: para que las cuentas cerrasen había que deducirle el 13 por ciento a los empleados públicos que ganaban más de mil pesos y a los jubilados que percibían más de 500. La pregunta lógica era: ¿y si el balance no cierra pese al descuento del 13 por ciento, podría la quita trepar al 20 o al 30 por ciento? ¿Cuál era el límite del despojo? ¿Por qué había garantías jurídicas para los grandes especuladores y un intervencionismo estatal de corte estalinista para vaciar la bolsa de los asalariados?

Era el fin del contrato social en la Argentina. A partir de ese momento, como lo dijo el periodista Horacio Verbitsky, uno de los referentes del naciente Frente Nacional contra la Pobreza (Frenapo): "El salario y la jubilación han pasado a convertirse en simples conjeturas".

Podía ser una buena señal para el FMI y los mercados, pero era muy mala hacia adentro: los residuos de una Alianza vaciada entraron en colisión. El debate parlamentario para imponer el engendro se prolongó en una sesión maratónica, donde los justicialistas de Duhalde jugaron su baza. Recién se cerró cuando Chrystian Colombo, quien pese a las sospechas de Cavallo jugó siempre con lealtad hacia el gobierno que integraba, llamó por teléfono a Lomas de Zamora. Eran las tres de la madrugada y lo atendió Chiche, completamente dormida. Cuando se puso el Negro, Colombo le dijo: "Terminemos esto". Duhalde, un especialista en simultáneas, jugó en ese momento a favor del gobierno, convenciendo a Colombo (para siempre) de que no estaba en ninguna conspiración: "Bueno, lo llamo a Camaño de inmediato y terminamos esto. Y se vota".

Esa misma madrugada, el Jefe de Gabinete recibió en Olivos la visita inesperada de su amigo, el "Vasco" De Mendiguren, que le dijo a boca de jarro: "Gordo, se mandaron la cagada del siglo".

Pero De la Rúa respiró: ahora el FMI abriría la bolsa.

De golpe descubrieron que Cavallo había dejado de ser interlocutor de los organismos financieros internacionales; que venían enviados del Fondo y no lo querían ver, que iba el Pelado a Nueva York y no lo atendían. Ya no era el ícono de las revistas especializadas, aquel Cavallo de los '90 que, según Ruckauf, traía a banqueros, burócratas y presidentes metidos en un bolsillo. No sólo había cambiado la guardia en el gobierno norteamericano y en la conducción del FMI, también había cambiado la idea de que la Convertibilidad era la solución para la Argentina. Por si fuera poco, muchos funcionarios internacionales empezaron a cansarse de que el Mingo les gritara con ese inglés de naufragio que hablaba, absolutamente incompatible con sus laureles de Harvard y su currículum de conferencista. En su último viaje a Estados Unidos, De la Rúa y Colombo tuvieron que llamarlo al duro Köhler y a la terrible Anne Krueger para que lo recibieran.

De la Rúa debió emplearse personalmente en la seducción de los poderes internacionales; especialmente, con George W. Bush, que siempre se portó *bárbaro* con él, desde la primera reunión en Nueva York, una de las primeras que había sostenido el texano con un mandatario latinoamericano y que a éste le pareció *realmente fantástica*. En Iguazú, donde se reunió con el presidente brasileño Cardoso y el premier británico Tony Blair, De la Rúa aguardó como una novia una llamada de Bush, que se malogró por causa *de un enchufe*. Cuando consiguió hablar, después de las dos de la tarde, el argentino —que se consideraba bueno para el idioma inglés— declinó la mediación del traductor oficial y logró sacarle al gringo *que mandara un enviado*.

Finalmente, el 10 de setiembre, veinticuatro horas antes del atentado contra las Torres, el Fondo envió a Buenos Aires 5.000 millones de dólares que fueron a reforzar las reservas del Banco Central. En rigor, tal como estaban las cosas, sólo sirvieron para postergar unos días la catástrofe y para financiar nuevas fugas, pero el gobierno recibió el libramiento como maná del cielo.

El 11 de setiembre, De Mendiguren se encontraba en Washington para dar una charla en el BID invitado por su presidente, Enrique Iglesias. Cuando se produjo el atentado tuvo que salir *cagando* por Miami. Iglesias, que había comprado su discurso desarrollista, lo volvió a invitar. El 1° de octubre habló ante un selecto auditorio, donde no faltaban compatriotas notorios como Guillermo Calvo y el ex ministro José Luis Machinea. Insistió en que el problema argentino no era de gasto público, sino de alto costo financiero. A su regreso se multiplicaron las reuniones con los sindicalistas de las dos CGT, con Alfonsín y con Duhalde. De Mendiguren, que rechaza airadamente cualquier participación conspirativa, gusta recordar que hubo dos cenas en su casa de San Isidro, en las que reunió a Hugo Moyano con el Presidente. En la segunda, para aventar las sospechas de Cavallo y la Bullrich, invitó al ministro de Economía. En una de ellas, el camionero se encaró con el Presidente y extendió su brazo para mostrarle lo representativa que era la concurrencia. "Acá está el país —dijo—; úsenos para encontrar entre todos la salida".

La verdad probablemente estaba a mitad de camino, entre los informes protogolpistas de la SIDE y la versión angelical del titular de la UIA: industriales, sindicalistas y políticos bonaerenses olfateaban que la breva estaba madura y se decían patrióticamente: "Si todo se desbarranca no nos puede agarrar desprevenidos".

El crédito del FMI era por 8.000 millones de dólares, *más de lo esperado*. Faltaba recibir un tramo de 3.000 millones. Esperanzado, con un optimismo panglosiano, De la Rúa empezó a ver luz al final del túnel.

Entonces apareció un nuevo personaje en acción: Paul O'Neill, el fosco secretario del Tesoro, el mismo que defendía a capa y espada a los tenedores de bonos norteamericanos, plomeros y carpinteros que habían ahorrado para que los frívolos argentinos se rifaran su dinero. *A pesar de sus declaraciones nos dijo: "¿Cuánto pagan ustedes de interés?". Catorce o quince por ciento. "Ah, no; con esas tasas, por más plata que les demos, no pueden salir. Hay que hacer un canje de deuda, con una tasa de interés más baja: nosotros debemos apoyarlos para que consigan tasas más bajas"*.

Así nació el canje de deuda, que instrumentó el lugarteniente principal de Cavallo, Horacio Tomás Liendo. El Canje, que venía a sustituir al cuestionado Megacanje, se dividía en dos etapas: una primera a negociar con los tenedores locales y una segunda, con los acreedores externos. A simple vista, la propuesta parecía una locura: el gobierno proponía a los acreedores locales posponer los vencimientos y recibir una módica tasa del 7 por ciento, en vez de los tipos astronómicos de interés a que estaban acostumbrados. Sin embargo, *la idea de O'Neill* tuvo éxito y se pudieron canjear unos 54.000 millones de dólares. La explicación de tal milagro patriótico era sencilla y venía como siempre en la letra chica del contrato: a cambio de los viejos bonos, el gobierno le daba a los bancos *préstamos garantizados*, que a diferencia de antiguos y nuevos títulos podían incorporar en sus balances al cien por ciento de su valor nominal.

El viernes 30 de noviembre, por la mañana, el presidente De la Rúa estaba realmente contento. Se dijo que era *el día más feliz* de su agitada presidencia: *Esta noche se cierra el canje, entran 54.000 millones, bajamos la tasa de interés, el presupuesto nos cierra al pelo, tenemos un ahorro de 3.500 millones de dólares...*

Faltaba, cierto, el canje con los acreedores externos, pero si se consolidaba la parte nacional de la operación, no sería difícil llevarlo a cabo con éxito.

Entonces se produjo el infierno tan temido: ese mismo viernes 30 de noviembre se escaparon más de mil millones de dólares de los depósitos bancarios. Demasiado dinero para un solo día. La fuga durante noviembre rondaba los 3.000 millones. El total de los depósitos sumaba casi 63.000 millones, de los cuales 22.000 millones estaban en pesos y 41.000 millones en dólares. Los depósitos en plazo fijo totalizaban unos 45.000 millones. Los teléfonos de Presidencia, Jefatura de Gabinete y Ministerio de Economía se pusieron al rojo vivo con las llamadas de los banqueros exigiendo una medida drástica.

A las nueve de la noche, Cavallo reunió a su plana mayor y a Roque Maccarone, presidente del Banco Central, en el salón de acuerdos del Ministerio de Economía; allí les anunció el embargo de los depósitos, la medida que aún se conoce con el tierno mote de "el corralito". En un súbito arranque de amor por la banca pública, planteó la imperiosa necesidad de "no dejar caer" al Nación y al Provincia. El viceministro Daniel Marx salió a cruzarlo con la insolencia del que se sabe de salida:

—Esta medida me parece una barbaridad, Mingo. Si hay algo que debemos preservar es el sistema de pagos. Vos sabés cómo pienso. Así que si el Nación y el Provincia se tienen que caer, que se caigan.

Tal vez pensaba en la compra ulterior por parte de algún grupo extranjero. Cavallo lo miró con esa sonrisa entre conmiserativa y fronteriza que solía obsequiar a sus contradictores diez segundos antes de estallar. Luego comenzó a esbozar con Liendo las medidas más urgentes que debían tomar, como anunciar un feriado bancario y cambiario para el lunes.

El técnico que había proclamado la "intangibilidad de los depósitos" estaba decidido a "pisarlos" para salvar al sistema financiero de una inminente bancarrota.

El decreto de "necesidad y urgencia" número 1570, que redactaron Liendo y Castañón, fue firmado en la noche del sábado por De la Rúa, tras una jornada alucinante en Olivos. La norma original, porque sufrió ajustes y variaciones, establecía un límite a los retiros en efectivo de 250 pesos o dólares por semana; prohibía sacar más de mil dólares del país, salvo en operaciones debidamente autorizadas por el Banco Central y alentaba la posibilidad de convertir a dólares los depósitos en pesos. Una forma indirecta de asegurar que no corría peligro la Convertibilidad.

Los depositantes podían disponer del total de sus depósitos, mediante transferencias bancarias y el uso de tarjetas de crédito o débito. La propiedad privada del dinero estaba teóricamente garantizada, pero un viento negro sacudió a una clase media que en los últimos años había visto caer de su escalón, de un día para el otro, a muchos de sus integrantes. La sensación de los depositantes (ahorristas y no ahorristas) es que los habían metido en una trampa. Cuando un Cavallo sedado, de impropia sonrisa, dijo ante las cámaras de televisión que la medida sólo iba a durar 90 días, creció el temor a que la salida de la trampa fuera el pelotón de fusilamiento.

El Banquero Público recuerda ese momento con gran irritación:

—Hay una demostración palmaria de la torpeza, el apuro y los errores de implementación de Cavallo en el tema del corralito. Lo saca cuando la gente tenía que cobrar el sueldo. Muchos, en el cajero automático. Y pone ese límite de 250. Nadie le dijo que los cajeros estaban todos programados con múltiplos de 20. Hasta esa torpeza irritativa con la gente.

En la misma conferencia de prensa del sábado a la noche, Cavallo presentó el embargo como si fuera una conquista. Había que "bancarizarse" para ponerse (una vez más) a la altura del Primer Mundo. Y para dar ese salto no había ningún tipo de problemas: pronto el más ruin de los comercios minoristas dispondría de una máquina "posnet" para autorizar los pagos con la tarjeta de débito. Eso no era así en aquel momento y no lo fue nunca: hacían falta cientos de miles de máquinas posnet que nunca llegaron a fabricarse.

Si alguien pretendía pagar la cuenta del restaurante con una tarjeta de débito debía ir hasta la caja y someterse a una serie de pruebas electrónicas donde la misma capacidad tecnológica que había impedido el diálogo Bush-De la Rúa en Iguazú lo dejaba sin otra alternativa que meter la mano en el bolsillo y pagar con pesos o las diversas monedas provinciales (Patacones, Lecop, etc.) que aparecían como alternativa a la iliquidez y retrotraían al país al siglo XIX, a los tiempos anteriores a la Organización Nacional.

Tampoco era verdad que el pequeño empresario que daba trabajo "en negro" a dos o tres empleados estaba en condiciones de blanquearlos y abrirles una caja de ahorro para que depositaran el sueldo. La triste realidad era que se vería obligado a despedirlos. Corría peligro la cadena de pagos y la actividad cotidiana de una economía "en negro", que representaba entre el 40 y el 45 por ciento del PBI. ¿A dónde llegaría entonces la cuesta abajo de la recesión?

Por si faltara algo, el lunes 3 abandonó el país Tomás Raichmann, el inspector del Fondo Monetario Internacional que se había pasado una semana verificando todos los "incumplimientos" del gobierno argentino. A Cavallo y De la Rúa les quedó claro que el funcionario, nacido en Chile, no propiciaría el nuevo libramiento de 1.260 millones de dólares que debían venir como parte del crédito de 8.000 millones.

La situación argentina no sólo era angustiosa, también inédita a nivel mundial: la valorización financiera y la política neoliberal aplicada a destajo habían acabado con el sistema financiero; es decir, con el capitalismo.

17
LA CALLE Y EL PALACIO

LA PROFECÍA DE REP

El 5 de diciembre, el humorista Miguel Rep publicó una tira profética en la contratapa de *Página/12*. Allí Gaspar, su clásico "revolú" barbado, carnaza habitual del diván psicoanalítico, monologaba, rayado de furia:

Pronto, más pronto de lo que él mismo imaginaba, se cumpliría el anhelo insurgente de Rep. Lo cual vendría a demostrar, una vez más, que en el país del grotesco discepoleano, los únicos profetas que aciertan son los humoristas.

Ayudando a que la profecía se cumpliera, algunos levantaron la tira como bandera. Fue el caso de mi mujer, Ana, que la pegó en una de las ventanas que dan al frente de nuestra casa. Y allí la dejó, para curiosidad y regocijo de transeúntes y vecinos, hasta varias semanas después del Gran Cacerolazo, cuando el ciudadano raso De la Rúa llevaba un buen tiem-

po meditando sobre su mala suerte escondido en un campo de la provincia de Buenos Aires.

La pregunta que el dibujante argentino flameaba desde la pasión, algunos observadores extranjeros, como el norteamericano Joseph Stiglitz, se la formulaban desde el sentido común: "El colapso argentino en 2001 es uno de los más recientes fracasos (del FMI) de los últimos años. Dada la alta tasa de desempleo durante casi siete años, *lo asombroso no es que los ciudadanos se amotinaran sino que sufrieran en silencio durante tanto tiempo*".

También es válida la reflexión del sociólogo Artemio López, volcada en *Qué país*, un libro medular sobre la crisis, de Martín Caparrós: "Cada año —todos los años— los sectores bajos y medios —31 millones de personas— transfieren al 10 por ciento más rico unos 27.400 millones de pesos: ¡medio corralito cada año! Eso significa que los hogares pobres pierden todos los meses un ingreso de 300 pesos. Si no lo perdieran, la pobreza en el Gran Buenos Aires —que en marzo del 2002 era del 32,7 por ciento— bajaría a una franja de entre el 5 y el 7 por ciento: su nivel histórico. O sea que cuando se habla de pobreza hay que hablar de transferencia y distribución. Todo lo que unos no tienen lo tienen otros. Es un dato central: si no, parece que fuera la fatalidad que nos cayó sobre la cabeza. Lo curioso es que eso no ha provocado tantas reacciones, o no tan concentradas. Te sacan esa plata todos los días y no pasa nada. Y en cambio te sacan la poca guita que tenías en el banco y hay un bolonqui descomunal".

Fue un verano tórrido, a un tiempo abismal y grandioso, que permanecerá de por vida en la memoria y el corazón de las generaciones que lo vivieron. Marcó, sin duda, el punto más alto de la conciencia ciudadana en las últimas dos décadas y dejó entrever un fenómeno menos visible pero no menos trascendente que facilitó ese ascenso de la lucidez y la dignidad colectivas: el fin del terror inoculado por la dictadura militar a la sociedad argentina un cuarto de siglo atrás. Durante los dieciocho años de una democracia imperfecta, acotada por la impunidad de los genocidas y las colusiones del estado mafioso, ese terror se alojó como un virus en el inconsciente colectivo y le puso un límite a la combatividad de las reivindicaciones políticas, económicas y sociales.

El 24 de marzo de 2001, al cumplirse el 25° aniversario del último golpe de Estado, cien mil ciudadanos desfilaron por Avenida de Mayo y colmaron la Plaza, ratificando con su actitud militante que el "nunca más" no era retórica. Fue la primera de una serie de grandes movilizaciones políticas y sociales de ese año decisivo —como la que se llevó a cabo contra el Déficit Cero en julio—, que precedieron a las jornadas del 19 y 20 de diciembre. Aunque no contradicen la índole masiva, espontánea y apartidaria que predominó en las manifestaciones de esas 48 horas, demuestran que la gran eclosión popular que sacudió las instituciones algo le debía a las luchas previas (a menudo parciales) en contra del modelo.

Un punto de inflexión, a mediados de diciembre, fue la consulta popular organizada por la Central de los Trabajadores Argentinos (CTA) y otras organizaciones que confluyeron en el Frente Nacional contra la Pobreza (Frenapo), en demanda de un "seguro de empleo" que otorgara 380 pesos-dólares por jefe de familia desocupado, más un adicional de 60 pesos por cada hijo. Propuesta perfectamente financiable, como lo demostró el economista Claudio Lozano de la CTA, que contrastaba radicalmente con los 150 pesos por jefe de familia desempleado, que el gobierno y los aparatos clientelistas de la politiquería otorgaban en ese momento a un escaso cinco por ciento de los dos millones de desocupados. Cuando lanzaron las consultas, con mesas en los centros urbanos del país, los dirigentes de la CTA y el Frenapo consideraban "un sueño" la recolecta de un millón de firmas. El sueño se triplicó en la realidad: la propuesta fue plebiscitada por 3.100.000 argentinos. Escribí entonces, en *Página/12*, que semejante resultado autorizaba una lectura política categórica: el gobierno era ilegítimo.

La bronca de la clase media fue fermentando en las interminables colas de los bancos. El calor pegajoso de diciembre, la cercanía subversiva de esas fiestas donde en años mejores se solía tirar la casa por la ventana, la prepotencia de algunos ejecutivos bancarios (aunque no de todos, porque hubo astutos que mandaron servir sandwiches de miga y refrescos), el autoritarismo y la falta de consideración de los guardias privados, vinieron a sumar cuotas adicionales de irritación al desconcierto y la angustia de los que tenían "pisados" sus depósitos y temían que el peligroso alquimista de la mirada azul se los terminara de convertir en mierda de un momento para otro.

Los más desolados eran, como suele suceder, quienes más habían creído en las promesas de Pou, Cavallo y Menem en los días de la fiesta primermundista: ahora que los bancos son extranjeros se acabaron los peligros de corridas y cambios compulsivos de dinero por bonos (como ocurrió con los Bonex de Erman González); las poderosas casas matrices asumen el papel de prestamista de última instancia y garantizan la intangibilidad de los depósitos.

La tierra se les abría bajo los pies: si los propios bancos les robaban el dinero, ¿qué seguridad podía pretenderse en este mundo? Era una crisis existencial, ontológica, que cuestionaba la identidad misma de la clase media, especialmente de aquel sector que exhibía hasta entonces los más bajos niveles de conciencia. La que había eructado satisfecha con la plata dulce de la tablita de Martínez de Hoz y había corrido a Miami a comprar televisores por partida doble; la que había comentado, cobardemente, "si se los llevaron por algo será"; la que había reelegido a Menem porque estaba endeudada en dólares y temía regresar a la Híper; la que había recibido a Cavallo como Mesías nueve meses atrás y apenas unos días antes del corralito todavía protestaba por los cortes de calles y de rutas, porque esos "gronchos de mierda", esos piqueteros, atentaban contra su libertad de circular.

Las colas frente a los bancos iban sintetizando la desilusión, la impotencia, el miedo y la furia de viejos y nuevos cuentahabientes. Dos millones y medio de argentinos abrirían cuentas tipo caja de ahorro en un corto lapso, proporcionando una apariencia de racionalidad a las tormentosas medidas de Cavallo y otro buen negocio a los bancos. Era una formidable masa "bancarizada" o "por bancarizarse", que se sumaba a la vieja clientela y desbordaba la capacidad de atención de las entidades financieras.

Esa humanidad, transpirada, atónita, perpleja, maltratada, ocupaba las veredas de las avenidas, odiando a los que estaban detrás de ese mostrador al que tanto costaba llegar o a esos cajeros automáticos vaciados por la marabunta que los había precedido en la caza de los 250 semanales, informando, con su terca estolidez de máquina, que la operación requerida no podía llevarse a cabo "por el momento".

Alguien pensó entonces: si un tipo de la seguridad le llega a pisar un callo a la viejita esa de la fila, estalla la Argentina.

Ni Cavallo ni De la Rúa hacían cola, ni escuchaban las imprecaciones de sus conciudadanos: simplemente, como se acercaban las fiestas navideñas, esperaban la llegada del bueno de Papá Noel. Entonces bajó por la chimenea de Olivos el señor Jacob Frankel, que había sido presidente del banco central de Israel y ahora estaba a cargo de la compañía financiera Merrill Lynch. Era otro amigo de la Argentina, que no quiso cobrar por sus gestiones más que un estipendio simbólico (unos 5.000 pesos) que estaba obligado a fijar por alguna exigencia estatutaria que se nos escapa. *Un negociador que nos podía facilitar las cosas, amigo de Taylor, de O'Neill, de Köhler.*

Sobre todo, era crucial su relación con el titular del Fondo, por 1.260 millones de razones.

El chileno Tomás Raichman se había marchado criticando el presupuesto presentado por el Ejecutivo al Congreso porque decía que no cerraban las cuentas, que el cálculo de la recaudación, hecho sobre el promedio histórico, no daba cuenta de la pendiente vertiginosa que había por delante.

El martes 4 de diciembre, la misión del FMI se había reunido en privado con cuarenta miembros del Grupo Productivo (empresarios, banqueros, sindicalistas), reunidos por De Mendiguren a instancias de Iglesias, el presidente del BID. Uno de los enviados del Fondo, John Thornton, dijo que la situación de la Argentina era muy complicada y no se iba a solucionar aunque el organismo les enviara los 1.260 millones de dólares que Cavallo reclamaba ansiosamente para no caer en *default*. La Argentina, dijo, debe tener un plan sustentable; si no, estos millones se evaporarán como los cinco mil que el Fondo envió en setiembre. "Fue duro el tipo", como evocaría un año más tarde uno de los presentes.

Armando Cavalieri, el capo de los empleados de Comercio, el sindicalista-empresario de la desprestigiada CGT oficial, le espetó al enviado:

—Si usted nos está diciendo que Argentina tiene que devaluar, ¿por qué no sale y se lo dice a los periodistas que están afuera?

—Yo no puedo decirles lo que deben hacer —se atajó el funcionario internacional—, pero es claro que ustedes tienen un terrible problema de competitividad. Y acá hay dos caminos:

o modifican el tipo de cambio o van a una deflación que va a durar no menos de cuatro o cinco años y va a tener un costo social que tal vez no puedan pagar.

Para completarla, un cable de la agencia británica Reuters reveló que Horst Köhler había enviado una carta a De la Rúa, "sugiriendo" que no le quedaban más opciones que "devaluar o dolarizar". Según Reuters, prensa de la Presidencia admitió la existencia de la carta pero declinó comentar su contenido. El vocero del FMI, Thomas Dawson, "tampoco quiso hablar sobre el tema". O sea, el trascendido reflejaba la verdad: estaban decretando el fin de la Convertibilidad.

Esto no lo ha publicado nadie: el viernes era el canje de deuda y se produce la corrida, el sábado dicto el decreto (del corralito), el lunes me reúno con Raichman, que me anuncia que se va y su informe iba a ser negativo. Pero lo agarramos el martes a Cavallo y le decimos 'Andáte ya para Nueva York, hablá y arreglá'. Yo lo tengo que llamar a Köhler para que lo reciba en un almuerzo y arreglen lo que van a revisar. Anne Krueger le anota las cosas que hacían falta, sencillas, obtenibles. Pero se da esta dificultad con el Presupuesto, que además era síntoma de falta de unidad política. Jacob Frankel habla por teléfono con Köhler y le dice: 'Estamos acá, vamos a sacar el Presupuesto, hay sentido de la responsabilidad de todos los sectores. ¿Tú me prometes que si sale el presupuesto va a salir el libramiento?' Köhler le responde: 'Sí, desde luego, pero lo tiene que ver el Board'. 'No, qué Board ni Board —replica Jacob—, tú tienes que darme la respuesta, tú tienes que comprometerte'. Una hora duró la charla. Pero fue fructífera. Y efectivamente, si hubiera habido voluntad de sacar el Presupuesto, hubiéramos obtenido el libramiento del Fondo, tras eso el libramiento del BID, del Banco Mundial, y como teníamos el canje de deuda ya organizado para este año, ya aprobado el plano interno y ya estaba en marcha el externo, con el apoyo de O'Neill, este año en que estamos (el 2002) debió haber sido un año tranquilo, de recuperación de la economía, según una simple apuesta a la fe. En vez de eso... lla-

ma Cavallo a la Comisión de Presupuesto (de la Cámara de Diputados) y habla con radicales y peronistas. Los radicales dicen: 'Bueno, no sé, qué se yo, no creo, el gobierno está muy débil'. 'Vamos a tratar de verlo', decía Jesús Rodríguez. En cambio, los peronistas... (Jorge) Matzkin dice: 'Sí, vamos a hacer todo para que salga lo antes posible', pero ya estaban en otra cosa. Por eso yo renuncio el jueves, porque se había hablado de unidad nacional y yo creo que (la verdadera) respuesta es la de (Humberto) Roggero, 'de hacer juicio político al Presidente'. La respuesta fue profundizar los asaltos y los desmanes, mandar toda esa gente que mandaron a la ciudad de Buenos Aires.

SEGUNDA PARTE

INSURGENTES Y CONSPIRADORES

18
LA CALLE

LOS CONDENADOS DE LA TIERRA

Quien conoce el territorio es como la presa acechada por el cazador invisible, descubre lo anormal en un golpe de vista fulminante: un pasto embarrado o una rama quebrada bastan para ponerlo sobre aviso. Unos días antes de los saqueos, el Gordo vio aquellos carteles de "FARO" (Fuerza Argentina de Reconstrucción Organizada o algo así) y le olió "a una cosa medio nazi". Después supo que lo habían pegado los del PJ y empezó a olfatear la jugada. El miércoles 19 fue con los otros muchachos a ver al intendente Alberto Balestrini, para instarlo a que el peronismo oficial se sumara a una gran movilización a Plaza de Mayo para protestar contra Cavallo y De la Rúa.

Balestrini tenía una linda parla, un discurso bonito, pero algunos de los muchachos lo consideraban "más peligroso que dormir con una yarará". "Te la juega de amigo", solían explicar, "pero en cuanto te das vuelta te la manda a guardar". Y esa vez habló lindo, pero no definió.

Mientras ellos hablaban, en Moreno, el intendente Mariano West, acompañado por el obispo Fernando María Bargalló, encabezaba una marcha hacia Plaza de Mayo que nunca llegó, pero fue captada en video y la SIDE elevó un informe secreto al Presidente, como prueba de la "conspiración peronista" para voltearlo.

Cuando el Gordo salió de charlar con Balestrini, cruzó la plaza y se metió en el maxiquiosco de enfrente, para comprarse una botellita de agua mineral. El tipo del maxiquiosco le preguntó:

—D'Elía, ¿qué va a pasar acá, que está todo tan raro?

Le estaba por contestar, cuando vio en la vereda un oso de un metro noventa, con un *handy* en la mano que decía: "Cierre, cierre, cierre". El Gordo salió de la penumbra fresca y le tiró al atlético su corpachón de líder barrial, en estado sudoroso.

—Flaco, ¿quién sos vos? —le preguntó de mala manera.

El atleta lo reconoció y lo saludó por su nombre, con una sonrisa amable. Luego añadió, ambiguo, como si le estuviera haciendo un favor o pasándole una advertencia:

—No, mire que están saqueando.

El Gordo montó en cólera.

—Eso es mentira de ustedes. ¿Qué carajo están preparando?

Inesperadamente el atleta se escapó corriendo, con una sonrisa nerviosa por respuesta. Y todo eso ahí, en la plaza de San Justo, a cien metros de la Intendencia.

Esa mañana vería otras cosas raras: autos no identificables merodeando, policía de civil y antiguos jefes carapintadas "como Jorge Venturino", activando en la zona, recorriendo los barrios para enconar a pobres contra pobres, creando el mismo clima que precedió los saqueos contra Alfonsín en el '89: "Miren que vienen de la villa de allá a saquearlos a ustedes. Ya vienen para acá. Cierren, cierren los negocios y váyanse a casa". Es decir la primera etapa de la operación: *liberar los territorios para la maldad*. No hace falta haber leído a Fanon para saber que la furia del colonizado se vuelve contra el otro colonizado.

Eso fue al mediodía. A la tarde se abrieron "las puertas del Infierno": el Gordo pudo observar como la Bonaerense sobrevolaba el territorio con sus helicópteros, cuidando amorosamente a los hipermercados y otorgando una tácita licencia de caza para saquear los minimercados; muchos de ellos, en manos de chinos, el relevo migratorio, en la era tecnotrónica, del gallego almacenero de los años cincuenta.

En San Pedro, los delegados barriales le contaron al Gordo que los saqueos eran alentados "desde las unidades básicas históricamente vinculadas a Pierri".

Ante el juez Norberto Oyarbide, meses después, identificaría a ciertos punteros del Partido Justicialista que se tomaron muy a pecho la añeja consigna de Perón en la Resistencia: "Hay que organizar el caos". Por ejemplo, "Tuncho", que le cruzó el viejo Taunus por delante cuando el Gordo encaraba con la camioneta para entrar al barrio "el Tambo" y le dijo que los del "San Juan" venían a saquearlos.

A eso se suma algún pandillaje de las esquinas, enganchado con el tema, que se organiza para darle un golpe al carnicero del barrio.

El Gordo sabía lo que declaraba: estaban las bandas de la droga, "los guachines", pibes muy jóvenes que venden y consumen cocaína. Hijos de la desocupación perpetua, de la miseria perpetua. Los usaron de fuerza de choque para algunos saqueos. No existían todavía como grupo en el '89, cuando estalló la hiperinflación y Alfonsín tuvo que adelantar el traspaso de mando.

El chino Wang los identificó como avanzada de los hambrientos que entraban luego a los comercios, corridos por el hambre y muertos de vergüenza de que los reconocieran saqueando.

—*En la esquina junta banda pibes. No clientes. A veces sólo selvesa complaban. Ellos lompielon pelsiana. Depués mujeles clientas.*

"Conocen la calle, desde la policía hasta cada vecino, tanto o más que los viejos militantes políticos", recordó un funcionario del gobierno provincial que en los setenta había militado en una organización armada peronista. "Y son los que rompieron la regla de la vida: la arriesgan en un asalto, matan sin que les importe".

Un maestro de Lomas de Zamora reforzó la teoría: "Las bandas de la droga, impulsadas desde La Plata, hicieron el trabajo sucio: arrear a la gente, romper las persianas y robarse los productos más caros".

En diciembre, además, el corralito de Cavallo sublevó a ese nuevo lumpenaje por un motivo que estaba muy lejos del graduado de Harvard: "La calle se secó de efectivo, abajo no tenían plata para pagar el 'raviol' y arriba de ellos no tenían para pagar el 'ladrillo'. Para algunos, el saqueo representó la posibilidad de ingresar efectivo a la organización", explicó el funcionario setentista. Y se lamentó: "De nuevo este país destruyó a una generación de jóvenes".

El Gordo sabía lo que declaraba. Su zona (Crovara y Cristianía) fue uno de los epicentros del sismo social. Kilómetros de negocios saqueados. Frente al centro comercial de Crovara está el "Fuerte Apache matancero", que se llama Villegas.

Lugar de transa de la cana, la falopa, los dealers *de la droga, los punteros del PJ. Es un lugar muy particular donde se pueden reclutar asesinos de todo tipo. Juntaron a la gente en toda esa franja, a lo largo de diez cuadras. Hasta la vía juntaron gente. Por acá tenés la vía de Villegas. Acá hay otro asentamiento que se llama "Puerta de Hierro", el más duro de todo Matanza. Ahí no entra nadie sin permiso. Y allí fue un gran quilombo reclutado por canas y punteros del PJ. La cana no sólo permitió, hizo de vocera, corrió la voz de que había permiso para saquear. Esto no se hace en los territorios sin permiso del PJ. Ellos manejan cuatro cosas esenciales: una importante red de punteros, la cana, la estructura judicial y los* dealers *de la falopa. Con eso tienen para hacerte cagar. Bueno, no obstante, nosotros tenemos nuestra fuerza. Y por eso, como se dice en el barrio, hay un respeto.*

Sí, hay un respeto.

El Gordo es un sobreviviente. Todos o casi todos son sobrevivientes en La Matanza. El megadistrito del conurbano bonaerense parece un país centroamericano; equivale en población a las cinco provincias del Noroeste y es tan paupérrimo como ellas. Arrabal amargo de fábricas cerradas y fachadas cariadas, monótonas, oscuras, detrás de las cuales el humo de los basurales difumina como una niebla maligna las casillas de cartón y lata de los asentamientos marginales. Más de un millón de personas sobremueren en La Matanza, a las puertas mismas de la ciudad europea. Más de la mitad está debajo de la línea de la pobreza. Tres cuartas partes de los jóvenes se ubican bajo esa delgada línea roja que divide la vida que vale la pena vivir de la simple, acechada, peligrosa supervivencia. Decenas de miles ni pueden estudiar ni trabajar. Deambulan en busca de cerveza, de pegamento o de algo más fuerte que les haga olvidar el futuro que no tendrán. Constituyen el "semillero" de futuros delincuentes del que se nutrirá la Bonaerense, la policía mafiosa que administra el delito en vez de combatirlo. *Ad majorem Dei Gloriam*: en un ascenso de tributos a cada escalón de la pirámide jerárquica que va del "zumbo" al oficial, de éste al comisario, de allí al poder político.

El Gordo es cualquier cosa menos un gordito gilún. A despecho de sus ojos redondos y azorados, que no pocas veces iluminan su cara aparentando sorpresa, se las sabe todas. Hay que sabérselas todas para vivir doce años en El Tambo, un barrio marginal donde conviven 720 familias, en Isidro Casanova, en La Matanza profunda. Hay que ser astuto, duro y a veces un poco cabrón para levantar un liderazgo en la selva del aparato justicialista, en el territorio que comandaban el cacique Alberto "el Muñeco" Pierri y el comisario general Mario "el Chorizo" Rodríguez, al calor del compañero gobernador, Eduardo Duhalde. Hay que provenir de la propia cultura de abajo, *peroncha*, para tomar con una mano lo que el funcionario te da como prebenda, como dádiva, y recibirlo con una sonrisa paciente, seguro de que te pertenece y de que, cuando salgas de su despacho, le vas a hacer un corte de mangas, para que los compañeros te sigan respetando y no te tiren por la borda.

El Gordo Luis D'Elía es un morochazo de 45 años, que no sólo conduce una porción apreciable del movimiento piquetero, sino que ha ido haciendo (sin moverse de El Tambo) una interesante carrera política: concejal del Frepaso, primero y después, diputado provincial del Frente para el Cambio. Las influencias que venera y cita: su abuelo materno, el anarquista español don José María García Crespo, que murió cuando el líder piquetero tenía trece años, y el dirigente social cristiano Carlos Auyero, uno de los fundadores de lo que llegaría a ser el Frepaso, que murió frente a las cámaras de TV en el programa de Mariano Grondona, cuando debatía con el entonces menemista y siempre funcionario Eduardo Amadeo.

El Gordo creció en la escena nacional por un dato organizativo nada desdeñable: puede movilizar, "sin guita ni aparato", entre 15 y 20 mil desocupados. Capacidad que hace unos años hubiera sido juzgada imposible por algunos teóricos para los que un desocupado es por definición alguien imposible de organizar. La realidad, más imaginativa, cambió la fábrica cerrada por la ruta y el viejo piquete de huelga que conoció el abuelo de Luis por el nuevo piquete que corta las carreteras con barricadas de neumáticos incendiados.

D'Elía lidera la Federación de Tierra, Vivienda y Hábitat (FTV) adherida a la CTA, que mantiene una sólida alianza con los "chinos" de la Corriente Clasista y Combativa (CCC), que conduce su aliado y amigo Juan Carlos Alderete. A su derecha tiene la trituradora duhaldista, a su izquierda el ala dura del movimiento piquetero, liderada por el Movimiento Teresa Rodríguez, la Coordinadora Aníbal Verón y otras formaciones como el Bloque Piquetero, que lo cuestionan por "burócrata y reformista". Unos y otros ("reformistas" y "zurdos") han logrado movilizar más de cien mil piqueteros y multiplicar los cortes de ruta en todo el país: 140 en 1997; apenas 51 en 1998, para saltar a 252 en 1999; 514 en 2000 y 1.383 en 2001.

En los piquetes de mayo, el Gordo tuvo un cruce fiero con el secretario de Seguridad delarruista, a quien bautizó "Herr Mathov" porque amenazaba enviar la Gendarmería para reprimir a sangre y fuego: "Bueno, si Mestre y Mathov quieren mandar la Gendarmería, que la manden nomás. Ahora, les aviso que va a haber muertos de los dos lados. Una cosa es reprimir allá lejos, en Tartagal, y otra en La Matanza".

En diciembre, cuando estallaron los saqueos, el choque se dio con el secretario de seguridad de Ruckauf, Juan José Álvarez, ex intendente de Hurlingam que, en los años setenta, militó en la derecha sindical peronista. En fechas recientes,

Juanjo Álvarez (un personaje movedizo, entrador, hiperkinético, nieto del mitológico amigo de Gardel, Tito Lusiardo) ha sido elogiado por algunos periodistas progresistas y la propia Lilita Carrió, como un funcionario democrático, opuesto a los desbordes represivos. Cultivando esa imagen, suele repetir que no va a permitir que se pierdan vidas "por una lata de tomate". Su segundo, Carlos María Vilas, es un intelectual, un prestigioso economista, de orígenes opuestos a los de Álvarez: militó en la "Tendencia" y durante los años del exilio colaboró en Managua con el Frente Sandinista de Liberación Nacional. La personalidad ambivalente de Álvarez jugará un papel decisivo, aunque no siempre claro, en los sucesos que van desde la caída de Fernando De la Rúa hasta la asunción de Eduardo Duhalde.

El 20 de diciembre a la mañana, será uno de los tres peces gordos provinciales que fatigarán el celular del Gordo.

El primero es Balestrini, que le ofrece adelantarle los bolsones de comida previstos para la cercana, subversiva, Navidad. No se puede ser ingenuo en el subsuelo, al que se duerme se lo lleva la corriente. El Gordo pisa el palito y le dice: "Está bien, mandámelas". La llamada de Balestrini se produce cuando D'Elía, a bordo de su camioneta, circula por Cristianía y Ruta 3. Cuando llega a Crovara y Cristianía, veinte cuadras después, observa un montón de gente que comenta: "Che, en El Tambo van a venir camiones municipales con las cosas de Navidad, vamos a darle". Recién entonces le cae la ficha: todo era un "armado" del balestrinismo para tirarles a la gente encima. Manotea el celular, marca el número del Intendente y le dice amablemente:

—No, loco, metéte la mercadería en el culo y preparáte. Porque ahora vamos a ir todos nosotros a los galpones municipales, por traidor.

Pasan pocos minutos y D'Elía recibe el llamado del vicegobernador Felipe Solá, que le pregunta:

—Los bolsones que te tengo que mandar, ¿a dónde te los mando?

El Gordo le dice que no mande nada, que recién quisieron

hacerle una cama con gente de las unidades básicas de Villegas que ya tenían preparada.

—Y, viste, si nos vienen a cagar al barrio vamos a un enfrentamiento barrio contra barrio y nos vamos a cagar a tiros en serio. Y esto no tiene sentido. Pará todo esto. Lo que sí te pido es que mandes gente de seguridad a la zona porque esto es un desmadre y en el desmadre están todos.

Al rato recibe el llamado del ministro de Seguridad de la provincia, Juanjo Álvarez:

—Che, Felipe habló conmigo, yo ya te mando las patrullas.

D'Elía enfatiza que puede haber un enfrentamiento entre barrios, que hay un clima de sospecha generalizada.

—Están destrozando el centro de Crovara —dice—. Hacé algo, poné presencia en la zona, paremos esta mano.

Las cuatro patrullas llegaron, efectivamente. Salvo que entraron al barrio disparando contra los piqueteros del Gordo, contra la gente que estaba en la calle que no participaba en los saqueos.

La CCC y la FTV de D'Elía habían evaluado ir a Plaza de Mayo el 20 por la tarde, pero desistieron ante informes precisos de que los iban a matar, literalmente. Decidieron entonces hacer un "corte simbólico" en la Ruta 3 a la altura del kilómetro 26. Cuando llegaron a veinte metros del lugar descubrieron que la Policía Bonaerense les había tendido una emboscada. Se desató la represión y no tardaron en comprobar, aterrados, que les disparaban con balas de plomo. Como la que le perforó el intestino al mendocino Ángel Rodríguez, de 25 años, que participaba por primera vez en su vida en una manifestación piquetera. Ángel recuerda que "había mujeres con chicos en los brazos" y que, como no retrocedían, "a un compañero le dieron un escopetazo de Itaka en un pie". El mendocino lo fue a socorrer, pero al darse vuelta observó que "una mujer con un chiquito" estaba en la mira de un policía. "Me pongo delante y el tipo me tira. Me miraba mientras tiró. Estaba a unos cincuenta metros. Yo seguí porque no sangraba. Caí de la misma impresión cuando vi el agujero de la bala. Me socorrió el Chino (el médico de los piqueteros que siempre está firme en todos los cortes). Me llevaron al 21 (que es el hospital Paroissien) y como me llevaron en un colectivo, un patrullero lo interceptó y decía que me bajaran que ellos mismos me iban a llevar. Grité: 'Por favor, no dejen que me lleven porque me van a matar'. Estuve cinco horas y media en el quirófano. Tengo el intestino perforado por esa bala de plomo".

También Fernando "Cone" Mariño —hijo de Fredi Mariño, un importante coordinador de la CCC en la zona—, recibió un balazo policial cuando trataba de proteger a los chicos que estaban en la guardería de la Escuela Amarilla. Habían hecho un cordón, pero la Bonaerense no les dejaba sacar ni a los niños ni a las madres. Estaban hablando con un comisario cuando advirtió que un policía sacaba su arma reglamentaria. "Cone" empujó a "una señora que estaba con un nene de cuatro años" para sacarla de la línea de fuego y se tiró de costado, sintiendo en ese mismo momento que algo "le picaba". Era una bala de plomo.

Esa misma bala, calibre 44, fue exhibida esa noche por Luis D'Elía en el programa "Punto doc" de América TV. Luego, dirigiéndose directamente a la cámara, le envió un mensaje al ministro de Seguridad bonaerense:

—Yo aprovecho esta oportunidad para decirle a Juan José Álvarez: ¡Basta, Juanjo!

—¿Basta de qué?" —preguntó Daniel Tognetti, uno de los conductores.

—Basta de generar confusión y terror en los barrios.

Y explicó el mecanismo fanoniano de la guerra entre colonizados que servía siempre para ocultar al colonizador, al verdadero responsable de la violencia. Tognetti subrayó:

—Estás diciendo algo muy grave. ¿Parte del gobierno de la provincia de Buenos Aires está operando a favor del caos?

Cuando salió del canal recibió la llamada furibunda de Juanjo Álvarez, que lo puteaba. D'Elía insistió en su tesis sobre los saqueos. Álvarez habría respondido ambiguamente: "Bueno, acá todos nos conocemos". Luego habría agregado:

"Ustedes, si quieren darle a los comercios chicos, denle p'adelante, basta que no se metan con los híper".

Álvarez niega ese diálogo, aunque admite que habló con D'Elía algún tiempo después. *Y él lo que me da es que había un auto gris, un auto celeste, un auto amarillo. Yo necesito... Vos no podés acusarme o acusar a la provincia de que está armando esto porque hay un auto gris y un auto amarillo.*

El actual ministro de Justicia y Seguridad de la Nación niega también que los hipermercados tuvieran una protección especial. Da el ejemplo de la empresa Coto, cuyo dueño, Alfredo Coto, armó a los empleados con palos (como si fuera la guardia de un señor medieval) para "defender los puestos de trabajo". El señor Coto, por cierto, mostró su gran sensibilidad social, al mandar un camión con alimentos que fueron arrojados al piso, para que los hambrientos los recogieran de allí, degradándose, como si no fueran ciudadanos argentinos sino perros. Este amable "burgués nacional" también le pidió a las autoridades que impusieran el estado de sitio.

Álvarez no cree que D'Elía y los suyos fueran responsables de los saqueos y, por lo tanto, sostiene: *no creo que pueda haber habido un diálogo donde yo le dijera "Mirá, andá a chorear acá sí y acá no". Acá lo que hubo fue una policía que en algunos lugares estuvo absolutamente desbordada.*

D'Elía se mantuvo en sus dichos ante el juez federal Oyarbide que investiga el presunto complot para destronar a De la Rúa: "Yo creo que el ex gobernador Ruckauf fue el responsable último de todo esto".

Fuera del ámbito judicial, el Gordo sabe perfectamente que la historia de los saqueos es compleja. La inducción es la antorcha que enciende la pradera, pero la pradera estaba reseca. Las provocaciones actuaron sobre el hambre de millares de argentinos, hartos de no existir para el Estado y el resto de la sociedad. Los medios de comunicación, al ir registrando la escalada, actuaron como transmisor del contagio.

Pese a su denuncia, D'Elía no ignora que hubo también una dignidad del saqueo en aquellos condenados de la tierra que fueron a buscar el derecho más elemental a la vida que se les negaba. Y que el horror de algunas almas cristalinas —a lo Coto— por la forma violenta en que irrumpieron en la propiedad privada, constituye una hipocresía que encubre una gran violencia previa: la de aquellos que se quedaron con su trabajo y con sus ingresos.

Los verdaderos saqueadores.

Lo cual no absuelve, para nada, a los que metieron la antorcha en la pradera.

Porque eso existió. Hay pruebas: datos de autos, nombres, cargos.

19
EL PALACIO Y LA CALLE

EL INFIERNO TAN TEMIDO

El miércoles 19 a la mañana, mientras se dirigía a la sede de Cáritas, el Jefe de Gabinete recibió en su celular el llamado del Presidente:

—¿Te parece que yo vaya a la reunión? —preguntó De la Rúa.

—Por supuesto —respondió Chrystian Colombo, enfatizando con cierta impaciencia—: Estamos jugando tiempos de descuento.

La metáfora futbolística aludía, aunque no lo dijo, a los saqueos que habían ido creciendo en intensidad desde el último fin de semana y ya habían causado muertos: el infierno tan temido que se comió al anterior gobierno radical. El Presidente aceptó de mala gana.

De la Rúa no quería ir a la reunión de Cáritas por diversas razones que no podía hacer públicas. En primer lugar, en su fuero íntimo la consideraba *la reunión de la devaluación*. Él quería mantener a rajatabla la Convertibilidad. Pensaba, inflando un poco las cifras: "Hay 19.000 millones de dólares de reservas, alcanzan y sobran para mantenerla". Además, consideraba que el cónclave era un engendro de su rival, Alfonsín, en combinación con algunos jerarcas de la Iglesia, como el presidente de la Conferencia Episcopal, monseñor Estanislao Karlic. Una gran multisectorial con el aparente propósito de lograr "la unidad nacional" y el objetivo, no declarado, de sacarlo a Cavallo (y, tal vez, a él mismo) de en medio.

Para que el gobierno no se enojara, los organizadores habían preparado una cobertura aséptica: el encuentro había sido convocado por el representante de las Naciones Unidas, el diplomático Camilo Angulo Barturen, con el inocuo propósito oficial de discutir un informe sobre democracia y pobreza en la Argentina. El obispo Jorge Casaretto, que presidía Cáritas, puso la sede de la institución para llevar a cabo las deliberaciones, que congregaron a buena parte de lo que Arturo Jauretche solía llamar "el país formal", en contraposición al "país real": De Mendiguren y otros dirigentes empresariales del Grupo Productivo; Alfonsín y el titular de la UCR, Ángel Rozas; el gobernador de Córdoba, José Manuel de la Sota, el menemista Eduardo Bauzá, el senador Eduardo Duhalde; el secretario general de la CGT de los "Gordos", Rodolfo Daer, y el capo de la CGT "rebelde", Hugo Moyano. La ausencia más obvia era la de Cavallo; la más sugestiva, la de Carlos Ruckauf y la más ambigua, como siempre, la del gobernador de Santa Fe, Carlos Reutemann, que había tenido uno de sus oportunos "frentes de tormenta" para no sacar el avión de la provincia. Tanto el "Gallego" De la Sota, que había dicho presente, como Ruckauf que no estaba, le habían pedido a Colombo —en secreto, por supuesto— que el corralito se hiciera aún más drástico para salvar al Banco de Córdoba y al Provincia.

En la Cámara de Diputados, mientras tanto, se derogaban los superpoderes otorgados nueve meses antes a Cavallo. El ministro, bajo la presión generalizada, había permitido el día anterior un retiro adicional del corralito de 500 pesos, por una sola vez, para sufragar las fiestas.

La custodia presidencial hizo inteligencia previa en el lugar y determinó que el Presidente debía recorrer en auto blindado y con nutrida escolta los escasos doscientos metros sobre la calle Balcarce, que separan a la Rosada de Cáritas. No se equivocaban: fue recibido por una treintena de integrantes del "país real" que le gritaron:

—¡Andá a trabajar, inepto! ¡Sinvergüenza!

Tampoco en la reunión parecían quererlo mucho: cuando entró, en medio del murmullo de asombro de los asistentes, el titular de la CGT más aquiescente, Rodolfo Daer, les estaba explicando, con su inflamada oratoria, que la concertación de sectores debía darse "con o sin De la Rúa". Se hizo un silencio espeso, insoportable, hasta que el Presidente se acomodó en el sitial de honor al lado del obispo Casaretto. Daer se quedó literalmente con la boca abierta y tardó unos minutos en retomar su exposición, que despojó, obviamente, de invectivas contra el aún Presidente.

Cuando éste habló, algunos se dijeron que era efectivamente un autista. Colombo entendió que todos sus esfuerzos para conciliar con los gobernadores grandes, con los chicos, con los federales y los productivos, estaban por irse a la mierda.

—Hay que tener confianza en las medidas que pusimos en marcha —dijo De la Rúa, para rematar:— No hay que alarmarse, porque la situación está controlada.

Luego se retiró sin esperar ni obtener aplausos. Cuando marchó hacia el auto blindado, rodeado de guardaespaldas, la bronca callejera había ido en aumento. Alguien arrojó una baldosa contra la luneta trasera del auto presidencial, llovieron los huevazos y se unificó el grito de guerra:

—¡Andáte, hijo de puta!

De regreso en la Rosada, conformó el Comité de Crisis que integraban varios ministros, incluido el de Defensa, Horacio Jaunarena, un partidario no muy disimulado de que las fuerzas armadas reprimieran el conflicto social.

El cónclave finalizó a la una del mediodía, pero Colombo y otros concurrentes recién pudieron abandonar Cáritas después de las tres de la tarde, porque una manifestación de trabajadores cesanteados por Telecom no los dejaban salir. Tampoco le fue bien a Hugo Moyano, que meses atrás lograba concurridas movilizaciones en Congreso y Plaza de Mayo contra el modelo y el FMI. En un anticipo de la crítica generalizada a toda la dirigencia que iba fermentando en la calle, alguien le gritó:

—¡Gordo ladrón, vendé el camión y ponéte a laburar!

También el veterano Alfonsín recibió lo suyo:

—¡Dale, Alfonso, volvé a la cueva!

Duhalde, en cambio, logró escabullirse sin mayores percances; adentro había comentado con su tradicional vuelo de corral:

—¿Cómo puede ser que la gente se muera de hambre en un país que produce tantos alimentos?

Cuando se escabullía, estorbado por los periodistas, el ministro del Interior, Ramón Mestre, demostró que estaba tan cerca de la realidad como su jefe y correligionario:

—¿De qué saqueos me están hablando? —le lanzó con su habitual gruñido a los atónitos movileros.

Los saqueos que el ministro fingía ignorar habían ido *in crescendo*, desde fines de la semana anterior y amenazaban superar el récord trágico de los que voltearon a Raúl Alfonsín: en 1989 hubo 14 muertos (la mayoría de ellos, baleados por los propietarios de supermercados que resistieron los asaltos), 80 heridos y 21 detenidos a disposición del Poder Ejecutivo, en virtud del estado de sitio tambien decretado por el gobierno radical de aquel momento.

En aquellas horas febriles, en las difíciles negociaciones que llevó a cabo Colombo con los justicialistas, el tema de los saqueos envenenó más de una vez las aguas. Había desconfianza recíproca con respecto a quienes podían "estar detrás". El gobierno nacional pensaba que Ruckauf motorizaba los saqueos y el gobernador —que reclamó enérgicamente la imposición del estado de sitio— acusaba sin ambages a la administración central de "embarrar la cancha" en la provincia de Buenos Aires.

La nueva oleada, sin embargo, comenzó en la provincia de Entre Ríos, gobernada por el radical Sergio Montiel. No fue casual que arrancara el 15 de diciembre en la ciudad de Concordia, castigada por una tasa de desempleo que superaba holgadamente el promedio nacional. El intendente Hernán Orduna, un antiguo militante de la JP, declaró que la gente había salido a saquear porque estaba "desesperada". En Concordia siguió la ola el 16 y el 17, para extenderse con creciente virulencia a Concepción del Uruguay (18 y 19), Gualeguaychú y Gualeguay (19) y recalar finalmente en la capital, Paraná, donde hubo tres muertos. En todas estas localidades la técnica de convocatoria fue similar: primero el rumor de que en tal supermercado repartirían comida ganaba los barrios más humildes; después, ya reunida la multitud, presuntos "líderes" populares amenazaban a las empresas con el saqueo si no entregaban comida.

En Concordia reapareció José María "Chelo" Lima, un personaje funambulesco, que se había hecho tristemente célebre en abril de 2000 al presentarse en un burdo montaje televisivo como "comandante guerrillero" en operaciones. Chelo regresó otros quince minutos a la notoriedad negociando por teléfono con los máximos directivos del supermercado Norte que estaban en Buenos Aires. El Chelo podía ser una mala broma de algún servicio, pero los dos mil hambrientos que habían copado el estacionamiento de Norte en Concordia constituían un fenómeno tan serio, que obligaron al gobernador Montiel a prometer el envío urgente de ayuda alimentaria.

La ola alcanzó a Salta, Mendoza, Río Negro. Fue violentamente reprimida en la provincia de Santa Fe, particularmente en la pauperizada ciudad de Rosario, uno de los epicentros del estallido social de 1989.

En el Gran Buenos Aires empezó el lunes 17, cuando unos dos mil manifestantes de la Coordinadora de Trabajadores Desocupados "Aníbal Verón" se plantó frente al hipermercado Auchán sobre la avenida Calchaquí, para trasladarse luego al Carrefour de Quilmes, donde también montaron guardia exigiendo comida y el pago atrasado de planes "Trabajar". Uno de sus dirigentes, el sacerdote Alberto Spagnolo, declaró: "Hace seis meses que venimos reclamando alimentos y no tenemos respuesta". Las autoridades parecieron despertar con la protesta. En un esquema tripartito, acordado entre el gobierno central, el provincial y los supermercados, ofrecieron a los desocupados tres mil bolsones de alimentos frescos de 20 kilos cada uno y el pago, el viernes 21, de los planes "Trabajar" adeudados. A las ocho de la noche los piqueteros de la Aníbal Verón aceptaron la propuesta en una asamblea.

En cambio, en el barrio rosarino de Empalme Graneros, la policía cargó sobre los desocupados que iban a buscar bolsones de comida, dejando más de veinte personas heridas por balas de goma. Parecía muy duro, pero fue apenas un tenue anticipo de la masacre que perpetrarían el 19 y el 20.

Igual que D'Elía, el Toba entendió bastante rápido que había saqueos y saqueos y muy distinta clase de saqueadores. A despecho del mensaje uniformador de los medios, su experiencia y su sensibilidad le permitieron descifrar las claves de esa tragedia nacional que el 19 llegó a su apogeo, en vivo y en directo, frente a todos los noticieros.

Supo distinguir que en muchos casos había una dignidad humana reivindicada por el acto mismo de saquear, como si el grito de protesta que encerraba ese acto fuera mucho más grande aún que la necesidad de comer y la oportunidad —tal vez irrepetible— de colarse entre las planchas retorcidas de una cortina metálica. Pero también sintió un automático rechazo frente a la maldad gratuita o el robo descarado. Aunque su conciencia revolucionaria le permitía entender que el lumpen era un producto de esta sociedad, esa misma conciencia lo llevaba a condenar la conducta lumpenesca: *Estoy en contra de la propiedad privada, pero estoy en contra de que nos robemos los que menos tenemos. Si un chango, por lo que sea, agarra a un viejito que está con sus 130 pesos de jubilación en la mano y le pega un sopapo para robarlo, para mi es un lumpen. Y estos changos venían en son de eso. O sea, desmerecían totalmente lo que se estaba gestando.*

Antes de entender lo que subyacía, quedó hipnotizado por las imágenes aluvionales y por las dramáticas declaraciones de los protagonistas anónimos.

Vistos de lejos son termitas, una marabunta de cientos de

jóvenes, mujeres y niños que trepan al terraplén de la carretera, se suben a los gigantescos camiones con acoplado y arrojan cajas y bolsas de comida a los que esperan abajo hasta vaciar por completo los trailers. Se humanizan en el acercamiento: brazos alzados, manos demandantes, bocas prematuramente desdentadas, rostros y cabellos salpicados de harina por las bolsas que se rompen.

La secuencia es similar en casi todos los casos: las barretas van forzando las cortinas metálicas hasta levantarlas o plegarlas como si fueran de papel. Luego se aventura una vecina, otra y otra, zapatillas rotosas, shorts de tela basta y desgastada, camisetas de colores chillones que dejan al aire la piel morena, percudida, latinoamericana, alguna cargando un bebé o arrastrando un mocoso de la mano. Detrás de ellas, jóvenes y niños con gorritas calzadas al revés, muchachitos de cortos flequillos renegridos o largas melenas, con el torso desnudo o vestidos con camisetas de River, de Boca, de clubes barriales o de la Selección, que avanzan mirando al frente y a los costados en espera de la goma cruel que puede caerles en cualquier momento, en forma de palo, en forma de bala. Las vanguardias traspasan la frontera de las cajas vacías, corren entre las góndolas en busca de lo imprescindible, de lo que los vecinos menos urgidos pueden llegar a tolerar en la *negrada* porque hace a las tripas vacías y aun de aquello que esos mismos vecinos de tres comidas por día considerarían un lujo que afanan de puro atorrantes. También es imprescindible, porque es el oscuro objeto del deseo: el brillo glorioso de las cuentas de colores, el resplandor cotidiano que promete la tele, mintiéndoles, violándoles la cabeza todas las noches con autos, *countries*, pubis angelicales y diabólicos que nunca podrán conseguir, *joggins* y zapatillas Adidas o Nike, vinos que no vienen en cartón, exquisitas *delicatessen*, frutas tropicales para turistas del paladar, sólidas herramientas sin óxido para los que trabajan por diversión, *cidís*, parrillas, suntuosos costillares para las parrillas, amenas ristras de chorizos para atar a los perros del corazón, a las revistas del corazón, a esta Argentina del corazón, donde sus padres y ellos mismos vivieron —mal que mal— durante algunas décadas, hasta que se cayeron de la estantería, en masa, y nunca más pudieron regresar.

El Toba los mira por T.V.: losve salir, agachados, por el agujero de la cortina metálica, bajo la mirada complaciente de algún cana de provincia que sólo le pone límites a la levantada de alcoholes o la amenaza de federales a punto de reprimir. Cada hormiga humana corre cargando su peso en mercadería: media res sangrante, una bolsa de consorcio repleta de arroces, aceites, legumbres, enormes packs de plástico con botellas de Coca de dos litros, cajas de leche en polvo para que los pibes tengan varios meses o un calefactor, que probablemente es para vender y conseguir comida todos los días y no en un ocasional jubileo como este, querido chango del alma. "Una revolución en pequeño", como dice un comerciante de productos eléctricos al que le vaciaron el local. Mientras se escucha, de fondo, toda clase de sirenas: de alarido persistente o sincopadas.

"¡No somos chorros!", grita una joven de 19 años que ya tiene dos hijos.

"No queremos hacer esto", explica un desocupado.

"Nos da mucha vergüenza", solloza una gorda, madre de cinco hijos.

Lo repite la mayor parte de los entrevistados. Salvo aquellos que miran desafiantes y mastican las palabras: "Estamos recagados de hambre".

Un policía bonaerense aclara que tienen órdenes "de no reprimir". Un comerciante se queja porque le robaron una heladera y acusa a los políticos más que a los saqueadores. Un hombre maduro, de tez grisácea, picada de viruelas, reniega del Código Penal: "Si vos bajás a uno de estos roñosos, vas en cana".

Wang Cho Ju parece un chino de dibujo animado: los ojos son dos líneas que se cierran aún más con el llanto, mientras arruga la nariz aplanada y abre una boca enorme, con una hilera de dientes superiores demasiado prolijos para ser verdaderos y una inferior de piezas torcidas que se suben una sobre la otra.

Wang (Juan, para sus amigos del barrio) solloza, balbucea quejas desgarradoras en un español de naufragio, niega con la cabeza resistiéndose a creer lo que acaba de sufrir: el vaciamiento total del autoservicio de su cuñado Li en Ciudadela, adonde vino a trabajar hace un año y medio desde una remota provincia de la China, donde quedaron su esposa y sus dos hijos. Su desconsuelo, que lo lleva a mesarse los cabellos o desplomarse sobre las baldosas de la avenida Gaona, lo convierten rápidamente en el Gran Protagonista del *reality show* de los saqueos. Es una lástima que las cámaras no registrasen el *back stage* de la conmovedora escena que vinimos a descubrir al realizar la investigación.

Las cámaras de TV tampoco registraron el momento en que otro comerciante chino, Liu Yian Kuing, abrió fuego sobre un grupo de vecinos que avanzaba hacia su minimercado de Villa Fiorito y mató de un balazo en la cabeza a Diego Ávila, de 24 años.

A las 13:26, Crónica TV anunció que ya había un muerto en Rosario. Una joven rosarina, enfurecida, desafió a los poderes que ubicó (acertadamente) tras la lente de la cámara:

—Si nosotros queremos, rompemos todo. ¿Quieren eso?

En Rosario se comenta que lo asesinaron porque lo tenían perfectamente fichado. Que no fue nada casual, como pretenden los que protegen a los asesinos de la temible policía santafesina y están tratando de embarrar este sumario y el de otras ocho víctimas. La comisión investigadora, que exigen infructuosamente algunos legisladores de la oposición y sus compañeros de ATE, es duramente resistida por los tres poderes, que en Santa Fe son dos: el Poder Ejecutivo. O, al menos, es lo que dicen, con amarga ironía, los opositores. Pero Claudio "Pocho" Lepratti, el ex seminarista de 38 años que la policía asesinó el 19 de diciembre, ha ingresado a la categoría imaginada por el poeta León Felipe: la de los muertos que crecen y se repueblan. Las imágenes del Flaco, barbado y sonriente o navegando, alado, en la bicicleta que fatigó en vida, regresan tercamente a las paredes de los barrios humildes, o tiemblan a la luz de los velas en los tabernáculos domésticos.

Pocho Lepratti nació en un pueblo de Entre Ríos, en una familia de agricultores pobres. Se mudó a Rosario en 1989, cuando la ciudad estallaba con la primera ola de saqueos. Durante cuatro años estudió como seminarista en la escuela-parroquia del padre Edgardo Montaldo, pero no llegó a ser cura. Sí, en cambio, se recibió de profesor de filosofía y supo ser un maestro jovial de los pibes del barrio Ludueña, donde se fue a vivir en una pequeña casilla de madera. La mayor parte de su escaso sueldo en la escuela 756 del barrio Las Flores la socializaba para los comedores populares y otras tareas solidarias.

Pero no era un militante cuadrado, triste o sermoneador: era un tipo alegre, jodón, movedizo, que organizaba murgas, bailes, guitarreadas y campamentos, donde se lucieron diversos grupos promovidos por él, como La Vagancia, Los Gatos, Los Piqueteros, Los Rope, Las Terribles, La Murga de los Trapos y los Peloduros. La Vagancia, bajo la conducción de Pocho, logró sacar la revista barrial *El Ángel de Lata*, que venden los chicos de la calle y que se presentó en sociedad con estas palabras: *"Somos los que hicimos las marchas, los paticortos pelo duro que pedimos respeto cuando estamos trabajando, los que peleamos por la dignidad del que anda abriendo puertas, vendiendo flores, limpiando vidrios para no manguear ni robar"*.

El 19 de diciembre a las seis de la tarde, se asomó al techo de la escuela, para gritarle a la policía que no disparase sus armas porque estaban los pibes en el comedor y podían herirlos. Los agentes venían reprimiendo violentamente a pesar de que no había ningún saqueo a menos de doscientos metros de distancia. Tres policías bajaron de dos autos. Uno apuntó a Pocho con su Itaka y lo mató de un postazo en la garganta.

Con Lepratti, el número de muertos en la provincia de Santa Fe durante los días 19 y 20, llegó a nueve. De los cuales, siete cayeron en Rosario y dos en la capital de la provincia.

El dato dista de ser casual: según un estudio de la Universidad Nacional del Litoral, durante los años 1998, 1999 y 2000, la provincia de Santa Fe registró la mayor tasa nacional de víctimas de la violencia policial. Durante la primera gestión de Reutemann como gobernador, el teniente coronel retirado Rodolfo Riegé fue subsecretario de Seguridad. Durante la dictadura militar, Riegé fue asesor del genocida Agustín Feced, jefe de la Unidad Regional II (Rosario y Gran Rosario) y, finalmente, jefe de Policía de Rosario. En la segunda gobernación de Reutemann, la estratégica subsecretaría de Seguridad pasó a manos de Enrique Álvarez, que ingresó en la SIDE pocos días antes del golpe militar de 1976 y no sólo se quedó, sino que hizo carrera, en dictadura y en democracia, tanto en la estructura nacional de la central de inteligencia como en la delegación santafesina. Lo que le permitiría conocer vida y milagros de sus comprovincianos más destacados y compartir las tareas de enlace de la SIDE local con los más oscuros, como Walter Salvador Pagano, un asesino conocido en los campos de concentración de Funes, La Calamita y la escuela industrial Magnasco como Sergio II o Sergio Paz. Hay amistades y funciones que perduran: según una denuncia presentada en abril de 2002 por un grupo de diputados nacionales del ARI e Izquierda Unida, "este hombre (Walter Salvador Pagano) ha sido visto en movilizaciones y actos públicos en la ciudad de Rosario, donde agrede y amenaza a participantes de los mismos".

Álvarez no es solamente un represor, sino un cuadro importante de los servicios vinculado al círculo áulico de Reutemann. Mientras trabajaba como espía con los militares estudiaba ciencias políticas en la Universidad John Kennedy, donde se graduó. En 1994 fue asesor del gobernador y convencional constituyente Carlos Reutemann. Es curioso que estas cruentas estadísticas y estas malas compañías no hayan siquiera mellado los atributos de austero republicano y hombre tolerante y democrático con que las encuestas y algunos diplomáticos norteamericanos suelen adornar al ex piloto de Fórmula 1.

20
EL PALACIO Y LA CALLE

¿Y ESTE AUTO?

Juanjo Álvarez, el actual ministro de Seguridad y Justicia del gobierno de Duhalde, consideraba vagas, inasibles y sobre todo inservibles como pruebas, las acusaciones del piquetero Luis D'Elía "sobre un auto gris, un auto celeste o un auto amarillo", orquestando y conduciendo los saqueos en la provincia el 19 de diciembre. Puede que comience a cambiar de opinión al ver las dos fotografías que se insertan en esta página y leer la sugestiva historia que relaciona a este Fiat Spazio con los saqueos de Ciudadela.

El domingo 23 de diciembre, a las 11:30, cuando Adolfo Rodríguez Saá se aprestaba, sonriente, a recibir la banda y el bastón presidenciales, el fotógrafo Daniel Vides, de la agencia Noticias Argentinas, abandonó el Salón Blanco de la Casa Rosada en cumplimiento de una orden que acababa de darle su jefe: "Mirá, aquí dentro somos un montón: yo quiero que salgas y hagas fotos de la Plaza de Mayo vacía; esa es la nota: está por jurar un presidente peronista y la Plaza está desierta". Salió por la explanada y comprobó que su jefe tenía razón: era un día "peronista" por lo soleado, pero tras las vallas, en torno a la Pirámide sólo distinguió algunos ciclistas, jubilados charlando en los bancos, una pareja descansando sobre el césped bajo la sombra de los árboles y algún curioso suelto mirando hacia la Casa Rosada, como preguntándose qué estaría por depararle el destino a la fatigada República.

Daniel Vides es joven, 34 años, pero ya lleva seis años en Noticias Argentinas y antes trabajó en la editorial Perfil, o sea que ha tenido tiempo y ocasión para desarrollar el instinto de los buenos reporteros gráficos que descubren rápidamente la anomalía (es decir, la posible "nota") en medio de la más decepcionante "normalidad". Regresaba a la Rosada, después de tomar algunas fotos de la Plaza y del reloj de la Legislatura (*para el contexto*), cuando descubrió el Fiat 174 Spazio blanco con el que

Fotos Daniel Vides.

se había topado cuatro días antes en los saqueos de Ciudadela. Lo habían estacionado sobre Hipólito Yrigoyen, en la vereda norte que da a la Plaza, a escasos quince metros de la calle Balcarce, donde se ubicaban las vallas policiales.

Evidentemente, se dijo Daniel, era un auto oficial y sus ocupantes debían estar dentro de la Casa de Gobierno, asistiendo a la ceremonia de traspaso de mando que estaba por comenzar. Haciéndose el distraído, se acercó al Fiat y comprobó que la primera impresión no lo había engañado: era el mismo de Ciudadela. El mismo escudo con esa suerte de S estilizada en dorado viejo, de suficiente mal gusto como para pertenecer a una agencia de seguridad, las inscripciones en la carrocería semiborradas: *LAVALLE 1672 PISO 10* y algo que parecía decir (porque algunos números estaban descascarados) *7ª 0530-37-0531.* Además, casualmente, le faltaba la chapa de atrás. Era, *sin lugar a duda*, el mismo auto; Daniel estaba dispuesto a jurarlo.

El 19 de diciembre, a eso de las dos de la tarde, andaba yirando por Ciudadela, cuando le pasaron por el celular datos sobre saqueos que estaban ocurriendo en la zona. Enfiló por avenida Gaona y alcanzó a ver cómo saqueaban en una esquina un almacén con fiambrería, del que se estaban llevando nada menos que la heladera-mostrador. *Además de los marginales, había otros tipos que habían venido con un Mercedes 608, que es un camioncito de carga. Me llamó la atención que no hubiera prensa. Yo estaba con un teleobjetivo y hacía fotos desde la vereda de enfrente. Algunos vecinos me dijeron que tuviera cuidado. Me advirtieron que me estaban vigilando desde ese Fiat 147 Spazio y allí lo vi por primera vez.*

Adentro del auto había tres tipos, que no mosquearon cuando comenzó un nuevo saqueo, esta vez en una mueblería. Rápido, como si estuviera todo preparado, un Ford Galaxy se llevó en el techo un sillón de tres cuerpos. Saqueadores de infantería, en cambio, se llevaban sillas y sofás en la cabeza. Daniel Vides seguía fotografiando.

Uno de los sujetos se bajó del Fiat Spazio y caminó hacia el fotógrafo de NA. *Era un tipo con la camisa abierta y el pelo cortito, rapadito, joven, de unos 30 y pico a 40. De un metro seten-*

164

ta, aproximadamente. Que tenía "algo" en la cintura. Le dijo, con gran suavidad:

—No saques más fotos. Está mal.

No fue violento, *era como una sugerencia*, pero resultó más intimidatorio que un grito. Adentro del auto aguardaban otros dos individuos que observaban discretamente la escena. Los vecinos tenían razón: había que cuidarse del Fiat Spazio. Comprendió por qué no había colegas en el lugar. Miró en derredor, buscando el remise que lo había traído, y comprobó aterrado que no estaba. Por suerte lo encontró al rato, no muy lejos de allí: el remisero se había movido del lugar acordado porque unos saqueadores querían enchufarle un colchón en el techo. El chofer resopló aliviado cuando el fotógrafo le dio la orden de partir. Mientras se alejaban, Daniel le dirigió una última mirada al Fiat, sin imaginar que volvería a encontrárselo cuatro días más tarde frente a la Casa de Gobierno.

Muy cerca de allí, el drama del saqueado Wang Cho Ju (que hizo llorar a la Argentina y se difundió hasta por la televisión china) incorporaba un inesperado componente conspirativo, que sería prolijamente ignorado por los medios locales: en el *backstage*, detrás de las cámaras, una sedicente "manzanera" le hacía de apuntador al pobre chino.

Edgardo Esteban, el corresponsal de la cadena norteamericana NBC-Telemundo no podía creer lo que su camarógrafo venía registrando: allí estaba la señora esa, petisa pero nada frágil bajo su solera de tela estampada, con su pelo corto, crespo, teñido de platinado, que agarraba el teléfono célular con dedos de uñas bien pintadas y le daba órdenes al pobre Wang:

—Hablá, dale, hablá.

Tras unos segundos de lamento ininteligible, lo agarró del hombro y su tono era imperativo:

—Hablá, calmáte, hablá.

Escena extraña, en efecto, pero no alarmante, de no haber mediado una circunstancia muy precisa: que esa mujer, que se presentaba como "manzanera" —es decir, perteneciente a la organización social creada por Chiche Duhalde— había venido "del otro lado" de Gaona, del Carrefour ubicado cerca de Fuerte Apache, junto con otros individuos que se movían en tres autos y usaban, como ella, *handys* y celulares, para dirigir la función: "aquí, con todo". Tranquilos muchachos, que hay zona liberada. Así ocurrió con el asalto al Makro de Gaona, donde la Policía Bonaerense apareció cuando el súper ya había sido completamente vaciado, como para hacer acto de presencia.

La historia de Wang ya era triste de por sí, sin aditamentos, pero se vuelve indignante al descubrir que la mujer que lo "producía" ante las cámaras formaba parte del grupo de cabecillas que habían dado la luz verde para saquear el negocio donde trabajaba para su cuñado.

La saga del intendente de Moreno, Mariano West, y su larga marcha que no fue, constituyen la pieza acusatoria favorita de quienes piensan que la caída de Domingo Cavallo y Fernando De la Rúa fue producto de una conspiración bonaerense. El 23 de mayo de 2002, Sonia Abrazian, la mujer de Cavallo, le entregó al juez Norberto Oyarbide (que investiga el presunto complot) un video tomado por el canal de Moreno "Oeste Señal", donde se ve a West, acompañado por el joven obispo local, Fernando María Bargalló, trepados a una camioneta blanca, a la cabeza de unos dos mil manifestantes que pretendieron llegar, sin éxito, a la Plaza de Mayo. El intendente, que tiene fuertes nexos con la Iglesia y cultiva una imagen de peronista progresista, aparece allí reclamando "un cambio en la política nacional". West, que en enero de 2002 fue ascendido a ministro de Trabajo de la provincia por el flamante gobernador Felipe Solá, se ha defendido de las acusaciones asegurando que la marcha intentaba otorgar un cauce pacífico a la protesta. Lo mismo ha dicho el obispo Bargalló. En verdad, la caravana nunca constituyó un peligro desestabilizador real para el gobierno central: cuando cruzaron la General Paz y comenzaron a marchar, fueron interceptados por personal de la Policía Federal que les advirtió en voz baja: "Si pasan de esta raya los cagamos a tiros". Optaron por regresar a casa.

Claro que las cosas pueden ser distintas en el propio territorio: el video de "Oeste Señal" muestra cómo a los costados de la columna y al lado de policías que no intervienen, van y vienen jóvenes que entran a los supermercados, pero no a llevarse comida, sino a romper vidrios y puertas arrasando con artículos electrónicos y bebidas. El video recoge también la declaración del comerciante Mariano Bilancieri, dueño de Supermercados Minoristas de Moreno: "Esto no es saqueo, es pillaje, un robo total. Marchan a la Capital y dejan a Moreno totalmente desprotegido".

Según Bilancieri, los saqueadores no pasaban de veinte y si hicieron tanto ruido fue porque la Bonaerense los dejó actuar. Según otros testimonios recogidos también por medios locales, hubo punteros políticos del PJ conduciendo a saquear a medida que avanzaba la columna. Algunos periodistas de Moreno, que ya han sufrido amenazas y palizas, destacan entre esos punteros al concejal del PJ Oscar Siburu, a quien atribuyen conexiones con la barra brava de Boca Juniors y con "los Stones", un grupo de matones presuntamente pagados por el PJ del lugar, que viven de pintar paredes, pegar carteles y pegarle a los adversarios políticos. Informes recientes de la zona señalan que Siburu estaría alejado de West "porque Mariano le dio órdenes y lo dejó después pataleando en el aire".

Hay una acusación referida a los saqueos del 19 de diciembre en el Moreno de West, que puede tener fundamento o no, pero no fue abordada por los medios, a pesar de que involucra directamente al actual presidente de la Nación. Se trata de la denuncia caratulada "Duhalde, Eduardo s/delito de acción pública", que fue acoplada a la causa del complot que conduce el juez Norberto Oyarbide, a través de la secretaría número 9 del doctor Carlos Leiva con la participación del fiscal Carlos Stornelli.

A principios de mayo de 2002, el doctor Antonio Eduardo Liurgo denunció ante el juzgado federal de Norberto Oyarbide que Duhalde, para pagarle a West su apoyo "a la revuelta popular" que derrocó a De la Rúa, le habría hecho ceder al municipio de Moreno "un predio de tres hectáreas frente a la estación del ferrocarril Sarmiento", que es un terreno federal bajo la jurisdicción del Organismo Nacional de Administración de Bienes del Estado (ONABE). Según el denunciante, el titular del ONABE, Pascual Sciancalepore, habría recibido directamente de Duhalde la orden de otorgar el predio a la municipalidad de Moreno, "para que el municipio lo explote a su gusto".

En octubre de 1997 el intendente West quería construir en esos terrenos una gran estación de trasbordo de pasajeros de micros, colectivos y trenes, a la que se sumaría un gigantesco shopping y locales comerciales de todo tipo. Liurgo representa a dos pequeños comerciantes expulsados del lugar por la municipalidad. Según él, "a punta de pistola". Para el abogado, la cesión de un depósito a la intendencia de Moreno "es sencillamente una estafa al patrimonio nacional", un "negocio inmobiliario como favor político" y carece de validez jurídica ya que los territorios propiedad de la Nación, sólo pueden cederse a las provincias o los municipios mediante una ley del Congreso o un decreto del Poder Ejecutivo.

Liurgo ratificó su denuncia ante el juez Oyarbide. A mediados de junio de 2002, las oficinas del ONABE fueron allanadas por la justicia para secuestrar documentación relacionada con la causa. Pero, según los querellantes, fue una diligencia infructuosa: "alguien" se había llevado ciertas carpetas estratégicas.

21
EL PALACIO

ESTADO DE SITIO

Poco antes de las cuatro de la tarde, cuando regresó de Cáritas, tras prometerle a los cesanteados de Telecom que los recibiría en la Rosada, el "Vikingo" Colombo tuvo que enfrentarse sucesivamente con dos pesos pesados: el ex presidente Raúl Alfonsín y Domingo Cavallo.

El ahora senador Alfonsín venía encabezando (tácitamente) una delegación de la UCR integrada por los dos jefes de bloque:

el de Senadores, Carlos Maestro y el de Diputados, Horacio Pernasetti. El viejo príncipe, de 75 años, que en junio de 1999 se había recuperado milagrosamente de las heridas que recibió al ser despedido de una camioneta, lucía abatido y demacrado, como desleído por una lluvia de ceniza que sólo había respetado su eterno traje azul de abogado que no ejerce; es decir, de dirigente radical.

Las apariencias de abatimiento engañaban: en su fuero íntimo estaba excitado, casi podría decirse gozoso, porque volvía a ser uno de los grandes protagonistas del poder. Aunque ese poder tuviera que ejercerlo de momento entre bambalinas. Como jefe virtual del partido oficialista había advertido que si el gobierno de Fernando De la Rúa insistía en actuar a contrapelo del aparato partidario, terminaría solo; o, a lo sumo, aliado con el ex presidente Menem, que retenía el control formal del Partido Justicialista pero carecía del poder estratégico del peronismo bonaerense.

Alfonsín se había presentado en la Rosada con el chubutense Maestro y el catamarqueño Pernasetti a exigir la renuncia de Cavallo, como condición *sine qua non* para darle algún oxígeno al agonizante. Salvo que este arquetipo del doble discurso ya sabía que el agonizante estaba frito y venía trabajando desde mucho tiempo antes para armar un esquema sucesorio que dejara en pie esa casta que algunos llaman la clase política y otros, más realistas, califican como la Corporación, la alianza *non sancta* de los dos grandes partidos para mantener el estado mafioso.

Del viejo caudillo radical, que alguna vez fue la esperanza blanca de la socialdemocracia internacional para la Argentina, podían decirse muchas cosas: que le había quebrado la columna vertebral a la sociedad negociando la obediencia debida con los golpistas carapintadas; que no había logrado (o no había querido) sacar al país del esquema rentístico de la valorización financiera; que había permitido la reelección de Carlos Menem con el Pacto de Olivos; que sus publicitados hábitos de austeridad republicana, como el seguir viviendo en el mismo departamento de siempre en la avenida Santa Fe, no se compadecían muy bien con el poder históricamente otorgado a Enrique "Coti" Nosiglia, a quien se atribuyen demasiados negocios con el gastronómico justicialista Barrionuevo en prestadoras del PAMI; que al final de su carrera terminaba pareciéndose a su viejo adversario Ricardo Balbín, que había muerto pobre y honesto al servicio del proyecto más deshonesto, el de la oligarquía argentina.

Lo único que no se podía decir sobre el ciudadano Raúl Ricardo Alfonsín es que fuera tonto o no entendiera de política.

En fecha tan temprana como febrero de 2000 *Ámbito Financiero* publicó en sus "Charlas de Quincho", que había un acercamiento entre el ex presidente radical y Eduardo Duhalde. Alfonsín previó que el peronismo podía incentivar los conflictos sociales si no se negociaba con el caudillo bonaerense y se impuso la tarea de seducirlo. No le resultó difícil porque el Cabezón, que hablaba pestes de casi todos los presidentes argentinos, solía decir que Alfonsín era un gran político.

Como era su costumbre, Don Raúl no llevó la voz cantante en la audiencia con Colombo. Dejó que Maestro y Pernasetti hicieran el planteo: la única forma de desactivar el conflicto entre partido y gobierno era que renunciara Cavallo.

Colombo parpadeó, procuró ganar tiempo, intentó calmarlos con los lugares comunes habituales en esas circunstancias: "Tomo nota, se lo transmito al Presidente". Entonces Alfonsín carraspeó y dijo secamente:

—Nosotros se lo queremos comunicar al Presidente.

El Jefe de Gabinete lo miró fijamente unos segundos y acató.

—Está bien, ya le informo para que los reciba.

El Vikingo salió al pasillo, dejando a los senadores en su oficina, pasó al lado de los dos granaderos y se metió en el despacho presidencial. Maldijo por lo bajo al descubrir la brillante calva de su adversario que hablaba con Fernando escritorio de por medio. En ese momento De la Rúa tuvo que salir unos minutos del despacho dejando a Cavallo y Colombo a solas, frente a frente. Colombo estaba indignado porque el Mingo había "operado" un artículo en *La Nación* para pincharle la reunión multipartidaria y molestar a la Iglesia, que había dado un paso atrás, limitándose a prestar la sede de Cáritas. Pero Cavallo le ganó de mano:

—Vos sos un hijo de puta: ¿por qué mierda tuviste que llevarlo al Presidente a esa reunión de Cáritas?

Colombo se levantó y le tiró el corpachón encima. Le dijo cara a cara, con voz ahogada por la furia y el temor a que alguien pudiera escucharlo:

—Domingo, ¿vos sos consciente de dónde estamos parados? Acá están viniendo por la cabeza tuya, por la mía y por la del Presidente, en realidad.

Cavallo no entendía, a pesar de que el Jefe de Gabinete, con el rostro enrojecido, señalaba con el brazo la puerta de adornos romboidales, para indicar que los degolladores aguardaban en el despacho contiguo.

—Al lado está Alfonsín, con Pernasetti y Maestro que quieren hablar con el Presidente.

En eso De la Rúa regresó al despacho. Sabía todo y dijo sonriente:

—Atendamos a los amigos que nos esperan.

Cavallo se quedó y la reunión con su imprevista presencia adquirió un grado de tensión insoportable, con miradas cruzadas y alusiones indirectas. Ninguno de los legisladores se atrevió a singularizar el pedido en el ministro de Economía: se limitaron a reclamar, de manera genérica, la renuncia de todo el gabinete. Aun en las diez de últimas, el personaje continuaba atemorizándolos. En el pasillo, uno de ellos musitó en el oído de Colombo:

—Che, lo de todo el gabinete lo dijimos porque estaba Cavallo ahí delante, pero en realidad no es para vos.

Una oscura paranoia fue apoderándose del gobierno central y buena parte de los mandatarios provinciales a partir de que el incendio popular —en muchos casos, provocado— se propagó más allá de lo que algunos esperaban. Cuando los saqueos llegaron al barrio porteño de Constitución, hasta el más despistado de los observadores podía vaticinar que era inminente la declaración del estado de sitio. Como era de esperar, De la Rúa negó que se estuviera analizando esa medida de excepción hasta pocas horas antes de firmar el decreto 1678.

Al regresar de Cáritas, el Presidente recibió el saludo de los periodistas acreditados en su despacho, a quienes ofreció un austero brindis con gaseosas en vez del clásico champán ("para no irritar a la gente") y allí desmintió con un "no" rotundo que estuviera por decretar el estado de sitio. Durante la breve charla también intentó restarle importancia a la ola de saqueos. "Se está exagerando", dijo con la mirada ausente. Pero el aliento de la bronca había llegado a Palacio, como lo demostraba un dato menor pero muy sugestivo: la mayoría de los empleados de planta de la Rosada no se había presentado, como era costumbre, a saludar al Presidente con motivo de las fiestas; una forma tácita de protestar contra el descuento del 13 por ciento en los sueldos estatales y el recorte de 24.000 puestos en la administración pública central, que se incluía en el Presupuesto.

Salvo que estuviera mintiéndole al periodismo, la decisión la tomó en pocas horas: aproximadamente entre las tres y las siete de la tarde. Influido, entre otras consideraciones, por el pedido expreso de los gobernadores justicialistas "grandes", como Ruckauf y Reutemann, en cuyas provincias ya había 7 y 5 muertos, respectivamente. También el embajador de Francia, Paul Dijoud, había expresado preocupación por los hipermercados Auchan y Carrefour, y el de Estados Unidos, James Walsh, por los bienes norteamericanos.

Muchos meses después, De la Rúa sostendría, ante el Confesor Inesperado, que también le consultó la medida al presidente provisional del Senado, Ramón Puerta y que éste se mostró totalmente de acuerdo. El misionero, sin embargo, lo había negado bajo juramento ante la jueza federal María Romilda Servini de Cubría que investiga los hechos del 20 de diciembre: "De ninguna manera, nunca me consultó nada. Sí me informó. Yo nunca cogoberné ni fui a una reunión de gabinete".

La historia secreta de la crisis argentina parece la película *Rashomón*, donde un mismo hecho es contado de siete maneras distintas. No es una cuestión de matices, sino de relatos directamente contrapuestos, vertidos por hombres que han ocupado ministerios o directamente la Presidencia de la República. ¿Quién miente? ¿O mienten todos, alternadamente?

Un caso paradigmático es el del ministro del Interior, Ramón Mestre, el mismo que le preguntaba "¿Qué saqueos?" a los movileros que montaban guardia frente a Cáritas.

Inexacto, por decir lo menos, Mestre aseguraría, en un escrito elevado a la jueza Servini de Cubría, que "el día 19 de diciembre" había "presentado la renuncia indeclinable al cargo", a pesar de lo cual participó esa madrugada de la estratégica reunión en el hotel Elevage, donde también concurrieron por el gobierno y la UCR, Chrystian Colombo; el titular de la SIDE, Carlos Becerra y los gobernadores de Mendoza y Río Negro, Roberto Iglesias y Pablo Verani. Por el PJ hacían otro tanto, Puerta, Ruckauf y el senador Eduardo Menem.

Es curioso; De la Rúa le dijo al Confesor Inesperado: *Mestre ante mí no renunció nunca*. Como máxima concesión le abrió una pequeña puerta: su dimisión podría formar parte de la renuncia colectiva que Colombo le requirió a todos los miembros del gabinete para darle al Presidente la chance de un eventual gobierno de coalición con los justicialistas. La utopía que fueron a buscar al hotel Elevage.

Su antiguo subordinado, el ex secretario de Seguridad Interior, Enrique Mathov, fue más lejos ante la justicia: "desconociendo que hubiera formalizado su renuncia, por lo cual y para el caso, seguía siendo ministro hasta que le fuera aceptada la renuncia". También declaró que el día siguiente, "el ministro del Interior (Mestre) se encontraba, a las 15 horas, en su despacho reunido con el declarante y a las 15:30 horas, le pidió que presidiera la reunión del Consejo (de Seguridad)". Una manera astuta de tirarle el fardo, pensará Mathov.

La crisis no sólo pobló el Palacio de falsedades y miserias humanas, también exhumó pulsiones represivas, símbolos, discursos y finalmente acciones que trajeron a la memoria colectiva la última dictadura militar. Así Mestre, por ejemplo, justificará ante los tribunales la decisión de imponer el estado de sitio en una acordada de la Corte Suprema de 1985 que afirma: "El Poder Ejecutivo Nacional tiene el derecho y el deber de investigar la violencia y el terrorismo". ¿Qué "terroristas" desvelaban al ministro del Interior el 19 de diciembre?

La tarde del Palacio se pobló, además, de símbolos ominosos, como la presencia de altos jefes militares en el Salón Blanco. Aunque se trataba de un acto protocolar previsto con anterioridad, para entregar insignias, y los uniformados concurrieron con sus familias, era una señal inquietante. Además, detrás del ceremonial, entre bambalinas, algunos movían las fichas con un viejo propósito siempre desmentido y secretamente alentado por el jefe del Ejército, teniente general Ricardo Brinzoni: la participación de las fuerzas armadas en la inteligencia interior y en la eventual "contención" del conflicto social. Un adalid de esta peligrosa resurrección de la injerencia militar en asuntos internos era el ministro de Defensa Horacio Jaunarena, que ya había ocupado ese cargo con Alfonsín en los '80 y volvería a ocuparlo con Eduardo Duhalde en 2002, como una de las tantas manifestaciones del Pacto Bonaerense.

Jaunarena fue a la Rosada y le dijo al correligionario Presidente:

—Fernando, tenés todo el respaldo de las Fuerzas Armadas, acá tenés el decreto en este sentido.

—De ninguna manera, el Presidente no va a comprometer a las Fuerzas Armadas en esta situación.

Al día siguiente, sobre la sangre derramada, Jaunarena declaró que la represión fue "insuficiente". ¿Lo diría por el decreto que no fue? ¿Extrañó la ausencia de tanques?

La paranoia fue en aumento cuando comenzó la reunión del Consejo de Seguridad que presidió Mestre, secundado por Mathov y a la que asistieron los jefes, subjefes y miembros de estado mayor de las fuerzas de seguridad (Policía Federal, Gendarmería y Prefectura), "el ministro de Seguridad de la Provincia de Buenos Aires, doctor Juan José Álvarez, el jefe de policía de esa fuerza, comisario general D'Angelo con su plana mayor, el jefe de Metropolitana y otros altos oficiales superiores" (sic).

Si un fotógrafo inteligente hubiera retratado en ese momento el Salón de los Escudos del Ministerio del Interior, la imagen de todas esas gorras sobre la gigantesca mesa de acuerdos no sólo hubiera traído malas remembranzas, también habría instalado, en las conciencias alertas, negros presentimientos.

Mathov recordó de este modo el cónclave ante la doctora Servini: "Allí los bonaerenses solicitaron el auxilio de fuerzas federales y describieron para esa noche y la madrugada siguiente un sombrío panorama de saqueos y ataque a las personas... Ante ello el Ministerio del Interior aceptó enviarles efectivos de Gendarmería Nacional, Prefectura y Policía Federal en apoyo de la Policía Bonaerense, y remarcó la necesidad de prevenir que el panorama del Gran Buenos Aires no se repitiera en la Capital Federal". Después de esa reunión "con los bonaerenses" (como dice sugestivamente Mathov) congregó a los jefes de las tres fuerzas de seguridad federales en el cercano edificio Guardacosta de la Prefectura.

En algún momento los asistentes al Consejo debatieron el tema de los alcances del estado de sitio, que según Mestre y De la Rúa eran muy acotados (treinta días de duración y *ninguna reglamentación restringiendo algún derecho*). Lo cual es retórico, porque la lectura de esas garantías por parte de los que tenían que aplicar la represión no es precisamente la de la Comisión Interamericana de Derechos Humanos. Pero además hay un dato, terrible, que ilumina la escena del día siguiente: según declaró el comisario general Santos ante la justicia, el ministro del Interior y el secretario de Seguridad le informaron "puntualmente" a los jefes de la Federal allí presentes que tenían conocimiento de un plan para asaltar la Casa de Gobierno y edificios emblemáticos "que incluyó el Cabildo, el Congreso y el edificio anexo al Congreso". "Preguntado para que diga si en esas reuniones se habló sobre la posibilidad que viniese el Movimiento Teresa Rodríguez o Quebracho, contestó: 'Se planteó la problemática en general, sin especificar ningún tipo de agrupamiento en particular; sí se aclaró que indudablemente provendrían de la provincia de Buenos Aires'."

Según el Confesor Inesperado, De la Rúa no se autocritica de haber implantado el estado de sitio, sino de haber puesto la cara para informárselo a la población. *Fue un grave error, porque la noticia debió haberse dado por la Oficina de Prensa, nada más, no hacía falta pronunciar un discurso.* En todo caso, piensa, el que debió hablar fue el ministro del Interior. Como *Mestre no quería hacerlo*, tuvo que poner la cara él. Gesto que Mestre ensalza retóricamente como "un acto de responsabilidad republicana".

Habló en cadena, cerca de las once de la noche, vestido de oscuro y con un tono inusualmente enojado, para condenar a innominados *"grupos enemigos del orden y de la República que aprovechan para intentar sembrar discordia y violencia, buscando crear un caos que les permita maniobrar para lograr fines que no pueden alcanzar por la vía electoral".*

Y se sacó los anteojos.

El gesto causó la ira definitiva de Daniel Zamorano, un hermano del Toba, que el Toba no conoce. "Basta", se dijo. "Esto se acabó", repitió en voz alta y produjo un milagro detrás de la ventana: miles de acorralados se sacudieron el miedo ancestral y comenzaron a reconocerse, a conectarse desde los balcones, los paliers, los pasillos y las veredas, atravesando con su Morse penitenciario la noche de verano, como hubiera querido Pocho Lepratti: en un aleteo imparable y obsesivo de latas.

22

LA CALLE Y EL PALACIO

FUENTEOVEJUNA

La clase media se levantó ("todos a una", como en Fuenteovejuna), cumpliendo el anhelo profético de Rep. Pero no solamente porque le habían acorralado los ahorros, como sostuvieron algunos analistas apresurados, sino por razones mucho más profundas mal estudiadas por los expertos en sismografía social. El famoso "caso argentino", sobre el cual no se cansan de decir simplezas todos los Anthony Giddens de este mundo, incluye un componente explosivo en términos psicológicos: ¿Qué pasa en la cabeza de alguien que se cae de su clase de un miércoles para un jueves? ¿Qué fenómenos sociales, políticos y culturales engendrará esta movilidad social al revés, en el sentido inverso al ascenso en una sola generación de nuestros abuelos? ¿Qué ocurre en el corazón de los nietos de inmigrantes cuando sus hijos (160.000 jóvenes en 2001) invierten la parábola del *nono* que llegó del Piamonte o del abuelo que vino desde una aldea en Pontevedra, que desembarcaron en Puerto Nuevo hace apenas cincuenta años, cuando el producto bruto nacional de la economía "cerrada" y "estatista" duplicaba el de España, que ahora sextuplica el nuestro?

¿Quién se ha metido desde la ciencia o la narrativa en este fenómeno que trasciende la mera calificación de "nuevos pobres"? ¿Está el fascismo al cabo del camino o nos aguarda, por fin, el sueño eterno de una sociedad más justa y solidaria? Falta un Oscar Lewis que cuente lo que le pasa a los nuevos "hijos de Sánchez", pero ya no a los pobres seculares de América Latina, sino a los que conservan las pautas socioculturales de la clase media y han perdido las pautas socioeconómicas de consumo, confort y seguridad, en el más amplio sentido de la palabra. Aquellos que cayeron al abismo y saben que por edad, por la recesión y por el darwinismo del mercado, ya no podrán regresar más a la clase y a la vida que tuvieron y hoy tienen que convivir, en la selva de la marginalidad, con los que pueden "matarlos (literalmente) por un mendrugo" o "cogerse a la nena".

Es verdad: en la gesta nunca vista del 19 de diciembre a la noche participaron muchos clasemedieros cultores del "no te metás" que manifestaban por primera vez en su vida. Que lo hicieran porque les habían metido la mano en la "víscera más sensible" no desmerece un ápice la eclosión ciudadana: al cabo, todas las revoluciones de la historia se produjeron por ese motivo. Si pensamos, además, que la conciencia nace de la práctica y no al revés, concluiremos que muchos "ahorristas" comenzaron a verse a sí mismos y al prójimo con una mirada distinta al individualismo inculcado por la dictadura y llevado al paroxismo por la subcultura gerencial del menemismo. Si no fuera así, no se explicaría por qué hay millones de argentinos involucrados en tareas solidarias que reemplazan al Estado que dejó de ser o atemperan el rigor darwinista del mercado en los clubes de trueque; por qué el 90 por ciento de los porteños mira con simpatía a los "cartoneros" y muchos (no todos, ciertamente) le han perdido el miedo a los piqueteros.

Durante las movilizaciones que conformaron la gesta del 19 participaron muchos desocupados, mucha clase media baja, empobrecida, mucha clase trabajadora que perdió sus derechos y no pocos desengañados de las fantasías primermundistas que vende el modelo neoliberal.

Se ha dicho con razón que la gran movilización del 19 no tuvo dueños políticos, que los vecinos devenidos ciudadanos excluyeron prolijamente cualquier clase de banderías que pudieran fragmentar la protesta; tanto las que identifican a los partidos tradicionales como las infinitas siglas que dividen a las formaciones de izquierda, pero es indudable que en la Capital Federal (centro magnético del Argentinazo), muchos de los que pedían que se fuera Fernando De la Rúa lo habían votado dos años antes. Sin entusiasmo, en buena parte de los casos, como se toma una purga. La purga que vendió la Alianza para sacarse de encima al *Turco*.

El "todos a una" confundió en su algarabía, en su prodigioso Carnaval, al que vivió la dictadura como un fenómeno meteorológico, junto con antiguos militantes como el Toba o muchachos escépticos, como el Tinta Martín Galli, que desvió la bala asesina con la protesta capilar de sus rastas.

A Daniel Zamorano se le quedó atravesado el gesto presidencial de sacarse los anteojos. *Tirado en la cama, con una zapatilla puesta por las dudas, hacía zapping entre los informativos y los programas periodísticos, mientras con la otra mano sintonizaba desordenadamente una portátil que ya languide-*

178

cía. Su mujer, Mariana, puso el mantel sobre la cama para cenar unas milanesas viendo la tele. Luego se fue a la cocina a traerle otra radio. De un canal a otro, imágenes de los saqueos: *hombres y mujeres que salían del súper con las cabezas gachas, henchidos de vergüenza, con la humillación del ya no ser.*

—¡Boludo! ¡La radio dice que hay cacerolazos en todo Buenos Aires! —lo sacudió Mariana.

—¡Abrí la ventana! —le gritó, sin saber *si era una orden, un socorro o un suplicio. Y al principio fue el silencio, con los ruidos del silencio.* La ciudad parecía indiferente al gesto de los anteojos, mientras ellos dos acechaban, la respiración en suspenso, procurando escuchar, aunque más no fuera, el "tang" de la primera cacerola. *Entonces,* escribiría pocas horas después Daniel Zamorano, este cronista experimentado que viene de los setenta como el Toba y milita en la CTA, *corrí casi desesperado hacia otra ventana y apoyé la oreja en el vacío como si fuera una puerta traslúcida. Ahí sí, ahí estaban, ahora sí y eran muchas. Algunas con sordina, otras estridentes, otras ahuecadas y graves. Famélicas, histéricas, hostiles, tímidas, verborrágicas, musicales, desentonadas, ahí estaban las putas cacerolas. Sí, eran las putas de Once que bramaban sus orgasmos en la noche del estado de sitio.*

Mariana empezó a sacudir dos tapas de cacerola con vocación murguera; Daniel agarró una ollita esmaltada y una cuchara taiwanesa que no tardó mucho en quebrarse. Salieron al palier, para toparse entonces con unos desconocidos que los saludaban y portaban sus propias hojalatas. Se miraron con vergüenza, preguntándose por qué no se habían hablado en tantos años. Luego bajaron a la calle, emocionados como adolescentes que marchan a una fiesta. Daniel cuidaba el cacerolazo, le parecía frágil y fugitivo, lo medía temeroso de que se diluyera en cualquier momento. Pensaba todavía que *estaba circunscripto a un pequeño radio.*

A esa misma hora y muy cerca de allí, Azucena de Almagro, después de ver el discurso presidencial, se dijo: *No, ya no somos niños, tenemos que ser responsables, autores de nuestro destino.* Bajó de su departamento para sumarse voluntariamente a la marcha y en el palier conoció a Elsa, su vecina del 1º C. *Nunca habíamos cruzado más que un "buen día" o un "buenas tardes". Marchamos juntas y a las dos semanas ella me invitó a la asamblea de Rivadavia y Castro Barros, donde los vecinos estaban tratando de agruparse para encontrar las soluciones a este país.*

A esa misma hora, Miguel Rep se sintió respondido por toda la clase media y pensó que *así como el 17 de octubre del 45 había sido hecho por la clase trabajadora, ahora la diferencia la hacía la clase media. En el '45 al poder le preocupaban los obreros porque eran los que producían. Hoy al poder esa gente le importa tres carajos y sí le importa, en cambio, la clase media, que de alguna manera sigue siendo productiva en votos y en producción.*

A esa misma hora, el joven periodista Horacio Aranda Gamboa, que colabora con las Madres de Plaza de Mayo, le pidió a su compañera Ivana que vistiera a Rodrigo, el bebé de veinte días que dormía en la cuna, y la sagrada familia de tres abandonó su departamento en San Telmo, rumbo a la Plaza. Un rato antes, Horacio, había salido a curiosear por el barrio y en la esquina de Cochabamba y Perú se topó con los protomanifestantes de esa noche: el primer grupo de vecinos que se dirigía al centro magnético de todas las movilizaciones. Mientras esperaba el ascensor, Horacio volteó la cabeza en dirección a la puerta de un vecino famoso, el escritor Tomás Eloy Martínez, al que imaginó *transitando en ese momento en algún lejano lugar de Nueva Jersey*, y le dijo mentalmente: *"Mirá lo que te estás perdiendo". En el fondo del alma tenía la certeza de que algo estaba ocurriendo y que sucedería para siempre. Al llegar a la puerta de calle una veintena de vecinos hacían sonar sus utensilios de cocina. Al fondo de la calle Perú, alguien había encendido una fogata.*

Pasadas las once, cuando salió con Ivana y el bebé, ya no eran veinte, sino centenares o tal vez miles, que marchaban por Perú y sus laterales rumbo a la Plaza. *Mujeres y hombres mayores, en pantuflas y con ojotas, matrimonios con sus hijos, jóvenes en grupos, todos unidos por un espontáneo mandato,* marchaban hacia la Casa de Gobierno, dispuestos a hacer sentir su enojo. *Los niños caminaban o corrían delante de sus padres, jugando; sin dudas, era una manifestación rara, todavía no había demasiados cánticos, sólo el ruido que dejaba escapar el metal golpeado por algún elemento contundente.* En varias esquinas de la avenida Independencia ardían neumáticos y cartones. Horacio se dijo que Monserrat y San Telmo eran los barrios más viejos de la ciudad, el corazón histórico de la organización política de la República. El territorio de la resistencia a las invasiones inglesas y del Cabildo Abierto de 1810. Se preguntó qué sentirían aquellos vecinos de levita decimonónica cuando marchaban como ellos ahora, *dispuestos a interrogar a sus representantes, en el afán por "saber de qué se trata".*

En la Plaza ya había mucha gente, pero *todavía se podía caminar con un cochecito de bebé.* Sobre el lateral que da a Hipólito Yrigoyen, observaron *autos relucientes y camionetas 4x4 cruzadas, con sus dueños enfervorizados, gritando contra la clase política, montados sobre el capó.* A Horacio, acostumbrado a las manifestaciones, le llamó la atención *esta nueva fauna que salía a protestar sonoramente; gente de clase media y media alta, que hasta hace un puñado de días miraban al pueblo trabajador con indiferencia, desconfianza o inquina. Ahora todos juntos se daban cita para decir basta.*

—Loco, esto es muy groso —le dijo Jorge a Daniel Zamorano, cuando la columna en que marchaban llegó a la esquina de Paso y Rivadavia. Jorge era uno de los vecinos con los que se había topado al salir del edificio, que parecía ya un viejo amigo. Jorge tenía razón: *había gente agrupada en las esquinas, gente en los balcones arrojando papelitos, gente cortando la avenida echando fuego a las bolsas negras de basura, gente mirando, gente aplaudiendo, gente cantando, gente golpeando cuanto objeto poseía en sus manos, gente que comenzaba a insinuarse en un nosotros.* "Miren, allá vienen más", gritó un desconocido. Coreaban:

"¡Qué boludos, / qué boludos, / el es-ta-do de si-tio / selometenenelculo!"

La ciudad había derrotado al terror. El gobierno ordenaba

una cosa y la sociedad hacía lo opuesto. De la Rúa había demostrado un formidable poder de convocatoria... en su contra. (*Fue un grave error, porque la noticia podía haberse dado por la oficina de prensa, nada más, no hacía falta pronunciar un discurso*). Nunca en la historia argentina (y, acaso, tampoco en la del mundo) se había visto nada semejante: la declaración del estado de sitio se convertía en consigna para una movilización sin precedentes: el sueño del Porteñazo, como antesala inmediata del Argentinazo, fue la gran frustración de los hombres y mujeres del setenta. Ahora se estaba produciendo, regalándoles a los sobrevivientes como Daniel Zamorano o el Toba, la sensación feérica de una segunda vuelta histórica: la sensación palpable, carnal, de que tantos desaparecidos, tantas muertes, tanto dolor, *no habían sido al pedo*, como esa nada perversa, activa y desgastante, que el Toba debió sufrir en el exilio interno.

Daniel sintió que podía morirse ahí y le importaba *un carajo*, cuando la noche de fiesta, de cohetes y fogatas le regaló la imagen que retendrá hasta el fin de su vida: *una inmensa mancha gris oscura, la ondulación del gentío entre las sombras, una negra bandera humana que flameaba y que no tenía fin. Me causó miedo, orgullo, pasión y todo eso junto.*

La Sagrada Familia había llegado al centro de la Plaza, donde *el ruido era tan ensordecedor, que la cabeza parecía a punto de estallar*. Sólo hijos de puta muy argentinamente hijos de puta podían cargar sobre la tríada que conformaban Horacio, Ivana y el bebé Rodrigo, y las otras sagradas familias. Pese al ruido, *milagrosamente*, como apunta su padre Horacio Aranda Gamboa, *Rodrigo continuaba sumergido en el sopor de su sueño despertando ternura en los rostros que lo observaban. Nos abrimos paso hasta la misma puerta de la Casa Rosada; allí, una valla metálica separaba a los manifestantes del edificio, custodiado por policías federales. La situación por parte de la multitud era de enojo, de cánticos hostiles, pero hasta ese momento no había agresiones de ningún tipo.*

Viejo setentista al fin, Daniel Z. incorporaba ópticamente a la noción de fiesta ciertas remeras turgentes, ciertos *bluyines* ondulantes, la alegría porteña de comprobar que la protesta se floreaba con alguna piba de Ciencias Sociales, que *a pesar de su estética de ninfa nórdica, expresaba una rebeldía animal frente al tratamiento de las cuestiones sociales.* Consecuente, le obsequió su olla laqueada a la mujer que le pareció *más mona.* Y luego, responsable como buen militante, comenzó *a correr de un costado a otro de la marcha. Intentaba aportar algunos criterios que uno ciertamente conoce. Que haya cierto orden, cierta disciplina, evitar provocaciones o desmanes, que la columna avanzara compacta, cortar el tránsito en las intersecciones. Algunos muchachos arrancaban los cestos plásticos de residuos para improvisar tambores. Tratábamos de evitarlo, argumentando que esa actitud podría llegar a provocar miedo y pregonábamos la no violencia para evitar la represión aunque hasta ese momento no veíamos ningún cana, al menos reconocible.*

A diferencia de Horacio, Daniel Z. pensaba que la movilización —a esas alturas gigantesca y nacional— no se parecía a ninguna de las grandes concentraciones históricas: *No se movían esas almas para saber de qué se trataba, ni para reclamar la libertad de un líder, ni para evitar la violación del orden democrático. Lo hacían para comenzar a decir basta a un régimen económico, político y cultural que transpiraba mierda por todos sus poros, aunque no supieran bien por qué otro cambiarlo.*

Desde la noche de la derrota de Malvinas y la caída del temulento general Galtieri, que no había estado en una manifestación, tan cerca de la Casa Rosada. *Pero esta vez y a mis cincuenta años estaba ahí.* Unos chicos, a su lado, no se cansaban de corear contra De la Rúa con música de los Auténticos Decadentes:

"A vos te puso el Fondo, Chupete botón..."

Mientras tanto, sonaban los cohetes anticipados de la Navidad y los bocinazos de los autos, que a Daniel Z. no le parecían tan comprometidos, *porque una cosa es poner el cuerpo y otra el auto.* Gente mayor, sin pinta de haber tenido antes preocupaciones sociales, como esa señora rubia, de camisa blanca y cuello abierto sobre el collar de cuentas negras, con anteojos de montura metálica y alianza de oro, reiteraba la consigna nacida frente al Congreso unos minutos antes; la consigna que llegaría a ser la más popular de los meses venideros:

Ohhh, que se vayan todos... / Oh, oh
Ohhh, que se vayan todos... / Que no quede ni uno solo...

A esa misma hora, en un salón reservado del hotel Elevage, algunos de los todos que debían irse analizaban cómo podían quedarse. Chrystian Colombo conducía una agenda variada, donde el primer punto, el imprescindible alejamiento de Cavallo, no sólo estaba cocinado sino que faltaban pocos minutos para que se lo transmitieran a uno de sus segundos, Armando Caro Figueroa. El sucesor cantado era el propio Colombo. El oficialismo no sólo estaba dispuesto a reorganizar el gabinete, pretendía que el justicialismo aportara cuadros para un gobierno de "unidad nacional".

A varios de los asistentes les preocupaba "la violencia". Ruckauf, señalado como sospechoso de incitarla por Nicolás Gallo y otros hombres del entorno presidencial, se mostró mesurado y dijo que la situación en la provincia iba mejorando. Era un reconocimiento implícito al gobierno central que le había enviado tropas de Gendarmería para que la Bonaerense no fuera desbordada. Buena parte de los presentes, tanto radicales como justicialistas, cuestionaron a los medios que, a su entender, "estaban activando para que hubiera más desbordes". Era una notoria exageración: la mayoría de los canales había empezado a cubrir tarde el cacerolazo y con notoria prudencia.

La mayoría abogó para que se le transfiriese a Colombo el manejo de una parte sustantiva del presupuesto, además de los ingresos fiscales y la relación con las provincias.

Colombo consideró que la reunión era exitosa; que, de hecho, había un acuerdo con el justicialismo. Era la visión ingenua de un hombre que procedía de la banca y no de la política. Ignoraba de lo que eran capaces algunos peces espada que le servían gentilmente agua mineral sin gas. Como su amigo, Ramón Puerta, que supuestamente estaba allí en representación de las provincias del Frente Federal, pero se había pegado mucho a Ruckauf. En la cabeza del misionero, el Número Dos de la ley de Acefalía, la cosa estaba muy clara: *Si los justicialistas nos metemos en el gobierno de Fernando De la Rúa, nos hundimos los dos partidos.*

Pasadas las dos de la madrugada, el Vikingo partió a Olivos a decirle a Fernando que había acuerdo. En la ciudad seguían las marchas, los cacerolazos, las esquinas cortadas con neumáticos incendiados. La humareda de las fogatas se confundía con la neblina blanquiazul de los gases que difuminaba siluetas en fuga, grupos de manifestantes que corrían y se reagrupaban, sin cesar de gritar, de alzar los brazos en señal de triunfo. El espectáculo que se le presentaba por la ventanilla del auto era surrealista, sobre todo comparándolo con la reunión que acababa de conducir. Tuvo serios problemas para llegar a la Residencia Presidencial de Olivos.

Mientras se reía con lo de "Chupete botón", Daniel Z. observaba de reojo, temiendo que una provocación o una chiquilinada pudiera joder el clima de *insurrección pacífica* que reinaba. A su juicio, *no había intención de tirar las vallas de contención, pero sí la firmeza de permanecer allí vaya a saber uno por cuánto tiempo. Un grupo reducido de muchachos habían subido a las vallas como conductores de hinchada, pero más por esto último que por activistas. Yo quería saber qué pasaba atrás y cuán llena estaba la Plaza. Por el lateral de Hipólito Yrigoyen, una caravana de autos se extendía abigarrada hasta el Cabildo. Eran familias enteras que hacían sonar sus bocinas y algunos instrumentos de cotillón. Miré hacia atrás y comprobé que la Plaza estaba llena y que seguían llegando. Cuando volví a la cabecera me intranquilicé al ver que los que estaban trepados habían pasado del otro lado. No eran muchos: cinco, ocho, no más de diez. En ese momento pude observar cómo llegaban velozmente patrulleros y carros de asalto por Yrigoyen, de los que bajaban decenas y decenas de policías e infantería pertrechada con gases. Advertí que iba a comenzar la represión.*

Juan Carlos Dante Gullo, el "Canca", es un experto en movilizaciones populares y consecutivas represiones policiales. Se ha pasado buena parte de sus 55 años haciendo política. En los setenta fue la figura emblemática de la Juventud Peronista de las Regionales, lo que le costó estar ocho años y ocho meses preso durante la dictadura militar, con una larga estadía en el famoso "pabellón de la muerte" de Sierra Chica. Su madre y su hermano Jorge están desaparecidos. En la madrugada del 19 al 20 de diciembre, el Canca fue a la Plaza con su hijo mayor, Juan Ernesto (29 años), en un movimiento del alma idéntico al del Toba y otros militantes de los setenta: la exaltación ante el regreso de la política a la calle.

Cuando los Gullo llegaron a la Plaza olfatearon que una represión violenta podía descargarse sobre la multitud. El Canca se dijo que era imprescindible hacer algo para impedir la tragedia: se identificó ante un oficial de policía como directivo de la Asamblea Permanente por los Derechos Humanos y pidió hablar *con el oficial a cargo del operativo, un tal comisario Palacios, que se encontraba parado entre la vereda de la Casa de Gobierno, el sector de calle y la primera de las vallas. Después declaró ante la justicia que este policía (que se encontraba de civil y tenía una radio, siendo alto, más bien delgado, pelo castaño claro, peinado hacia atrás) se retirara a buscar a Palacios, comienzan a lanzar gases a discreción sobre la muchedumbre, provocando el desbande y el terror entre los presentes. Entre los manifestantes se encontraban varias familias con mujeres y niños. Que al momento del asalto, el declarante pretendió exhortar en forma pacífica a la policía a que cesara en la represión, a lo cual, sin recibir respuesta de los preventores, personal de infantería armado con bastones, escudos y cascos arremetió y le propinó un bastonazo.* Antes le había dado un morocho que no era de Infantería, de estatura mediana, más bien delgado, pelo negro corto, de bigote recortado. Un tercero lo atacó por la espalda. A su hijo también lo golpearon. Canca se dijo, esa misma madrugada, que la represión tenía un objetivo claro: impedir que se juntara una multitud nunca vista en la Argentina desde aquellas plazas colmadas que conoció en los setenta.

Gullo fue uno más de los centenares de heridos y contusos que registró la jornada y uno más entre los que días después querellaron criminalmente a De la Rúa, Mestre, Mathov y Santos; pero su testimonio contiene un dato importante que luego sería obviado por la justicia: un policía le señaló como jefe del operativo "a un tal comisario Palacios" que, de no mediar algún homónimo, sería el comisario inspector Jorge Alberto Palacios, investigador policial del caso AMIA, el amigo de los jueces de Comodoro Py y de no pocos informadores; respetado por la embajada estadounidense y el FBI; y candidato de algunos políticos justicialistas a futuro jefe de la Policía Federal. La declaración de Gullo pone en entredicho el testimonio ulterior de Palacios ante la jueza: que el 20 de diciembre al mediodía *acababa de llegar a Buenos Aires tras un viaje a la Triple Frontera.*

Las primeras granadas de gas lacrimógeno arrojadas por la Policía Federal cayeron sobre la vereda de la Plaza de Mayo aproximadamente a la una y diez de la madrugada. Según informes posteriores de organismos humanitarios, la cápsula contenía el gas conocido como CS. *Mucho más jodido*, según Daniel y el Toba, que los usados en décadas anteriores.

La nube de gas cubrió a viejos, niños y jóvenes que corrían en desbandada. La policía seguía disparando: uno de los granadazos le había prendido fuego, desde la base hasta la copa, a una de esas gigantescas palmeras de la Plaza que habían presenciado decenas de históricas concentraciones. Cuando aflojó un poco la represión, el aire seguía picando. Muchos manifestantes empezaron a pasarse limones y jarritos con agua para mojarse y paliar la irritación en la piel de esos gases que también provocaban el vómito. Un camarógrafo del Grupo Cine Insurgente fue imprevistamente auxiliado junto con algunos de sus compañeros por unas señoras que le abrieron la puerta del edificio para que se refugiara de la Guardia de Infantería. A pesar del aspecto, *fulero*, de los muchachos que se veían a sí mismos como barrabravas de Chacarita, les ofrecieron unas toallas muy blancas, *que parecían del aviso de Ace.* Cuando el camarógrafo quiso devolverla, *una vieja muy, pero muy concheta*, le dijo: "No, no, quedátela, para eso traje las toallas a la Plaza".

En la desbandada, Ivana y Horacio echaron a correr, con Rodrigo en brazos. Les aterraba que pudiera ocurrirle algo a la criatura y buscaban desesperadamente un agujero donde guarecerse, cuando un taxista, empezó a gesticular y les abrió la portezuela para que se metieran en el auto. El chofer, verdaderamente solidario también le hizo señas a una anciana para que subiera, pero la pobre mujer no lo vio. En la esquina de Avenida de Mayo y Perú subió a una muchacha que se apretujó junto con la Sagrada Familia. Marchaban por Chacabuco y al cruzar Yrigoyen escucharon detonaciones. Cuando se calmó el ritmo de la fuga, el taxista les contó que marchaba por Libertador buscando un viaje, cuando escuchó el discurso del Presidente y fue *tan grande su indignación que sólo atinó a dirigirse rumbo a la Plaza de Mayo*. Fue uno de los primeros cuatro o cinco ciudadanos que llegaron a protestar.

La represión no paró nada. Ni siquiera en Congreso, después de las tres de la madrugada, cuando las balas policiales dejaron tendido en la escalinata a Demetrio Cárdenas, con su camisa hawaiana, la mano derecha ensangrentada, igual que el pantalón, empapado en la entrepierna. Parecía y, sin embargo, no era el primer muerto de la ciudad. La ira popular se había hecho sentir en todos los centros urbanos. En Córdoba, los empleados municipales habían ocupado la intendencia y chocado con la policía de Juan Manuel de la Sota que los había reprimido violentamente; en el Rosario de Pocho Lepratti, tres mil quinientos caceroleros se habían concentrado frente al Monumento a la Bandera. En Mar del Plata. En Mendoza. Y no se detuvieron en las horas siguientes, porque todavía faltaba echarlo a Chupete.

La "gente", ese eufemismo, esa expresión de la anomia dietética de los '90, había vuelto a ser "pueblo" y el pueblo, cuando se enoja, organiza "puebladas". Ni la eterna represión ni el cuerpo sangrante de la escalinata lograron amargarle la fiesta a los habitantes de Fuenteovejuna que participaron en esa gesta comunitaria, sin facciones ni pretendidos dueños que bajaran línea.

Cuando se aproximaban a Olivos, la custodia le hizo saber a Chrystian Colombo que no podría ingresar por la entrada principal; la avenida Maipú estaba cortada y unos cinco mil manifestantes rodeaban la Residencia exigiendo que se fuera el dueño de casa. En las paredes de ladrillo habían pintado un gigantesco graffiti:

ESTADO DE SITIO, LAS PELOTAS.

Si los muchachos llegaban a reconocer al Vikingo lo podía llegar a pasar muy mal. Los autos se dirigieron entonces al discreto túnel de Libertador, donde no había caceroleros.

Colombo bajó del auto y caminó unos metros, envuelto en una fragancia de pinos, hacia el chalet presidencial. En la puerta lo aguardaba Antoñito De la Rúa, el novio de Shakira, el Hijo con mayúscula al que muchos veían como el poder detrás del trono.

—El Presidente duerme —informó el residente habitual de la revista *Caras*.

—Está bien —gruñó Colombo y le anunció que regresaría por la mañana.

Según el Inesperado Confesor, el Presidente aún no dormía, pero no le pareció apropiado recibir a su jefe de Gabinete *en ropa de cama.*

23
EL PALACIO Y LA CALLE

PARTE DE GUERRA N° 1

A las ocho de la mañana del jueves 20 de diciembre, cuando el Jefe de Gabinete llegó al chalet presidencial de Olivos, encontró al Presidente despierto y vestido. El Vikingo le contó que los justicialistas aprobaban el alejamiento de Cavallo. De la Rúa se ilusionó pensando que aceptarían también un gobierno de "unidad nacional" que le otorgara el plafond necesario para llegar al 2003. La UCR, ahora que habían tirado por la borda el lastre del Mingo, también debía entrar por el aro.

Sin imaginar que era su último día en la Presidencia, se

puso a diseñar con su colaborador la reorganización del gabinete. La idea básica consistía en dividir las múltiples atribuciones concentradas por Cavallo en dos ministerios: una parte sustancial de lo que era Economía pasaría a depender de Colombo, en tanto que Nicolás Gallo se haría cargo de un nuevo Ministerio de la Producción. Luego, el Jefe de Gabinete se marchó a seguir con la rosca política y quedó en ver al Presidente al mediodía, en la Rosada, para redactar los correspondientes decretos.

Al trajinado Vikingo le aguardaba una tarea ímproba: hablar con Alfonsín, con Pernasetti, con su amigo Puerta y con el senador justicialista Carlos Alberto Verna (uno de los principales sospechados en el escándalo de los sobornos), para lograr el apoyo del Congreso. Le preocupaba que los gobernadores peronistas estuvieran haciendo las valijas para viajar a San Luis, adonde Rodríguez Saá los había invitado una semana antes para inaugurar el aeropuerto de Merlo. Pensaba, no sin razón, que el poder justicialista, fragmentado en señoríos provinciales, se había trasladado caprichosamente a la serranía puntana y que allí, en el agradable microclima de Merlo, los barones del PJ podían salir con cualquier sorpresa. A diferencia de Fernando, Chrystian era pesimista: no creía que el rey pudiera sobrevivir al naufragio de su ministro de finanzas, pero también sabía que la única alternativa, a esa altura de la *soirée*, era seguir en la brecha, pasara lo que pasara.

Cuando Colombo se fue, De la Rúa se quedó un momento ensimismado. A través de los ventanales del chalet presidencial la mañana soleada del parque alimentaba certidumbres de continuidad. Actuaba como antídoto de esas imágenes televisivas que rehuía, porque lo atormentaban y le hacían sospechar que algunos medios formaban parte de la conspiración. En cambio, el césped inglés, la sombra entrañable de los viejos tilos, el sol retozando en los *parterres*, parecían apostar a favor de sus deseos: a lo mejor todo salía bien y su esposa, Inés Pertiné, se daba el gusto de asistir en febrero a la boda de Máxima Zorreguieta con el príncipe heredero de Holanda.

Antes de partir hacia la Casa de Gobierno se comunicó telefónicamente con su secretario privado, Leonardo Aiello, con Nicolás Gallo y con Mathov, para ponerse al tanto de las últimas novedades. Según una versión, desmentida por De la Rúa pero sostenida judicialmente por tres diputados opositores, también mantuvo una reunión con su entorno más íntimo. En ella se habría decidido impedir a toda costa que se llenara la Plaza de manifestantes, porque eso clausuraría de antemano cualquier posibilidad de acuerdo con el PJ y precipitaría el final tan temido. La especie, surgida de la indiscreción de un funcionario del propio gobierno, no pudo ser verificada, pero guarda estrecha correspondencia con la cruenta batalla librada ese jueves entre el Palacio y la Calle por la posesión del espacio con más carga simbólica de la historia argentina. Una batalla desigual entre una Policía Federal que confundió el estado de sitio con un retorno a los días de la dictadura militar y una ciudadanía que la enfrentó sin otras armas que las gomeras y los cascotes. Y no sólo la hizo retroceder en varias ocasiones y la "desgastó" (como dicen ciertos partes internos); además tornó evidente lo que el gobierno más hubiera querido ocultar: la única manera de evitar que la Plaza se llenara, era usando la Caballería, la Infantería, los hidrantes, las tanquetas, los patrulleros de despliegue rápido, las motos y cuatriciclos, los perros, los gases lacrimógenos y los vomitivos, las balas de goma y las de plomo, durante casi diez horas, apenas interrumpidas por esas cortas pausas que tienen todas las batallas.

A las nueve y cuarto de la mañana, el comisario general Rubén Jorge Santos, jefe de la Policía Federal, llegó al elegante edificio de la calle Gelly y Obes, donde funcionaba la Secretaría de Seguridad Interior a cargo de Enrique Mathov. El Secretario, que dependía del ministro del Interior, Ramón Mestre, procedía del ala más reaccionaria del radicalismo; su padre, Arturo Mathov, se había singularizado como furioso antiperonista y admirador de los marinos represores en tiempos del almirante Isaac Rojas.

En el encuentro, al que asistieron también los jefes de la

Gendarmería y la Prefectura, Mathov reiteró las tesis paranoicas de la noche anterior, condimentadas con nuevos detalles. "Los grupos violentos —dijo— tienen planeado atacar y copar la Casa Rosada". Luego, en un aparte con Santos, le ordenó que *se adoptaran todas las medidas necesarias para proteger la Casa Rosada y sus ocupantes, actuando con la firmeza que la ley otorga.* Santos alzó las cejas y abrió grandes los ojos, en una expresión de perplejidad que se pintaba en su cara de caballo de ajedrez cada vez que le hacían una pregunta difícil los periodistas. Quería decir: *¿Hasta dónde?* Porque el estado de sitio, en un país con los antecedentes represivos de la Argentina, podía significar piedra libre para cualquier cosa. El señor Secretario lo miró con una sonrisa, aunque sus ojos muy claros, ofídicos, no sonreían. El "qué" era atributo del poder político, el "cómo" debían resolverlo los profesionales de la Policía.

Antes de la reunión, Santos recibió en su celular el llamado de Leonardo Aiello, a quien el periodista Ernesto Semán definió alguna vez como "un tipo simpático, entrador y brutal". Aiello —Santos lo sabía muy bien porque nunca se confundía entre las jerarquías formales y las reales— no sólo era secretario privado de Don Fernando: era vecino de quinta en Villa Rosa, igual que el tortuoso banquero Fernando de Santibañes. Es decir, formaba parte del círculo áulico que los domingos, entre molleja y chorizo, podía subir o bajar a un tipo. Así le ocurrió a gente sencilla, como el jardinero Clienti, que le había hecho buena prensa ante el patrón, antes que Don Fernando llegara a la Casa Rosada.

Aiello no sonaba simpático ni entrador cuando le dijo que había muchos caceroleros *hinchando las pelotas* frente al Congreso y a la Rosada. Sobre todo, le preocupaba la Rosada, porque en cualquier momento el Presidente iba a llegar desde Olivos. Le "aconsejó" al Jefe de Policía "la conveniencia de desplazarlos nuevamente detrás de las vallas". Cuando cortó, el comisario Santos marcó un número en su celular y dio una orden.

A las 9:25 el Canal 4 de la Policía Federal mostró una imagen de cámara fija aérea (*domo*) donde se vio claramente cómo una hilera de policías apostados en el frente de la Casa de Gobierno cruzaba la calle Balcarce en dirección a un pequeño grupo de manifestantes, que aguardaba sobre la vereda este de la Plaza, batiendo palmas y algunas cacerolas. Algunos estaban desde la noche anterior y habían sostenido allí la vela, temiendo que si se alejaban el "Chupete botón" lograra quedarse. En su prosa judicial, Santos confirmará lo fácil que fue colocar detrás de las vallas a los presuntos atacantes de la Rosada, "sin llegar al uso de la fuerza". Todavía, por lo visto, no habían llegado los que él llama "violentos".

Durante la reunión en la Secretaría de Seguridad volvió a sonar el celular del Jefe: lo llamaba Nicolás Gallo, el secretario general de la Presidencia, *manifestando la misma preocupación que Aiello*. Cuando llegó al Departamento de Policía, recibió (delante de molestos testigos) un segundo llamado del "entrador" Aiello, *en los mismos términos ya expuestos*. Más tarde, le habló el "doctor Mestre" (que para haber renunciado se mostraba muy activo) y se sumó a la comunicación el ministro de Justicia y hermano presidencial, Jorge De la Rúa. Ambos *expresaron su clara voluntad de que en cumplimiento del estado de sitio ya decretado se evitara la concentración de manifestantes en la Plaza, a fin de impedir los males que podrían suscitarse en el caso del ingreso de manifestantes a la Casa de Gobierno.*

Santos se había sumado fervorosamente a la tesis de la posible ocupación. El policía "garantista" y profesional, designado por el gobierno de la Alianza, se defendería después ante la justicia consignando *la probabilidad del uso de armas de fuego por parte de algunos manifestantes y la posible acción de personas armadas, que estarían operando en el conurbano bonaerense y en esta ciudad con el fin de infiltrarse en las manifestaciones de protesta.* No hubo armas de fuego entre los manifestantes ni "infiltrados" que las portasen, como lo reconocieron en sus declaraciones judiciales varios de los comisarios que estaban bajo las órdenes de Santos. Pero al Jefe de Policía la realidad le importaba poco, y hasta llegó a denunciar como protoasaltante confeso al conocido periodista y defensor de los derechos humanos, "Hernán" (sic, por Hermann) Schiller.

El ciudadano Luis Carlos Santa Marta, propietario del quiosco de venta de diarios y revistas "Chico Luis", ubicado en Rivadavia 363, a una cuadra de la Plaza de Mayo, es un experimentado observador de manifestaciones. El jueves 20, abrió el boliche a las nueve menos cuarto de la mañana y no descubrió a Schiller ni a ningún otro "infiltrado" portando FAL y balaclava, sino a una fuerza policial que, a diferencia de otras ocasiones, no estaba "como expectante, es decir en forma estática, preventiva", sino que "avanzaba hacia la gente". Alrededor de las nueve observó manifestantes sobre la calle Balcarce, frente a la Casa de Gobierno, sentados en el cordón de la vereda, "haciendo ruido con distintos artefactos, en la modalidad 'cacerolazo' y detrás de las vallas estaba la policía que está habitualmente y un grupo de policías de 'choque' como los que están en las canchas de fútbol (es decir portando cascos, escudos y bastones)".

A la media hora de abrir el quiosco, el grupo de policías que Santa Marta llama "de choque", "pasó el vallado e intentó persuadir a los manifestantes a retroceder al centro de la Plaza y ahí comienzan a producirse las primeras corridas y detenciones, agarrando a gente de los pelos para detenerlos".

El quiosquero y otros testigos, como Daniel Zamorano (que acababa de llegar a la Plaza), observaron a ese petiso compadrito, de camisa celeste y cabeza canosa que agarró un megáfono y le dio 15 minutos de plazo a los manifestantes para abandonar el lugar. No lo sabían, pero se trataba del subcomisario Francisco Santos Miglino, segundo jefe de la Comisaría 2ª, que junto con la 1ª tendría una actuación protagónica en la batalla que estaba por entablarse. La reacción popular ante el ultimátum fue evaluada de manera casi opuesta por dos jefes policiales que comandaron la represión desde la Plaza o desde la sala de situación del Departamento Central. Según el jefe de la Circunscripción 7ª, —una de la ocho en que se divide la Capital— comisario inspector René Derecho, los manifestantes se "mostraron remisos, insultando al personal policial" y en algunos casos (para irritación del policía), optaron por sentarse en la acera alrededor de la Pirámide. En cambio, según el comisario mayor Norberto Gaudiero, a cargo de la Dirección General de Operaciones (DGO), "acataron pacíficamente la directiva, o mejor dicho, la invitación".

Santa Marta, que había cerrado el quiosco, intentó reabrirlo entre las 10:15 y las 10:30, pero la cosa empezaba a ponerse pesada: sobre la calle Rivadavia, en la vereda del Banco Nación, "ya estaba apostada la policía a caballo y una gran cantidad de policías de choque, con los camiones que los transportan y la división perros", ahí, al empezar a abrir el negocio, escuchó que daban una orden "como de preparativo, alistándose para algo". Bajó la persiana y, al regresar a la Plaza, observó que los policías abrían la valla y salían a reprimir.

En ese momento Daniel, que compartía una lata de Coca Cola con su amigo Miguel, descubrió, rodeado de movileros, a un personaje del que había estado políticamente distante en su juventud peronista, que lo irritaba cuando su anterior mujer militaba en el MAS: el actual diputado de Autodeterminación y Libertad, Luis Zamora, que había llegado a la Plaza a las diez y media, junto a su compañero Alberto Roselli. Allí se encontraron con el premio Nobel Adolfo Pérez Esquivel y los diputados del ARI, Marcela Bordenave y Alberto Piccinini. Por allí andaban, también algunos otros legisladores de izquierda como Alicia Castro y su compañero del Frente para el Cambio, Alfredo Villalba.

Observándolos desde lejos, Miguel le comentó a Daniel Zamorano, que había quedado envuelto en sus nostalgias de los '80:

—Son pocos los políticos que hoy pueden dar la cara.

Tenía razón; un rato más tarde los manifestantes agredieron a Moisés Ikonicoff, en su momento, intelectual orgánico del menemismo y luego muchas cosas, entre ellas periodista y bufo del teatro de revistas. Ikonicoff tuvo que ser salvado de la ira popular por una oportuna y rauda ambulancia del SAME.

El comisario Gaudiero era piloto de avión y helicóptero, había conducido la sección correspondiente de la Federal y, por lo tanto, no era un experto en operaciones terrestres. Detestaba a Santos, a quien llegaría a calificar como "cobarde" ante la jueza Servini de Cubría. Ambos policías chocaron violentamente ante la justicia, echándose recíprocamente las culpas por las órdenes que condujeron a la sangrienta represión.

Gaudiero juró que Santos, tras recibir un llamado por el celular, ordenó "limpiar la Plaza" y detener "indiscriminadamente" a los manifestantes que resistieran el desalojo. Santos, con su estilo formalista, aseguró que el verbo "limpiar" estaba "fuera de su léxico" y que sólo había ordenado "detenciones puntuales" y no indiscriminadas. Admitió, en cambio, que había recibido el misterioso y decisivo llamado por el celular, el segundo llamado de Aiello

Por su parte, el oficial principal Oscar Antonio Passi, operador de la D.G.O. que estuvo de guardia desde las siete de la mañana del 20 hasta las siete del 21, confirmó que tras el llamado de Aiello, el "Señor Jefe" ordenó el desalojo y las detenciones "puntuales" por dos vías: una radial y otra telefónica (usando su propio celular).

"Las Madres recibimos la embestida, fuimos golpeadas, pisoteadas por caballos y por hombres, sin contemplación alguna, con el deleite sádico de los canallas, estos anatomistas del dolor humano, tan cobardes como asesinos. Quedamos lesionadas, tendidas en la Plaza de Mayo, sin nadie que nos socorriera, sin auxilios, sólo viendo al resto de las víctimas de la represión salvaje desatada desde los despachos del poder".

—¡Hijos de puta! —maldijo Hebe de Bonafini después de la carga de la Montada, que atropelló con sus caballos y azotó con las fustas de los jinetes a las mujeres de pañuelos blancos, con una insolencia que superaba sus peores recuerdos de la Plaza en los tiempos de la dictadura. El país consciente se estremeció al ver por televisión, recostada contra una palmera, a una veterana luchadora de los derechos humanos que mostraba su brazo izquierdo cruzado de un latigazo. La mujer lloraba de furia:

—Trabajé en la CONADEP hace veinte años. ¡Para qué! ¡Para qué!. Estamos igual que antes.

Su justa indignación tenía sobrados motivos; y eso que ignoraba un dato: el policía que sería responsabilizado por "los ultrajes, maltratos y vejaciones" que recibieron Hebe de Bonafini
y otras seis Madres, era el subcomisario Ernesto Sergio Weber,
a cargo de la Fuerza N° 2 del Cuerpo de Operaciones Federales
(COF 2), hijo del subcomisario Ernesto Weber que había asesinado a Rodolfo Walsh en marzo de 1977.

Como tácita reafirmación de que la batalla de la Plaza continuaba un combate secular, que en su última etapa llevaba 25
años, muchos hijos de los asesinados por la dictadura se lanzaron a la plaza indignados al ver lo que le hacían a las Madres.
Entre ellos, Eduardo de Pedro, "Wado", un chico empleado en el
sindicato de judiciales.

El quiosquero cerró definitivamente el puesto de diarios y revistas cuando vio, por primera vez en muchos años, que lanza-
ban caballos y perros sobre los manifestantes. Agudo observador, registró que las cargas represivas se reiteraban cada quince minutos y que en uno de los balcones de la Rosada (*el que está del centro para el ala izquierda, que es como una especie de
pasillo largo con arcadas y ventanas*) había un personaje, solitario, en camisa y corbata, que contemplaba el cuadro de la batalla: las cargas de caballería, las descargas de las Itaka, el humo blanquiazul de los gases y los ciudadanos corriendo entre
las fuentes circulares y las palmeras, sobre las baldosas que re-
producían los blancos pañuelos, en el mismo lugar donde esos
pañuelos habían vuelto a ser profanados. Los humillados ciudadanos que buscaban las calles laterales.

Uno de ellos era Daniel Zamorano, asombrado en su retirada por la clásica confusión de todas las batallas: los que se las
saben todas gritando "no corran", empleados de traje y maletín,
que puteaban a la policía junto a chicos de torso desnudo y *ke-
fiya* palestina tapándoles la cara, un niño rumano corriendo con
su acordeón en bandolera, algún perro negro y opositor que le
ladraba a los corceles de la Montada, una vieja que mostraba su
pie derecho destrozado por los cascos de un caballo policial, una
rubia bronceada corriendo como podía con sus tacos aguja, un
voyeurista en camisa musculosa, short y ojotas tomando mate

en el zaguán umbrío de un hotel rasposo. Miguel corría a su lado, ahogándose por los gases, riéndose pese a todo y comentándole que sería un buen negocio poner un puesto de venta de limones. *En ese momento lo perdí porque sentí que yo mismo me perdía. Un gas cayó a pocos metros y la gente corrió alocadamente cayéndose y pisándose. Atiné a introducirme en un bar que estaba cerrando la puerta. Sentí que el aire no entraba a mis pulmones por más fuerza que hiciera y se apoderó de mí una sensación de pánico.* Como un autómata, caminó a zancadas hasta la barra y se echó sobre la cabeza una jarra de agua fría. Luego, trastabilló como borracho, entre sillas desordenadas y mesas de pool. Antes de caer desmayado alcanzó a ver unos tipos que jugaban a las cartas, *sin importarles un carajo* lo que estaba ocurriendo en la Plaza.

En esos momentos, Horacio Aranda Gamboa, el periodista que trabajaba con las Madres, el padre del bebé Rodrigo, se vio envuelto por la nube venenosa, mientras intentaba ingresar a la Plaza con su amigo Fernando y miles de manifestantes que en vez de irse a sus casas, habían decidido enfrentar la represión. Enfilaron por Perú, frente a la Legislatura, hacia Hipólito Yrigoyen, con los ojos rojos y las mejillas ardiendo por los "agresivos químicos". Por Diagonal Sur era imposible entrar, allí había una dura confrontación entre los jóvenes manifestantes y la policía. El suelo estaba sembrado de baldosas rotas. A sus espaldas, en dirección a Diagonal Norte, la furia popular había deshecho las vidrieras de muchos bancos. Julio, un manifestante de la Paternal, comentó que era la reacción lógica a los gases. Más tarde testimoniaría: "No es verdad que la represión vino porque se rompieron vidrios; se rompieron vidrios como consecuencia de la represión".

La carga de la caballería no se detuvo ni ante los símbolos nacionales: en a esquina de la Catedral arrollaron a un grupo de jóvenes envueltos en la bandera.

En su marcha por Perú, Horacio Aranda pudo observar escenas ilustrativas: *la gente con los brazos en alto, en señal de paz, era empujada y golpeada una y otra vez.* No muy lejos de allí, *un joven, de rulos rubios y largos, vestido con jeans y zapatillas, re-*

cibía órdenes de un oficial de la Federal. "¿Qué hago?", pregun-
taba el rubio Sérpico y recibía como toda respuesta: "Metéte en el
medio". Con su credencial de la revista de las Madres al cuello,
que en vez de protegerlo lo señalaba como blanco para los bastonazos, Horacio entró finalmente a la Plaza y vio cómo los policías le disparaban postazos de goma a una mujer mayor, senta-
da en un banco y rodeada por movileros. Otra ciudadana, Clau-
dia Aguilera, los escuchó gritar sapucáis para darse ánimo antes de atropellar a la gente y le costó creer lo que estaba oyendo.
"Vamos —decían los que estaban de civil—, vamos a matar a todos estos zurdos". Horacio observaba el dato central de ese momento: *Los caballos arremetían sin asco. Lo loco era que la gente de a pie se enfrentaba a los policías de a caballo sin medir las
consecuencias. Era evidente que a esa hora la orden era desalojar la Plaza de Mayo, pero también era evidente que la consigna
de la gente era ganar la misma Plaza como eje de resistencia.*

No sólo hubo "consecuencias" para los que enfrentaron a los
hombres de los cascos, también para los solidarios. Hugo Fabián Ferreyra, uno de los que había pasado la noche frente a la
Rosada, recibió un palazo en la cabeza propinado por un sujeto
de la Montada y un balazo de goma en la espalda cuando quiso
impedir que los policías golpearan a una chica. Leo Elmer Sis-
ter fue detenido por ayudar a una persona caída en el suelo y
vio cómo llevaban de los pelos a un joven que había intercedido
para que no le "pegaran brutalmente a una mujer". Después recordaría que este muchacho, a quien llevaron detenido a la Comisaría 2ª, "dijo que tenía HIV". Los periodistas rescataron de
una nube de bastonazos a un hombre maduro, de camisa a cuadros azules, que se había interpuesto cuando le pegaban a otro
ciudadano "sin motivo". Cuando lo llevaban detenido, una mo-
vilera le preguntó a qué agrupación pertenecía. La respuesta
fue antológica:

—Sí, a mi agrupación, a la de mi casa.

Su padre, Enrique de Pedro, desapareció para siempre el 22
de abril de 1977 y su madre, Lucila Rébora, el 11 de octubre de
1978. Él mismo, Eduardo de Pedro, más conocido como "Wado"

por sus compañeros del gremio de Judiciales y de la Agrupación HIJOS, fue durante meses un bebé desaparecido, hasta que unas hermanas de su madre lograron rescatarlo. Es un muchacho delgado, tímido pero bien humorado, que volvió a ser secuestrado el 20 de diciembre en la Plaza de Mayo, donde los hombres a las órdenes del subcomisario Miglino le pegaron, lo arrastraron de los pelos y le aplicaron toques eléctricos con una picana portátil, para aflojarlo y meterlo en un patrullero. Las trompadas, los picanazos, los tironeos de pelo fueron registrados puntualmente por uno de los tantos fotógrafos que ese día se la jugaron: Damián Neustadt. Uno de los torturadores de la Comisaría 2ª que lo secuestró, un morocho de cara redonda y camisa a cuadros, tenía en su pecho una identificación que rezaba L.P. 6816; pero, que se sepa, esa identificación no ha servido hasta ahora para que sea procesado, junto con sus jefes. El patrullero donde llevaban a De Pedro, entre golpes y amenazas de "boleta" por ser de HIJOS, chocó con un taxi cuando el chofer policial descuidó su tarea para darle un codazo en la frente al prisionero. El choque lo salvó de algo peor. Fue llevado al Argerich y allí permaneció, cuidado por los médicos hasta las cuatro de la tarde. En la Comisaría 2ª, mientras tanto, se lo negaron a la jueza Servini de Cubría, cuando concurrió a interesarse por los detenidos. Entre éstos estaba Gustavo Tirso Lesbegueris, defensor adjunto del pueblo de la Ciudad Autónoma de Buenos Aires, a quien su cargo no evitó ser arrastrado de los pelos para meterlo en el celular. Era el mismo ciudadano que figuraba como "Lesbegerich" en el decreto tardío donde se puso a disposición del Poder Ejecutivo a 29 de los centenares de detenidos que hubo ese día. Cuando la jueza María Romilda Servini de Cubría fue a la comisaría segunda a interesarse por los detenidos, Gustavo Lesbegueris (el Lesbegerich del decreto presidencial) le dijo que había visto en el patio el bolso de Wado.

En una de las pausas entre las cargas que se sucedían a cortos intervalos, una mujer anónima, de rostro trabajado por el dolor, puso delante de las cámaras uno de los muchos tubos de gas lacrimógeno disparados en la mañana:

—Este es el déficit cero. —Y agregó, masticando furia— Estos son los médicos que no se pagan, las enfermeras, los maestros, los desesperados de hambre. ¿Eh? Para esto sí hay plata. Para el pueblo no.

Se dio vuelta y le señaló al camarógrafo la rotonda de la Pirámide a sus espaldas:

—Mirá: palos, goma, caballos, gases, ¿eh?... Pero te digo: no nos van a matar de hambre escondidos en nuestras casas, nos van tener que matar en la Plaza, a balazos. Decíle a De la Rúa, decíle a Escassany, decíle a Macri, que se les acabó la joda, que queremos lo nuestro, lo que nos robaron durante estos treinta años.

La jueza federal *Buruburú Budía*, como fue apodada al censurar a Tato Bores, se alarmó con las imágenes que mostraba la televisión y marchó a la Plaza, "como simple ciudadana", pero acompañada por dos custodios policiales. A comienzos de los '90 había recibido 19 amonestaciones de la Cámara por graves deficiencias en la investigación del *Narcogate* que involucraba a la cuñada presidencial Amira Yoma. Se mostraron fotos de ella en Olivos, abrazada cordialmente con el amigo Presidente, y pasó a convertirse en el arquetipo de una justicia subordinada al Poder Ejecutivo. A fines de los '90, como otros jueces federales, la "Chuchi" Servini de Cubría, logró diluir esa mala fama, acometiendo con energía la investigación de algunas causas vinculadas al terrorismo de Estado, como el robo de niños durante la dictadura militar. Ahora, justo ahora, le iban a hacer eso con las Madres, provocando un papelón internacional.

Llegó a la Plaza a las doce del mediodía, diez minutos después de que el Presidente ingresara sin sobresaltos a la Rosada. Los movileros la atajaron mientras caminaba a toda velocidad por la vereda de la Catedral, flanqueada por sus custodios y agarrada del brazo con el comisario inspector Jorge Alberto *el Fino* Palacios, un hombre alto, morocho, de bigotes, vestido con un traje gris oscuro, que había sido registrado por las cámaras de la televisión, mientras acompañaba a una hilera de policías que avanzaba, blandiendo garrotes.

Unos minutos antes le había ordenado al Fino que hiciera cesar la represión y había obtenido esta curiosa respuesta:

—Doctora, no estoy de servicio, no estoy a cargo.

Pero transmitió la orden de la jueza.

Palacios, a pesar de ser solamente comisario inspector, reunía una fuerza considerable en su Dirección General de Terrorismo Internacional y Delitos Complejos. De él dependía, por ejemplo, el COF y, por lo tanto, el comisario Weber.

Sin embargo, le dijo a "la doctora" que estaba allí por pura solidaridad moral con sus camaradas, sin ninguna función ejecutiva, limitándose a transmitir por *trunking* las órdenes que iban y venían entre la DGO y los grupos operativos. Horas más tarde le aportó una prueba importante: las imágenes digitalizadas del asesinato perpetrado desde el HSBC. Ante la justicia enarbolaría ese gesto, positivo en sí mismo, para despegarse de la sangrienta represión ejercida por sus "camaradas".

El 16 de enero de 2002, al declarar como imputado ante Servini de Cubría, añadió una coartada: había llegado a la Plaza recién a las 12 del 20, en el mismo momento en que arribaba Su Señoría y lo encaraba frente a la Catedral. Su declaración no ahorraba detalles: "El día 19 me desplacé en el avión de la Policía Federal a la ciudad de Puerto Iguazú, con el fin de impartir directivas y coordinar el accionar de lo que se denomina zona de la Triple Frontera, donde permanecí hasta el día 20. Aproximadamente a la hora 7:30 despegamos del aeropuerto de dicha ciudad con destino al aeropuerto de Don Torcuato. Al llegar me desplacé a mi domicilio; luego de bañarme y cambiarme y desayunar con mi esposa, me trasladé a mi dependencia".

Casi un mes antes Juan Carlos Dante Gullo había declarado ante el mismo tribunal lo que le dijo uno de los oficiales presentes en la Plaza: que el operativo estaba comandado por el comisario Palacios. A quien no llegó a ver, porque en ese momento se desató la primera oleada represiva: la de la madrugada del 19 al 20. ¿Se trataba de un homónimo?

Con su estilo enérgico, sin detener su caminata, la *Chuchi* informó a los reporteros que pensaba hablar con los jefes policiales.

—Vine porque me enteré que hubo represión y como estoy de turno no quiero represión. No he hablado con nadie, no sé quién dio la orden de reprimir. No voy a ir a Casa de Gobierno.

En ese mismo momento, a espaldas de la jueza y el Fino Palacios, la policía se llevó a la rastra un detenido.

Lo que la jueza no le dijo a la prensa es que la noche anterior había concurrido al Departamento de Policía, donde visitó la Sala de Situación, acompañada por el comisario mayor Norberto Gaudiero, director de Operaciones. El jefe Santos, que estaba en el edificio, no había bajado a saludarla, provocando el despecho de la magistrada. Había, pues, una curiosa interna cocinándose. Nada era lo que parecía: ni los hechos, ni las personas; ni los jueces, ni los comisarios. Esa ambigüedad se reforzaría, pocos minutos después, cuando la misma persona que había dado la orden de no reprimir, autorizase —desde la Comisaría 2ª— el segundo desalojo de la Plaza.

24
EL PALACIO Y LA CALLE

PARTE DE GUERRA Nº 2

Hora 14:08:53.-
C-7: C7.
D.G.O.: ¿Qué móvil está modulando?
C-7: C7, PACI.
D.G.O.: Señor, lo escucho, adelante, sale muy mala su modulación.
C-7: Me encuentro en el local de 2ª con la Dra. SERVINI, ¿QSL hasta ahí?
D.G.O.: QSL hasta ahí, Sr.
C-7: Si el 402 necesita despejar la PLAZA por esos 70 que..., que dijo, estamos autorizados.
D.G.O.: Bueno, bueno, interpretado.
D.G.O.: 402...

MOVIL 402: Adelante, en escucha.

D.G.O.: El C7 está modulando desde la Comisaría 2ª , Sr. Que..., que quieren despejar la totalidad de la PLAZA. Ahí está indicando que se puede efectivizar, eh..., está con la JUEZA en la Comisaría.

MOVIL 402: Bueno eh..., entonces vamos a hacer trabajar puntualmente a eh..., los Grupos de Combate y Caballería eh..., para que en forma conjunta por RIVADAVIA y por YRI- GOYEN comiencen el barrido.

D.G.O.: Interpretado, también a la Brigada de Civil Sr., la Brigada de Civil que se encuentra en el lugar, detenciones puntuales por favor.

El fragmento de cinta, que reproduce las comunicaciones ("modulaciones", en el argot policial) entre la Dirección General de Operaciones (D.G.O.) de la Policía Federal y algunos jefes y móviles operando en la Plaza, fue transmitido en marzo de 2002 en algunos programas radiales y televisivos; los de Daniel Hadad y Luis Majul fueron los más notorios. La noticia causó lógico desconcierto, a pesar de que en ese momento se desconocía la intimidad del episodio. La primera desconcertada fue la jueza, que atribuyó la difusión de la cinta a una operación en su contra, "montada por gente de la Federal que pertenece a la antigua cúpula". Pero la opinión pública siguió preguntándose: ¿cómo, no era que había ordenado parar la represión? La "Chuchi", que había sido "mala" y luego "buena", ¿volvía a revistar en el bando de los "malos"? ¿A las doce del mediodía era demócrata y garantista y a las dos de la tarde mandaba a reprimir? La confusión surge de una de esas curiosidades institucionales que tiene la Argentina: la misma jueza que tuvo bajo su jurisdicción el servicio de custodia de la Casa Rosada el 20 de diciembre, será la encargada de investigar y sancionar a quienes convirtieron ese servicio en una masacre. O sea que es juez y parte.

Para los lectores que no revistan entre los 33.000 efectivos de la Policía Federal conviene detenerse en algunas aclaraciones previas: C-7 es el jefe de la Circunscripción 7ª, comisario inspector René Jesús Derecho - la Federal divide el territorio metropolitano en ocho circunscripciones-. D.G.O. es la Dirección General de Operaciones. PACI designa habitualmente al "principal a cargo", pero en este caso coincide fonéticamente con el apellido del operador, que era el oficial principal Oscar Antonio Passi. El número 402 identifica al subcomisario de la Segunda, el ya conocido Francisco Miglino, responsable —entre otras cosas— de la ilegal detención de Eduardo de Pedro (Wado). "Barrido" es desplazamiento. QSL significa si comprendió. Los 70 alude a un grupo de entre setenta y cien manifestantes que insistían en regresar a la Plaza. El resto es fácil de entender: a la hora 14:08, la jueza, que está reunida con algunos jefes policiales en la Comisaría 2ª, autoriza al comisario René Derecho a "desplazar" a los manifestantes. El funcionario lo comunica a la DGO, que dirige y controla los movimientos en el terreno desde la Sala de Situación. La DGO capta el mensaje ("QSL hasta ahí, señor", contesta Passi) y se comunica con el "402", Miglino, para decirle que hay vía libre. El subcomisario no es lerdo e informa a Operaciones que harán "trabajar" a los Grupos de Combate y Caballería para comenzar "el barrido". La mención de la Brigada de Civil es altamente sugestiva.

¿Qué ocurrió en la Comisaría 2ª, que hizo cambiar de temperamento a la doctora Servini? Algo dice la propia magistrada en el primero de los tres escritos que redactó el 20 de diciembre: un oficio urgente que libró al presidente De la Rúa, "a fin de hacerle saber que por ante este tribunal tramita un proceso criminal relativo a los acontecimientos de estado público que se están desarrollando en la Plaza de Mayo y Casa de Gobierno". Allí relata que tras entrevistarse en la Plaza con el comisario Palacios y el subcomisario Patricio Eduardo Femia (de la Comisaría 17ª), se reunió en la Segunda con el comisario inspector René Derecho y el subcomisario Daniel Juan Fernández a cargo de esa seccional, a quienes les ordenó "el inmediato cese de la represión indiscriminada y excesiva que se estaba llevando a cabo con la Caballería, asimismo, que procedieran al desalojo del sector de la Plaza aludida que está inmediatamente frente a la Casa de Gobierno, con el objetivo de preservar la seguridad de la misma, debiendo instalar un vallado que limite dicho sector". Y concluye: "Me hicieron saber mis interlocutores que por orden del Ministro del Interior debían desalojar toda la Plaza de Mayo".

En ese escrito, María Servini no menciona la conversación telefónica que mantuvo con Jorge De la Rúa, ministro de Justicia y hermano del Presidente. A partir de esa comunicación —según el gobierno— *ella dice "Bueno, la gente atrás de la valla" y Mestre va a transmitir esas instrucciones y así se hace.*

¿Qué ocurrió en la Comisaría 2ª? Según el comisario Derecho (el C-7 de la modulación), "al observar la magistrada, ya sea por los canales de aire o por el televisor con el canal policial, sobre las alternativas que se difundían y estaban ocurriendo en la Plaza de Mayo, a la cual concurrían más y más personas, con lo cual se podía calificar y prever una alteración superior a la normal, es que autoriza a que el suscripto indique a la Dirección General de Operaciones que proceda a intentar que esas personas se retiren del lugar, transmitiéndose por el *trunking* que poseía el suscripto."

A escasos metros de donde la magistrada estaba reunida con los jefes policiales, el defensor adjunto del pueblo de la Ciudad de Buenos Aires, Gustavo Lesbegueris, traído por los pelos a la comisaría, confeccionaba una lista de detenidos. Temía que lo liberasen a él solo, en virtud de su cargo oficial, y dejaran adentro a 40 o 50 personas injustamente detenidas bajo la cobertura del estado de sitio. Entre ellas se encontraba un señor Coll, al que había visto con la cabeza rajada dentro un camión celular, abrasado por el sol de diciembre, donde los habían amontonado como sardinas, hasta provocar el ahogo de un muchacho asmático. Todo bajo la batuta de ese policía de camisa a cuadritos, que se identificaba con la placa L.P. 6816; el mismo que había secuestrado, torturado y amenazado de muerte a Wado. Lesbegueris quería decirle a la jueza que había dos menores entre los detenidos, barbaridad que no puede justificarse en ningún extremo: no ya con el estado de sitio, ni siquiera con el estado de guerra interno. También le diría que le negaban al chico De Pedro, pero que él había visto su bolso en el patio. A esas horas, por suerte, la Comisaría 2ª empezó a recibir la incómoda visita de varios legisladores de izquierda, entre los que se contaban Patricio Echegaray, Graciela Ocaña, Irma Parentella, Héctor Constanzo, Oscar González y María América González. También se hicieron notar la presencia activa y "molesta" de los abogados del CELS, de la Defensoría, de la Unión de Empleados Judiciales, y el "husmeo" de los periodistas que, según el comisario Derecho, no entienden "la contención necesaria" e insisten en calificarla "como una simple y antojadiza represión".

A las cuatro de la tarde, Servini puso en libertad al defensor adjunto y el juez de instrucción Roberto Grispo a los otros detenidos. "Lesbegerich", como figuraba en el último decreto firmado por De la Rúa, nunca debió haber sido apresado: la Constitución de la Ciudad de Buenos Aires otorga a los defensores la inmunidad de arresto. Con o sin estado de sitio, porque, si no, ¿cómo podrían defender a los ciudadanos de quienes les muestran los dientes?

A las 14:15, el móvil de América TV en la Plaza informaba, acompañando con imágenes: "La Policía Montada castiga salvajemente a manifestantes que están sentados pacíficamente alrededor de la Pirámide de Mayo".

A las 14:20, el periodista Carlos Monti comentaba en Azul TV: "Vemos imágenes de nueva represión en la Plaza de Mayo. La jueza Servini de Cubría pidió esta mañana que pare la represión policial, pero duró poco. Se ve que alguien dio la orden para que siga la represión". Ocho minutos más tarde, el mismo Monti registró el dato más reiterado y distintivo de la jornada: "La gente vuelve a la Plaza a pesar de la represión policial". A las 14:32, su colega Javier Barbis reportó: "La policía tira balas de goma a los manifestantes que se en-

cuentran sobre la calle Bolívar frente al Cabildo. La situación es cada vez más tensa y no sabemos cómo termina". A
las 14:40, Barbis informó que seguían dispersando a los manifestantes y comentó: "Es evidente que hubo una contraor-
den porque la jueza Servini de Cubría vino a frenar la represión policial y ahora se reprime con la intención de desalojar
la Plaza".

A las 14:39, Canal 13 daba cuenta de "nuevos enfrenta-
mientos entre la policía y los manifestantes". Catorce minutos antes había sacado una placa inquietante:

HAY 14 MUERTOS CONFIRMADOS

Se refería a los que habían caído en el interior del país,
porque a esa hora, Lamagna, Riva, Almirón, Benedetto, Aredes y Márquez todavía respiraban, pensaban, reían y puteaban por la represión policial.

A las 14:45 , desde el móvil instalado en la Rosada, Osvaldo Logares informaba a los televidentes: "Están reunidos el
titular de la Policía Federal, Rubén Santos, con el secretario
de Seguridad, Enrique Mathov". Aludía a la inminente reunión del Consejo de Seguridad que conduciría Mathov, tras
una elegante gambeta del ministro del Interior todavía en
ejercicio:

—Presidíla vos.

Un rato antes había ocurrido un episodio que para muchos era una provocación; un episodio que podía ser genuino
pero se parecía mucho a una operación de los servicios.

El fotógrafo Juan Vera, colaborador de la revista *Veintitrés*, observó la movida y algo le dijo que podía tratarse de
una provocación: había una enorme corona de flores con la
leyenda "Chau, políticos. Fdo.: Nuestro Pueblo", que iba pasando de mano en mano, sin que nadie supiera muy bien de
dónde había salido, hasta que algunos voluntaristas (¿o sérpicos?) la subieron a la valla metálica y acabaron por arro-
jarla sobre los policías que estaban del otro lado. Los hom-

bres de los cascos respondieron con esos aerosoles manuales que arrojan agresivos químicos, directamente sobre la cara de los que estaban al otro lado de la valla. Eran, aproximadamente, las 13:30. Entonces se escucharon los primeros tiros procedentes del lado de Rivadavia. Luego vino la neblina generalizada del gas, y los chorros de los hidrantes, que dispersaron a casi todos, salvo a un joven, de pelo corto, que aguantó de rodillas, alzando frente al camión de la manguera un crucifijo improvisado con dos varillas de madera, en una evidente apelación a la no violencia que también podría interpretarse como un exorcismo para frenar a las fuerzas del mal.

Vera no sabe si los que trajeron la corona eran o no seguidores del coronel carapintada Mohamed Alí Seineldín, pero indudablemente estaban allí en la Plaza y hasta se dieron su tiempo para apretar al "trosko ese de Zamora".

Fernando De la Rúa no vio nada, porque sencillamente no miraba la televisión. Ni los canales de aire, ni el Canal 4 de la Federal que, gracias a Santos, se podía ver en la Rosada igual que en la Sala de Situación del Departamento Central. A juicio del Presidente, a las tres de la tarde no había ocurrido aún nada grave, más que *algunas corridas*. Según sostendría más tarde, el primer rumor sobre las muertes lo alcanzó en la sala de prensa, cuando fue a leer su famoso discurso apelando al PJ para sostenerse en el sillón. En cambio, como estaba muy atento a lo que ocurría en las tiendas peronistas, alguien debe haberle comentado las declaraciones del senador Eduardo Duhalde: "O el presidente cambia, o habrá que cambiar al presidente", que canal 13 difundió a las 12:33.

De la Rúa estaba contrariado con Chrystian Colombo. Le había pedido que saliera a dar la cara por TV, anunciando que se hacía cargo de Economía, y el Vikingo *se demoraba hablando por teléfono*. Lo entendió más tarde, cuando el Jefe de Gabinete le contó la verdad: sus trabajos en esas horas fatales, para que no se cayeran los acuerdos del Elevage. Sus esfuerzos frustrados para que los gobernadores asistieran a la reunión del Consejo de Seguridad, cuando casi todos estaban tomando el avión a San Luis.

Como Colombo tampoco quiso hablar en cadena de la cuestión política, De la Rúa hizo algunos apuntes a mano, según era su costumbre, y luego improvisó ante las cámaras de TV su último mensaje: una botella de náufrago al justicialismo para conformar un gobierno de unidad nacional. Insinuaba, incluso, que podía negociarse la sacrosanta Convertibilidad que le estaba costando la cabeza: "Vienen planteando modificaciones en el sistema monetario; vamos a examinarlas en conjunto, para proponerlo al parlamento, quien es el que debe decidir lo que corresponde". Aludió en dos ocasiones a los "hechos de violencia" que justificaban, a su juicio, la implantación del estado de sitio y deslizó una frase que avivó la cólera de los que exigían su renuncia, porque fue interpretada como una amenaza: "No voy a dejar que la violencia se enseñoree entre nosotros, porque estoy para asegurar la paz y los derechos de todos".

A las 16:59, el móvil de América en Plaza de Mayo informaba: "Mientras hablaba el Presidente, se produjeron nuevos incidentes entre manifestantes y la policía. Los manifestantes quieren que renuncie el Presidente".

Cuando terminó de hablar y se aprestaba a regresar a su despacho, un periodista le comentó: "Presidente, hay muertos". "¿Cómo que hay muertos?", contestó y se dirigió a Mathov: "Mathov, ¿hay muertos?". "Mire, yo no tengo esa información, no sé nada". Tomó el celular y llamó a Santos que tampoco sabía nada. La televisión estaba dando ya la imagen de Gustavo Daniel Benedetto, caído sobre la Avenida de Mayo, con un charco de sangre que había brotado de su cabeza. Pero el Presidente no lo sabía, o no lo admitió, *porque a veces puede ser que la televisión ponga algo que no es así.* Después se consolaría o se justificaría pensando: *Pareciera ser un hecho más de la custodia interna del banco que de la acción policial por represión.*

Luego se dirigió a la Sala de Situación que estaba detrás del comedor, donde había una reunión grande y reservada. En el pasillo cruzó al ministro de Salud y le preguntó al pasar:

—Che, Lombardo, me están diciendo que hay gente herida y muerta. ¿Qué información tenés?

—Esperáte que voy a llamar al SAME.

El Presidente siguió su camino y se metió en la reunión donde había importantes asuntos políticos que tratar.

Marcela Bordenave (51 años) es una militante experimentada en movilizaciones y represiones: junto a su compañero ya fallecido, el mítico Germán Abdala, trabajó en ATE, en los orígenes de la CTA y luego, en tiempos más recientes, en el Frepaso. Fue diputada por ese partido y duró poco en el corralito oficialista: la política económica, el alineamiento con Estados Unidos contra Cuba, la enfrentaron rápidamente con el bloque de la Alianza que integraba. Cuando Elisa Carrió lanzó el ARI, fue de los primeros frepasistas en sumarse a la "Gorda". El 20, Bordenave se presentó en la Comisaría 2ª, donde no la dejaron ver ni contar a los detenidos, a pesar de que se identificó como diputada nacional. Luego marchó a la Plaza para tratar de hacer valer esos fueros que el estado de sitio no tenía por qué anular. Allí se juntó con otro legislador de su partido, el veterano líder metalúrgico Alberto Piccinini, y con los diputados de Autonomía y Libertad, Luis Zamora y José Alberto Roselli.

Aunque la Plaza estaba en relativa calma, los diputados temían que se desatara una nueva oleada represiva y decidieron conformar una delegación, a la que se sumó el premio Nobel, Pérez Esquivel, para hablar con el policía de camisa celeste y *trunking* en la mano que aparecía a cargo de las operaciones. El ya conocido subcomisario Miglino los hizo partícipes de su confusión acerca del poder al cual debía obedecer: si a ellos (el Poder Legislativo) que le exigían no reprimir; si a la doctora Servini (el Poder Judicial) que les había ordenado no reprimir *salvo que los manifestantes intentaran pasar las vallas*; o al Poder Ejecutivo, que simplemente ordenaba reprimir. Los diputados regresaron hacia donde se encontraba un nutrido grupo de manifestantes y entonces ocurrió el episodio de la corona, que despejó las presuntas dudas institucionales del subcomisario Miglino: esa corona, que había "rozado a un policía, apenas rozado", servía de excusa oportuna para darle gusto al Ejecutivo sin desobedecer formalmente a la Justicia. No todos en la fuerza compartían la real o aparente confusión de Miglino: según el testimonio judicial del principal Passi y de otros policías, el jefe Santos presenció las humanitarias declaraciones de Servini mientras estaba en la Sala de Situación y exclamó bien alto, para que oyeran todos: "El estado de sitio está por encima de lo que pueda decir una jueza federal".

Entonces retornaron los gases y los jinetes del Apocalipsis.

Bordenave perdió sus fueros en un segundo y regresó en plenitud a su condición histórica de militante: *abren la valla, salen los uniformados, agarran a ese pibe, lo recagan a palos en el suelo, lo patean, se lo llevan del pelo y de las patas y lo meten adentro de la valla. Entonces yo voy y les digo: "Son unos hijos de puta, torturadores, asesinos" y me pegan a mí. Yo me quedé con una sensación de impotencia, de bronca, de calentura.*

Con esa sensación, Marcela volvió a reunirse con Zamora y Roselli y resolvieron ir a verlo al ministro Mestre para que parase la mano. El grupo se completó con dos asesores de la diputada. Los cinco se encaminaron a la Rosada y, tanto en el breve camino como dentro de Palacio, fueron descubriendo los entretelones de un mundo intrínsecamente perverso. Una vez que traspusieron la frontera metálica de la valla, nadie los paró más. Avanzaron por una zona semidesierta, que debería haber estado muy vigilada si la sospecha de un ataque a la Rosada no hubiera sido una superchería paranoica, o algo peor: la excusa para encubrir la decisión política de impedir que la Plaza se llenara.

Vieron algunos policías de civil, sin placa que los identificara pero vistiendo una pechera azul que los señalaba como integrantes de un grupo especial. Igual que los que asesinaron a Márquez e hirieron al Tinta Galli. Llevaban escopetas

Itaka e iban al mando de un sujeto de civil. Miraron torvamente a Bordenave y sus asesores, que avanzaban hacia ellos con las ropas mojadas por la acción de los hidrantes y una pinta que distaba de la imagen de un legislador. Marcela los increpó, pero *el jefe se hizo olímpicamente el boludo*. Luego nadie los miró, ni los paró. Entraron a la Rosada, por la puerta de atrás.

Un funcionario con cara de infinito fastidio los dejó ahí cuarenta minutos, *juntando orines* y observando el ingreso de una serie de uniformados, vestidos de gala, con charreteras, que les trajeron malos recuerdos. Eran los jefes y subjefes de Gendarmería y Prefectura que estaban por participar en la reunión del Consejo de Seguridad.

De Mestre, ni noticias. Los recibió Lautaro García Batallán, un ex dirigente estudiantil del radicalismo devenido integrante del Grupo Sushi, que había sido degradado de viceministro del Interior a subsecretario de Asuntos Políticos del ministerio. En la caminata hacia su despacho, ubicado en el famoso Patio de las Palmeras, registraron las imágenes del naufragio: funcionarios llevándose las computadoras en carritos de supermercado, secretarias cargando pilas de carpetas, jóvenes secretarios del secretario del secretario, que arramblaban con papeles y enseres oficinescos en bolsas de consorcio, baúles y una variada gama de recipientes. Todos asustados, corriendo, atropellándose, tratando de llegar antes que los otros a los botes salvadores.

De una escena surrealista pasaron a otra patética: García Batallán, *sacado*, hablaba con ellos y se interrumpía a cada rato, hipnotizado por el televisor que tenía en su despacho, donde la represión crecía y se multiplicaba. Se agarraba la cabeza.

En voz baja, buscando comprensión, alguna forma de complicidad que bajara los decibeles de esa embajada legislativa que venía a exigirle a gritos que frenaran a la policía, les soltó un dato crucial, que luego evocaría Zamora ante la justicia: "Esta mañana hubo una reunión en Olivos, el Presidente y su entorno, donde se adoptó la decisión política de impedir que la Plaza de Mayo se llene, utilizando los mecanismos que fueren necesarios. Que la Plaza de Mayo no se tenía que llenar. (...) Que si se llenaba se tenían que ir del gobierno. (...) Que por eso se estaba reprimiendo: no por los manifestantes, sino por la necesidad del gobierno de ganar tiempo"; obviamente para negociar con el justicialismo. El subsecretario de Asuntos Políticos dejó entrever que no había participado de esa reunión en Olivos y aseguró que estaba en contra de la decisión adoptada, que él hubiera preferido una lucha política para convencer a la población.

Zamora entonces le señaló el televisor y comentó: "Es claro lo que ustedes están haciendo: usan los medios para mostrarle al pueblo la represión, para que no se junte en la Plaza". "Sí, es verdad", habría contestado el subsecretario.

Bordenave y sus dos asesores ratificaron la versión de Zamora ante la justicia. Cuando la doctora Servini realizó un careo entre el diputado y García Batallán, la desmentida de este último fue tan débil y barroca que se parecía mucho a una confirmación: "que no recuerda qué términos pudiera haber empleado para que los diputados consideraran que había habido una reunión en Olivos en la que se adoptara la decisión política de reprimir. Que básicamente todo lo que refiere el diputado Zamora era parte del análisis personal que el deponente formulaba de los hechos que se venían sucediendo, en cuanto a que, *con gente en la Plaza el acuerdo con el justicialismo era poco probable...*"

Abandonaron el Palacio poco antes de las cinco de la tarde. Los hombres de camisa blanca, pechera azul y escopeta en la mano ya habían producido cuatro muertes en la Capital Federal. La Plaza no se había terminado de llenar nunca, pero la insistencia de los manifestantes y la ostensible decisión de expulsarlos y perseguirlos, equivalían políticamente a mucho más que una Plaza llena. Los dirigentes justicialistas, tanto los que habían ido a San Luis como los que se habían quedado; los que conspiraban como los que otorgaban un tibio apoyo institucional, no tenían el menor interés en compartir con De la Rúa el costo político de la masacre. El gobierno, que pendía de un hilo, acababa de cortarlo.

25

EL PALACIO Y LA CALLE

RÉQUIEM

Son cerca de las cuatro de la tarde: la hora en que se producen las primeras muertes. Justo cuando termina la reunión del Consejo de Seguridad y el Presidente se apresta a improvisar. La vanguardia motoquera acelera en punto muerto, con las motos detenidas, para hacer tronar la protesta. El aire picante de gases se corta con navaja sobre Avenida de Mayo y Nueve de Julio. Son cerca de las cuatro, aunque ningún futuro testigo está cronometrando. Los motoqueros se han alineado a la cabeza de una columna de manifestantes, que ha sido gaseada sin asco. La columna se rehace y avanza sobre Avenida de Mayo arrojando piedras. El grueso de los policías se repliega algunos metros en dirección a la Plaza. De pronto, sin embargo, emergen cuatro, *vestidos con las camisas blancas y las gorras* (de visera) *que usan ahora, que se forman y vuelven a tomar posición.* Daniel Horacio Guggini, que va sentado detrás de su amigo el motoquero Gastón Marcelo Riva, en la Honda CG 125 de este último, observa el movimiento y no le gusta nada. Un testigo, Diego Enrique Giordano, ha visto pocos minutos antes de que lleguen los motoqueros *a varios policías vestidos con camisa blanca esgrimiendo la pistola reglamentaria, que se detuvieron a la altura de Tacuarí. En eso, aparecieron dos patrulleros Peugeot 206 que se estacionaron frente a la columna a cuarenta y cinco grados.*

La Honda CG 125 recorre pocos metros por Avenida de Mayo al 900, entre Bernardo de Irigoyen y Tacuarí. Guggini escucha las detonaciones y siente que su amigo, al que tiene asido por la cintura, se encorva bruscamente hacia adelante y pierde el control de la máquina, la moto se encabrita y los despide por el aire. El voluminoso Gastón cae boca abajo, en mitad de la avenida, con un tiro en el pecho. Daniel, aterrado por la súbita palidez del motoquero, intenta tranquilizarlo:

—No te asustes que son balas de goma.

—Me muero, me muero —murmura Riva y es lo último que dirá. Daniel le sube la remera, descubre la herida de bala en el lado izquierdo y comprueba que no hay orificio de salida.

Hay muchos policías ahora y no dejan de tirar sobre los manifestantes. Gases, goma, plomo. Tanto tiran, que en las modulaciones sobresalen los pedidos de "parque", es decir: municiones. En una corta tregua entre descargas, la gente se arremolina en torno al muchacho tendido en medio de la avenida. Por otra *causalidad* de la jornada, uno de los primeros que se acercan a socorrerlo es un cincuentón atlético, de apariencia juvenil, dueño de un gimnasio en la zona norte, que será consignado en las crónicas periodísticas como el "empresario Julio Urien". No es otro que Julio César Urien (hijo), el ex guardiamarina que sublevó a su compañía en 1972 para proteger a Juan Perón en su regreso al país; el militante montonero que se pasó ocho largos años preso, como el Canca Gullo, en otro "pabellón de la muerte".

El herido mueve la lengua y una mano, pero ya está inconsciente y amoratado. Entre los presentes hay un médico, Pablo Alfredo Falaschi, que durante diez o quince minutos intenta los clásicos ejercicios de reanimación, para lograr apenas *una respiración agónica*. Algunos manifestantes, enardecidos por la escena que están presenciando, cargan contra la policía. Los que auxilian al joven moribundo buscan en vano una ambulancia del SAME: ninguna se atreve a meterse en ese radio porque la policía nuevamente ha empezado a disparar a granel. Con itakas y con las pistolas reglamentarias, que tratan de ocultar. Algunos no lo consiguen, como cierto personaje de bigote torvo, anteojos negros, gorra de visera, camisa blanca y barriga de cetáceo, que el fotógrafo Bernardino Ávila sorprende en la esquina de Avenida de Mayo y 9 de Julio, a las fatídicas 16 horas, con el brazo derecho alzando la

Browning 9 mm. El tenebroso personaje se ve en segundo plano, detrás de otros dos que portan chalecos antibalas. Uno de ellos, el más cercano a la cámara, es captado en el mismo instante en que apunta cuidadosamente y dispara con una carabina 22 milímetros, que no carga, obviamente, balas de goma. Tampoco apunta al aire.

En el 959 de Avenida de Mayo, a escasos metros de donde ha caído Riva, en un zaguán convertido en refugio, dos personas asisten a un muchacho flaco, de unos veinte años, vestido con remera y bermudas, que tiene en el cuello un orificio idéntico al que perforó el tórax del motoquero.

Por fin llega la ambulancia del SAME, a cargo del médico Daniel Norberto Romano, pero se queda a distancia prudencial, sobre Avenida de Mayo y la Nueve de Julio, porque la policía sigue disparando. Por otro azar de esa tarde, es la misma que ha levantado un rato antes a Moisés Ikonicoff para ponerlo a salvo de los manifestantes. El "empresario" Urien, el médico Falaschi y otros cuatro voluntarios cargan a pulso el voluminoso peso muerto del motoquero y lo trasladan hasta la ambulancia, que está a menos de cien metros de distancia. Un muchacho le grita desesperado a los del SAME: "Llévalo que se muere, le pegaron un balazo".

"Alguien", precavido y perverso, ha "levantado" mientras tanto la Honda CG 125, que nunca se recuperó, igual que el *handy* que Gastón solía colgar de la mochila.

María Arenas, la mujer de Riva, estaba mirando televisión y presintió el inminente desamparo con un golpe al corazón: no alcanzó a ver la cara del caído, pero se dio cuenta por el cuerpo, por la ropa, por las zapatillas, por la riñonera. Cuando dos horas más tarde llamó a la pizzería donde su hombre hacía el *delivery* y le dijeron que no había ido, inició un vía crucis que la llevaría al Argerich, donde Gastón Riva fue dado oficialmente por muerto a las cuatro y media de la tarde.

Cuando partió la ambulancia que transportaba a Riva, el médico Falaschi observó que a pocos metros de distancia había un grupo de manifestantes rodeando a otro muchacho de bermudas y zapatillas, tendido en el pasto de la plazoleta que separa Bernardo de Irigoyen de la Nueve de Julio, con la remera arremangada en torno al cuello y los ojos abiertos. Se dio cuenta al observar las pupilas, pero igual le tomó el pulso y comprobó que estaba muerto. En el pecho, a la izquierda del esternón, tenía una herida de bala, *sin ningún tipo de sangrado*. Al día siguiente, al ver la foto tomada por Gustavo Correa en la tapa de *Clarín* se enteraría que el muchacho, asesinado a los 26 años, se llamaba Diego Lamagna. En la foto se ve a un médico del SAME, arrodillado frente al cuerpo exánime, intentando sin éxito una maniobra para resucitarlo. El viernes a la mañana, los amigos del *byker* también se encontraron con la foto en el diario y les tocó la dura tarea de ir contárselo a la madre. Alelada, sin poder asimilar la nueva tragedia que le caía encima, la pobre mujer tuvo que soportar por añadidura las jugarretas de los encubridores: *la policía* —diría después la hermana del muerto, Karina Lamagna— *lo escondía para hacerlo pasar como NN y sepultarlo*. A la madre, la hicieron ir de la Comisaría 24ª a la morgue y de la morgue a la Comisaría 24ª. Nadie en ese macabro peregrinar, se apiadó de ella. Karina y su marido vinieron del sur a velar a Diego el 22 de diciembre, pero todavía les aguardaba a los Lamagna una tétrica sorpresa adicional: había desaparecido el DNI del muchacho y sin el documento de identidad no podían enterrarlo. Se reinició la peregrinación: en el Argerich les confirmaron que el cuerpo había llegado al hospital con el DNI en un bolsillo de los bermudas. Regresaron a la Comisaría 24ª y esta vez no se movieron hasta que les devolvieron el documento que inicialmente les habían negado, tal vez porque *estaba orinado*. Se fueron preguntándose qué significaba esa orina, si un nuevo insulto "de un sistema que destila mierda por todos los poros", o un perverso ritual de los criminales.

Muy cerca de allí, pero algunos minutos más tarde, Carlos Almirón se coloca a la vanguardia de los que se enfrentan a una fuerza policial, compacta y amenazante. Desde que llegó a la estación de Constitución, casi tres horas antes, Petete se la ha pasado con sus compañeros de la zona sur "gambeteando a la cana", que los corre de Plaza de Mayo a Congreso y de Congreso a la Nueve de Julio, en un juego de idas, venidas y encerronas que se convierte en verdadero aquelarre después de las cuatro de la tarde. El muchacho alto, flaco, con la energía de los 23 años, llega corriendo con otros tres compañeros a la esquina de Lima e Hipólito Yrigoyen y ahí cruzan, en diagonal, la Nueve de Julio, hacia Avenida de Mayo, el centro de una batalla desigual. Sin proponérselo, tal vez, o gritando "¡vamos!" como prefiere imaginarlo alguno de sus amigos, el flaco queda delante de una columna compuesta por cientos de manifestantes que avanzan tirando piedras en dirección a la oscura muralla de "cabezas de tortuga" y policías comunes que los esperan y les apuntan. Un amigo de Petete contará "cien canas", entre efectivos de la Guardia de Infantería y otros con el uniforme común, armados con escopetas. Sus compañeros de la CORREPI señalarán como principal sospechoso a uno de los jefes de Infantería más activos de la tarde: el subcomisario Weber, a cargo de la fuerza 2 del COF, que incluye dos grupos de asalto.

Súbitamente, el disparo simultáneo de incontables granadas de gas forma una nube compacta que oculta a los policías y enceguece a los que protestan. Se oyen fuertes detonaciones. Cuando la nube empieza a deshilacharse se entrevé la silueta de algunos manifestantes desplomados sobre el pavimento. Uno de ellos es Carlos Almirón, a quien una mujer aprieta la herida del pecho para que no se desangre.

A los quince minutos, según el testimonio de dos de sus compañeros que habían quedado rezagados en la carrera, llegó la ambulancia del SAME y el médico Rodolfo Pérez lo encontró *en estado de coma, con presión arterial no registrable, con pulso en la carótida y ya no en la muñeca y una respiración lenta por debajo de lo normal.* En el camino al Argerich hizo un paro y lo sacaron. Fue operado y murió a las once y cuarto de la noche. Lo enterraron en Lanús, en un funeral denso de bronca y congoja, al que asistieron más de mil personas y donde se resucitó una consigna de los años setenta: "La sangre derramada no será negociada".

Por un verdadero milagro no hubo ocho o diez muertos más en esa zona caliente y a la hora en que Fernando De la Rúa convocaba a "deponer las actitudes de violencia". A pocos metros de Almirón, el testigo Joaquín Isasi, vio a un hombre mayor de cincuenta años, tendido con una herida sangrante en la cabeza. También observó, algunos minutos más tarde, que alguien limpiaba la sangre en el pavimento, "lo que no le parece correcto ya que allí se había cometido un crimen". Al empleado Paulo Córdoba le metieron un plomazo en la mandíbula. El enfermero Walter Bartolomé, auxilió varios heridos, entre ellos uno con un impacto en el cuello. A Marcelo Dorado, de 25 años un proyectil le rozó el pulmón, otro se le incrustó en una pierna y un tercero le pasó raspando la oreja. Luis Gómez, de 35, recibió tres balazos: dos en el costado derecho del pecho y uno en la ingle. El motoquero Sergio Rubén Sánchez (25) tuvo más suerte que su compañero Gastón Riva: sobrevivió a un tiro en la cabeza, igual que su colega Juan Cecchi o el desocupado Julio Delbene Ford, a quien le bajaron seis dientes con una granada de gas arrojada a quemarropa en pleno rostro. Pequeña muestra de una estadística contundente: en la Capital hubo 227 heridos y lesionados de todo tipo (por balas de goma, golpes, cortes, asfixia, infartos, etc.) y, además, 80 heridos de bala. Todos del campo insurgente. De manera unánime, los testigos coinciden en señalar a policías como autores de los disparos. Por el contrario, no se denunció la posesión de una sola arma de fuego en el bando de los manifestantes. El arsenal de la protesta se limitó a las piedras, las gomeras y, a lo sumo, alguna "molo" arrojada sobre un blindado policial.

Sin embargo, David hace retroceder a Goliath y esto tal vez permita entender mejor en qué contexto se produce el cuarto crimen perpetrado en la zona, que le cuesta la vida a otro muchacho de 23 años, Gustavo Benedetto.

A las 16:22:17, el Móvil 451, a cargo del subcomisario Omar Bellante, lanza un SOS desesperado a la Dirección General de Operaciones (DGO): "PACI necesito apoyo, acá en

Avenida de Mayo y Chacabuco, están agrediendo en forma... salvaje, ya". El principal Passi, de Operaciones, intenta calmar al superior y explicarle cómo viene la mano: "Bueno, señor, se está conteniendo lo que es la Plaza de Mayo, por favor repliéguese con el personal, repliéguese porque ya es escaso el parque que tiene la gente en Plaza de Mayo, eh... repliéguese con el personal, repliéguese por favor". El subcomisario alcanza a contestar: "El personal está replegado", luego la comunicación se entrecorta. Bellante y otros quince policías a su cargo, se "repliegan" dentro del alto edificio que hace esquina en Chacabuco, donde funcionan el banco HSBC y la embajada de Israel. Huyen de manifestantes que se enardecieron ante la ominosa presencia de un auto policial no identificable. Hartos de represión y corridas, lo atacaron a pedradas hasta ponerlo en fuga. Al escaparse el patrullero, queda frente a los manifestantes la oscura vitrina del banco que recibe otra lluvia de cascotazos. Los vidrios son blindados, pero no tanto: algunos exaltados arrancan el poste de hierro que sostiene el indicador de calles de la esquina y comienzan a golpear los ventanales de blindex solarizado hasta romper por completo uno de los paños.

Entonces comienzan a sonar los disparos y se produce el desbande.

El *time code* del sistema de video del edificio registra la hora de los tiros: 16:28. De la Rúa está concluyendo el discurso que pronuncia con la intención de quedarse un tiempo más en la Rosada.

Pedro Ignacio Campos, un testigo que luego se la va a jugar, observa que ese chico alto, de pantalón corto y remera blanca que hace unos segundos estaba al lado suyo, corre como un autómata hacia el lado de la Plaza y se desploma a los pocos metros, sobre Avenida de Mayo, apenas cruza Chacabuco. Una bala 9 mm le ha entrado por arriba de la oreja izquierda y le ha salido por la nuca. De su cabeza empieza a brotar sangre, que se desliza hacia el cordón de la vereda hasta formar un charco. La imagen que verá, pocos minutos después, por Crónica TV, Eliana Benedetto, la hermana de Gustavo, cuando llegue la ambulancia a buscar el cuerpo. También ve la transmisión la jueza Servini de Cubría, que llama indignada al Director de Operaciones, el comisario mayor Norberto Gaudiero.

Campos se da cuenta de que han tirado desde adentro del Banco y con balas de plomo. Por si algo faltara para corroborarlo, ahí están los característicos redondeles de los impactos sobre los oscuros vidrios que siguen en pie. Camina de costado, mira hacia abajo y súbitamente la descubre: una vaina servida de pistola 9 mm. Al rato se la entregará a un joven desconocido, que le inspira confianza porque es un periodista del diario *Página / 12*. Hace bien: Christian Alarcón no sólo es un brillante cronista de esas jornadas, también es un ciudadano consciente de sus obligaciones que llevará la prueba a la justicia. Mientras hablan, advierten que la tarde infernal no acaba nunca: *por Chacabuco, de contramano, entra primero un Peugeot 306 a muy alta velocidad que atropella a un chico, pero fue leve porque el chico se fue corriendo, y atrás un camioncito, no recuerdo las características, y comienzan a disparar en todos los sentidos menos hacia el Banco (...) de donde salen corriendo los policías que estaban dentro del edificio. Según me dijo el periodista, eso era una unidad antiterrorista y tomaron la esquina disparando para todos lados, de modo que nadie atacara a los policías que estaban adentro del edificio que, a mi juicio, fueron los que dispararon.* Una clásica maniobra militar: dar cobertura de fuego a los que están sitiados, para que puedan romper el cerco y salir.

Por una extraña casualidad, la Dirección General de Terrorismo Internacional está bajo el mando del comisario inspector Jorge Alberto Palacios, de quien a su vez depende el subcomisario Weber, a quien la DGO le tiene que llamar la atención varias veces a lo largo del día para que no se exceda. Una modulación de la DGO informa, poco antes del crimen, que Weber se ha desplazado hacia el HSBC "con un par de Grupos de Combate". Por su parte, el comisario Palacios toma conocimiento de lo que ha ocurrido frente a la embajada de Israel y como es una de sus funciones "cuidar objetivos judíos", marcha hacia el lugar, en su propio auto. Lo acompañan dos de los jefes del "área Plaza de Mayo", su viejo amigo y compañero de promoción, el comisario inspector Alfredo Héctor Salomone, a cargo de la Circunscripción Primera y el comisario inspector Alfano, que había sido destacado en el lugar con un grupo de motos.

Entra al lobby, se identifica con los de la seguridad privada, observa las perforaciones en los vidrios, que "a simple vista habían sido efectuadas desde el interior", mezcla referencias en sus testimonio a "manchas de sangre" (sin mencionar nunca a la víctima, como si ignorase que allí asesinaron a una persona) con presuntos proyectiles "aplastados contra la pared, como disparados desde afuera hacia adentro", que tornan imperativa la presencia de la sección de Criminalística. Pero aporta una prueba clave a la causa, al observar las cámaras de circuito cerrado y aconsejar a la jueza que la Comisaría 2ª practique un allanamiento y se lleve los correspondientes videos. Después, al enterarse que es un sistema digitalizado, enviará personal de la División Informática, dependiente de su Dirección, para bajar las imágenes y ponerlas "a disposición judicial".

Lo que allí se ve no deja lugar a dudas: hay tres personas en el lobby que tiran a dar hacia la calle. Dos son policías uniformados y el tercero, un cincuentón que está de civil, tiene un aire castrense inconfundible: es el teniente coronel retirado Jorge Varando, a cargo de la seguridad del edificio, por parte de una empresa llamada Catexis. Un cuarto personaje es captado por la cámara en el período que va desde las 16:28:00 a las 16:31:00: el subcomisario Bellante, que está de civil con un *handy* en la mano. El subcomisario no está tirando, pero sí contempla cómo tiran sus subordinados y Varando y no hace nada para detenerlos. Tampoco se molesta cuando policías uniformados, que dependen de él, se agachan para recoger las cápsulas servidas y se las guardan en los bolsillos.

La prueba permitió el procesamiento de Varando, quien admitió que había disparado cinco veces con su pistola Glock, aunque "al aire", mentira que pulverizó la imagen electrónica al mostrarlo apuntando, con el brazo extendido en forma casi horizontal, en dirección a la calle, hasta enviar, muy posiblemente, el disparo que mató a Benedetto. Disparo que no se estrelló contra el vidrio, como otros 59 balazos, sino que salió sin obstáculos por el agujero abierto en la vitrina. La Cámara Federal ordenó después el precesamiento y prisión preventiva del subcomisario Bellante.

El prontuario del teniente coronel Varando reitera y subraya hasta la grosería lo que ya se sabe: los genocidas que la clase política dejó impunes siguen matando. El teniente coronel Varando, que estudió contrainsurgencia en la Escuela de las Américas ("Argentine Orientation Course", en 1972), figura en la lista de represores del CELS, como integrante del Destacamento 103 de Inteligencia del Ejército durante la dictadura militar. También es citado en el informe de la CIDH sobre represión ilegal en la Tablada como el "mayor Varando" que tuvo en su poder a dos prisioneros del MTP que desaparecieron, presuntamente "fugados" del cuartel: Iván Ruiz y José Alejandro Díaz. Varios años después, cuando se identificaron los restos de cinco guerrilleros que figuraban como NN, se pudo comprobar que uno de ellos era Ivan Díaz. Pero Varando no fue molestado por la justicia democrática en torno a la falsa fuga que acabó en fusilamiento clandestino.

Por una macabra casualidad, Benedetto, el joven repositor de supermercado que perdió en un solo día el trabajo y la vida, era de La Tablada.

Por alguna razón que hace a los designios inescrutables del Señor, la juez federal Servini de Cubría dejó fuera de la investigación sobre los crímenes del 20 de diciembre, el asesinato del villero Rubén Darío Aredes. Tampoco se hizo cargo ningún juez de instrucción. Es la versión argentina del principio de igualdad ante la ley: todos somos iguales, pero algunos somos más iguales que otros. Los medios no se molestaron en llegar a Ciudad Oculta, en Mataderos, cuando efectivos de la Guardia de Infantería y de la Comisaría 48ª decidieron darle un escarmiento a los villeros que, encima de ser intrínsecamente chorros, se atrevían a protestar contra la autoridad.

A Rubén Darío Aredes le dispararon por la espalda, mientras huía de los hombres de metal y cayó en uno de los pasillos de tierra que entretejen el laberinto de Ciudad Oculta, con cuatro postas de plomo en el cuerpo. Cándido hasta el final, le dijo a los vecinos que no se preocuparan porque eran "balas de goma" y sólo pidió que le echaran agua "en la cabeza", porque se estaba "mareando". Esperó horas una ambulancia del SAME que la policía nunca llamó y al final, como lo reveló el periodista Rolando Graña, viajó solo en un remise al hospital Santojanni. El remisero, que al comienzo no lo quería llevar para que "no le manchara el tapizado", lo dejó después frente a la guardia del hospital, adonde llegó "por sus propios medios", es decir: arrastrándose. Murió a la medianoche, como había vivido. Dejó una mujer, dos hijos y una casilla familiar a medio construir.

A las cinco de la tarde, Ramón Puerta habló por teléfono con De la Rúa, le aseguró que el cónclave justicialista de Merlo garantizaría la gobernabilidad, le hizo el chiste ese de que a las diez sería indudablemente de noche (una manera provinciana, cachazuda, de burlarse de las *preguntas boludas* del fulano) y se metió en el Cessna Citation que había alquilado especialmente para trasladarse a San Luis. El aparato era una joyita que podía volar a 13.500 metros de altura y gracias a eso pudo aterrizar en Merlo, superando un bruto frente de tormenta que a Duhalde y Ruckauf les impidió descender con el avión de la provincia.

Saldría de Aeroparque como presidente provisional del Senado y llegaría a Merlo, a las ocho de la noche, como sucesor del presidente de la República. "¿Cómo? ¡No! ¡Qué boludo!", exclamó al pisar la pista de Merlo y enterarse de que De la Rúa había renunciado sin esperar el resultado del cónclave justicialista. Quiso regresar de inmediato, pero el piloto lo convenció de que sería imposible sobrepasar el negro frente de *cumulus nimbus* que se había expandido. Se comunicó con su amigo Colombo y le pidió que no se fuera del gobierno todavía, que esperase su regreso a la Capital Federal, para entregarle las llaves de la Rosada. También llamó al teniente general Brinzoni, para que garantizara con los Granaderos la seguridad de la Casa de Gobierno, y al comandante general Hugo Miranda, jefe de la Gendarmería, para que reforzara la vigilancia en la Capital Federal. El gendarme lo complació gustoso, ordenando el inmediato regreso de las fuerzas que habían desplazado a Santiago del Estero. Algo temían.

Celoso cultor del orden, temeroso del vacío de poder, Puerta confirmó al todavía jefe de la Policía Federal, Rubén Santos, ignorando que esa misma noche sería citado a declarar, junto con el secretario Mathov, por la jueza Servini de Cubría. Para asegurar la imagen exterior de la República, confirmó también al canciller Adalberto Rodríguez Giavarini, uno de los íntimos que acompañaban a De la Rúa en el momento de la renuncia.

En cierto modo era cómico: fiel al pragmatismo y la ejecutividad que se les suele reconocer a los políticos justicialistas, Puerta había empezado a mandar, sin darse cuenta de un pequeño detalle: la Asamblea Legislativa, que él integraba, aún no había aceptado la renuncia de Fernando De la Rúa.

El país en llamas tenía dos presidentes a la vez y en realidad no tenía ninguno.

Un par de horas antes, mientras Puerta y otros gobernadores justicialistas todavía estaban en agitado vuelo hacia San Luis, los jefes de bloque del radicalismo, Maestro y Pernasetti, se reunían con Raúl Alfonsín en el viejo departamento del caudillo radical, sobre la Galería Santa Fe. Al conocerse las primeras noticias sobre las muertes en la Capital Federal le habían pedido al Presidente que detuviera la represión. "No es así, son cuentos, no pasa nada", les contestó De la Rúa impaciente. *Maestro habla con Duhalde y Duhalde le dice "No es posible ninguna solución". Se reúnen y al rato me llaman Maestro y Colombo y por teléfono me confirman que no era posible ninguna solución. Ahí me di cuenta que los apoyos se habían agotado, no podía llevar adelante las soluciones.*

Ricardo Ostuni, que había sido su vocero y ahora era uno de

sus secretarios privados (junto con Aiello), lo vio al fondo del largo despacho presidencial, rodeado por los últimos fieles, escribiendo con su estilográfica la carta de renuncia, dirigida "al Sr. Presidente Provisional del H. Senado Ing. Ramón Puerta", donde deslizó la queja y recubrió la sórdida realidad del empujón con los nobles tintes del sacrificio: "Mi mensaje de hoy para asegurar la gobernabilidad y constituir un gobierno de unidad fue rechazado por líderes parlamentarios. Confío que mi decisión contribuirá a la paz social y a la continuidad institucional de la República".

Después lo llevaron —según él, a desgano— al helicóptero, que era el más chico para no hundir el techo del Palacio. Se arrepintió amargamente de no haber impedido esa última imagen que lo emparentaba con Isabelita Perón.

Lo cual explica su intempestivo regreso a la mañana siguiente.

A las 19:22, cuando De la Rúa todavía estaba despidiéndose ceremoniosamente del mozo y las secretarias, el periodista Marcelo Bonelli anticipaba por Canal 13 lo que ocurriría trece días y cuatro presidentes más tarde: "La devaluación será de un 40 por ciento aproximadamente. Es decir, arrancaría el dólar a uno cuarenta". Luego comentó: "El FMI le habría pedido al gobierno de Fernando De la Rúa que salgan de la convertibilidad y el Presidente y Cavallo no quisieron y *así están terminando su gobierno*". Bonelli mostró a la cámara un interesante documento titulado "Ideas básicas para el nuevo esquema económico" que, según él, estaba consensuado entre los dirigentes del PJ y la UCR, donde entre otras profecías de pronto cumplimiento se anunciaba "la pesificación y la fluctuación del tipo de cambio". Aunque no identificó a los autores, lo atribuyó a un Frente Productivo. ¿Nuevo nombre del Grupo Productivo que impulsaba De Mendiguren? En todo caso, quedaba claro que la UIA era uno de los promotores, con el visto bueno de Techint y los grupos más concentrados y endeudados en dólares. El bando de los "devaluadores" ganaba la partida. En ese bando, que tenía el apoyo de la Corporación política y las dos CGT, figuraba *Clarín*, el dueño de Canal 13.

Tres minutos más tarde, Gustavo Silvestre, el colega de Bonelli en "A dos voces", anunciaba otra profecía complementaria: "No habrá elecciones. Eduardo Duhalde es candidato junto al propio Ramón Puerta".

La denuncia penal que dio origen a la causa por los crímenes del 20 fue presentada esa misma tarde por la diputada Graciela Ocaña, con la firma de todo el bloque del ARI: María Elisa Carrió, Mario Cafiero, Alfredo Bravo, Marcela Virginia Rodríguez, Oscar González, Rafael Romá, Jorge Rivas, Marcela Bordenave, Laura Musa y Elsa Quiroz. Los legisladores acusaron a Fernando De la Rúa, Ramón Mestre y Enrique Mathov por "los delitos de abuso de autoridad, incumplimiento de los deberes de funcionario público, homicidio y los que resulten de la investigación".

La causa quedó radicada en el Juzgado Federal N° 1 de la doctora Servini de Cubría y arrancó a buen ritmo, generando grandes expectativas, que con el correr de las semanas se irían desinflando, hasta convertirse en franca decepción.

A las 23:30 del mismo jueves 20 de diciembre, la doctora Servini dio inicio a la causa tomándole indagatoria al secretario de Seguridad, Enrique Mathov y al jefe de la Policía Federal, Rubén Santos. Al llegar a los tribunales de Comodoro Py, Santos se mostró altivo y enfático: los efectivos bajo su mando habían recibido instrucciones claras y precisas de cómo conducirse y actuaron conforme a lo ordenado. "¡Pero mire la pregunta que me hace!", le dijo a un movilero que quiso saber si "se sentía culpable" de tanto palo y de tanta sangre. A su juicio, lo de las muertes "no estaba claro", ya que "la Policía Federal no tiene balas de plomo".

Salió de los tribunales de Retiro más apocado, con el rostro arrebolado, como si tuviera un pico de presión y ya comenzó con la excusa histórica de los "excesos", que hizo época con el general Jorge Rafael Videla.

Por "excesos" de la represión, por lucha de clases derivada del "modelo", por balas de diversas policías o por balas de comerciantes nacionales y extranjeros, treinta y tres ciudadanos argentinos fueron asesinados entre el 19 y el 20 de diciembre de 2001. Dos eran niños: Eloísa Paniagua, de 11 años y David Ernesto Moreno, de 13. Siete eran adolescentes de entre 14 y 19 años. Diecisiete tenían entre 20 y 30 años. Hay tres "mayores" que todavía no habían cumplido 40 años. Tres sobre los que no hay datos. Y sólo uno, Alberto Márquez, que estaba a tres años de cumplir sesenta.

La pregunta del "Tinta" Martín Galli a su madre, no era ociosa: "¿Por qué esta sociedad mata a sus hijos?"

No sólo el Toba los vio llegar, también otros seis testigos que descansaban en la placita entre Cerrito y la Nueve de Julio. Como el abogado de la CORREPI, Claudio Pandolfi. Llegó la caravana, con la Ranger a la vanguardia, por la mano de enfrente de la Nueve de Julio, circulando de Constitución al Bajo. Pudo ver, "bien nítido", al acompañante de la camioneta que "baja con una Itaka y la apoya sobre el techo de la camioneta". También puede ver que le hace el mecanismo de "pajera", la carga con el caño hacia abajo, en una suerte de masturbación que precede a los tiros. También puede ver a otro que baja del segundo auto, pero no recuerda qué arma traía, porque intuye que les van a disparar, así, a mansalva, y se mete donde puede, cometiendo el mismo error que Leonardo, el amigo del Tinta Galli: salta el paredón del estacionamiento y tiene el reflejo de quedarse colgado al advertir que hay seis metros hacia abajo. Por fin, estirándose lo más que puede, como un gato, se deja caer sin mayores daños. En ese momento suenan los tiros.

Cae Márquez, el viejo justicialista de San Martín, vomitando sangre; cae el Tinta Galli con un balazo en la nuca, pero también otros manifestantes que descansan sobre el cantero: Paula Simonetti, que recibe dos impactos en la espalda. Uno pega en el walkman que lleva dentro de la mochila y le salva la vida. Paulo Córdoba es herido en una pierna. Una vez más, la lista de muertos no aumentará por milímetros.

Se repite la misma metodología: cuando huyen los autos no identificados, a contramano por la calle Sarmiento, avanzan las motos de la policía para cubrirles la retirada y dispersar a los manifestantes enardecidos por el nuevo ataque. Una coordinación que se contradice con la eterna tesis del loco solitario que se excedió por las suyas; en este caso, el comisario Orlando Juan Oliverio, que comanda la caravana desde la camioneta Ranger.

A Oliverio no tenían como salvarlo: Alberto Quintas, uno de los testigos presenciales, lo reconoció en una fotografía. Seis meses más tarde, los desconocidos de siempre le balearon la casa a Quintas.

Una vez más, las modulaciones policiales lo sugieren claramente: a las 19:21:15, el COF 2 (Weber) se comunica con la DGO y le informa textualmente: "Bueno, ahí sobre la Nueve de Julio hay tiradas dos personas, eh..., casi inconscientes eh... el personal policial fue agredido sin consecuencias para esta..., con este móvil, QSL?". El subcomisario Weber *está en el lugar en el peor momento*. Tal vez en el patrullero del que se baja un policía para disparar al Toba mientras auxilia al chico de las rastas. Las cámaras del canal policial registran la entrada de la caravana a las 19:20. A las 19:21:40, sugestivamente, la cámara de Canal 4 hace un brusco paneo en dirección a la plaza del Obelisco y regresa en pocos segundos para captar la fuga a contramano por la calle Sarmiento. A las 19:21:15, el subcomisario Weber ha visto ya dos personas tiradas en el piso. Lo cual parece señalar a Galli y Márquez, antes que a los otros heridos: Paula Simonetti y Paulo Córdoba. Tras la modulación con Weber, el operador de la DGO (Passi) informará a la red: "El COF 2 ahí está con inconvenientes a la altura de 9 de Julio y Sarmiento ya..., ya se retiró del lugar pero hay un grupito ahí que está produciendo incidentes". Son los manifestantes que huyeron en desbandada cuando Oliverio y sus hombres les dispararon a mansalva y regresan ahora para putear a los asesinos, como se puede ver en las cámaras del Ojo Obrero, una de las tantas coberturas alternativas que recorrieron las calles durante la masacre. Putean al móvil, *con inconvenientes* según la metodología de la modulación..

Las imágenes del Canal 4 policial, sumadas a las de Ojo Obrero y ADOC (Asociación de Documentalistas) y ocho testimonios directos y coincidentes, permitieron procesar a cuatro policías: el comisario Oliverio, Carlos José López, Ariel Gonzalo Firpo Castro y Eugenio Figueroa. En sus indagatorias negaron usar postas de plomo en las escopetas 12/70; arguyeron que habían tirado con balas de goma y sólo al aire. Se demoraron relatando su actuación frente al incendiado McDonald's de la avenida Corrientes (que ocurrió una hora después) y pasaron a vuelo de pájaro por el lugar y la hora del crimen. Sin ver, naturalmente, a Márquez y Galli tirados en el cantero, como sí los vio el subcomisario Weber. Para explicar su precipitada huida a contramano por la calle Sarmiento, dijeron que era a causa de los disturbios y la agresión de los manifestantes. Los disturbios ocurrían a cien metros, en el Obelisco y los manifestantes recién insultaron a la policía cuando se enteraron de que, una vez más, había heridos de bala y muertos.

***

De la Rúa *kaputt*. El gobierno de la Alianza comenzó reprimiendo y terminó reprimiendo. Debutó con los dos muertos de Corrientes y se despidió con los treinta y tres que cayeron el 20 de diciembre. Todos ellos, sacrificados en el altar de la renta financiera.

TERCERA PARTE

EL PRISIONERO DE CHAPADMALAL

26
EL PALACIO

EL ADOLFO EN LA TINIEBLA

"Dice ser y llamarse: Adolfo Rodríguez Saá, argentino, nacido el 25 de julio de 1947 en la Pcia. de San Luis, de profesión abogado, con domicilio real en la calle Mitre 1074, Pcia. de San Luis. Manifestando leer y escribir.

"Luego de hacerle saber los hechos investigados en autos, se lo invita a expresar todo cuanto conozca acerca de una presunta conspiración para forzar el alejamiento del Dr. Fernando De la Rúa de la Presidencia de la Nación, como así también el suyo en su calidad de Presidente de la Nación electo por la Asamblea Legislativa. Responde:

"Con respecto a la renuncia del Dr. De la Rúa, fue definitorio (sic) los hechos de violencia acaecidos en el último día de su gobierno en la Plaza de Mayo con secuela de muertes y la falta de apoyo de los líderes parlamentarios a la convocatoria efectuada por el ex presidente De la Rúa a primera hora de la tarde. Con respecto a mi renuncia fue definitoria la reunión celebrada en Chapadmalal el día domingo a las 15 hs. Con un conjunto de gobernadores.

"Preguntado por S.S. para que diga cuál fue el desarrollo del desempeño de su seguridad personal durante su gestión como Presidente de la Nación, responde:

"Mi seguridad personal desde el momento que asumí estuvo a cargo de la Policía Federal Argentina. Se desarrolló con normalidad y con los inconvenientes propios que puede generar una personalidad diferente que la de la anterior gestión. (No obstante...) Debo destacar que el viernes 28 (de diciembre de 2001) yo estaba en la residencia presidencial de Olivos, y la Policía Federal me iba pasando un parte sobre la evolución de la situación en los diferentes escenarios donde se desarrollaban cacerolasos (sic) o manifestaciones, *notando que a partir de un determinado momento, tal vez a la 1:30 de la mañana, no hubieron más partes ni personal a la vista en la residencia de Olivos, lo cual era llamativo porque aún en las puertas de Olivos se sentía el ruido de las pacíficas manifestaciones de los vecinos que reclamaban.*

"*Otro hecho significativo, fue el llamado corte de luz que se había producido en Chapadmalal, en todo el complejo turístico, cuando yo llegué con una pequeña comitiva al chalet presidencial en horas de la noche del día sábado.* Informó la custodia que se trataba de un corte circunstancial. Yo iba acompañado por el Secretario General de la Presidencia, Lic. Luis Lusquiños y por mi hermano el Dr. Alberto Rodríguez Saá. *Nos quedamos en oscuras (sic) sentados en el living y como estábamos muy cansados, mientras esperábamos el retorno de la energía eléctrica, nos quedamos dormidos.* Cuando nos despertamos, y vimos que el corte se prolongaba, decidimos irnos a dormir cada uno a su respectiva habitación.

"Al día siguiente, domingo, había una pequeña manifestación en la puerta de Chapadmalal reclamando por la apertura de la hotelería que el anterior gobierno había resuelto que no se habilitara durante la temporada por razones económicas. Ya se encontraba en el chalet presidencial el Secretario de Turismo de la Nación, Daniel Scioli, quien me había advertido de la manifestación y de que su secretaría estaba en condiciones de resolver el problema y que se iban a abrir los hoteles y se iba a restablecer la actividad. Le pedí que se reuniera con los manifestantes, lo que el Sr. Scioli hizo y éstos recibieron con mucha alegría la buena noticia.

234

"Aproximadamente a las 4 de la tarde, media hora después de haber comunicado a los gobernadores que asistían a la reunión que si no contaba con apoyo, mi decisión era renunciar ese mismo día a la Presidencia de la Nación, *el encargado de la custodia me comunicó que la situación en la puerta era de suma peligrosidad, que ellos no podían garantizar la seguridad del Presidente ni de sus acompañantes, que debíamos evacuar en forma inmediata el chalet presidencial.* Estaba en presencia del gobernador de Formosa, Dr. Gildo Insfran, y del gobernador de la Rioja, Lic. Mazza, y yo le pregunté cuál era su consejo para la emergencia que él me planteaba. *Me dijo que debíamos evacuar en forma inmediata. En ese momento, dudé por un instante cuál era la actitud correcta que debía asumir y pensé que debía aceptar el consejo técnico que me daba la custodia presidencial.* Comuniqué a los funcionarios que me acompañaban que íbamos a hacer así, y procedimos a subirnos al auto.

"*Sobre el asiento en el que yo me debía sentar había un chaleco antibala, que el jefe de la custodia me aconsejó me pusiera. Yo lo puse a un costado y no me lo coloqué.*

"Salimos de Chapadmalal a una alta velocidad por una puerta lateral del complejo. Desde allí nos dirigíamos al aeropuerto de Miramar, pasamos frente a la manifestación. Estimo que no serían más de 20 o 30 personas. (...)

"No tengo explicaciones por qué estaba cortada la luz y por qué no se podía restablecer el servicio, ni tampoco puedo opinar sobre la exacta peligrosidad de la manifestación existente en la puerta de Chapadmalal. *Sí recuerdo y quiero agregar que todo esto iba acompañado por una transmisión en directo en forma casi permanente de Crónica TV, que hacía dos días que lo único que transmitían eran caserolasos (sic) y manifestaciones, y que inmediatamente después de mi renuncia empezó a transmitir noticias de Cuba o festivales de música, pero nunca más pasaron caserolasos en forma permanente e ininterrumpida. (...)*

"Preguntado a instancias del Sr. Fiscal para que diga en qué momento refirió a los gobernadores que si no tenía el apoyo de ellos, iba a renunciar al cargo de Presidente de la Nación, responde: fue a las 15:30 hs. En Chapadmalal, cuando no recibía el apoyo ni siquiera de los gobernadores presentes (...)

"Preguntado para que diga si existió algún motivo especial para que se retirara en automóvil de Chapadmalal, responde: Me retiré en auto, porque no tenía otra forma. No había helicóptero. El único helicóptero era en el que había llegado el Dr. Ruckauf, que se había retirado minutos antes.

"Preguntado para que diga si Carlos Ruckauf le ofreció traslado en el helicóptero de la gobernación, responde; No, yo me había retirado del lugar donde ellos estaban reunidos. Los dejé deliberando y Ruckauf fue el primero en retirarse, tal vez diez o quince minutos después, y se fue sin despedirse.

"Preguntado para que diga si puede describir pormenorizadamente la actitud del nombrado Ruckauf ese día en Chapadmalal, responde: Llegaron todos como enojados, como si yo les hubiese hecho algo, reclamándome como si yo gobernase desde hacía muchos años, y no hubo ni la menor buena voluntad para apoyarme, salvo la actitud posterior del gobernador de La Rioja y de Formosa, que sí se mostraron desde el plano personal, solidarios con mi persona, y por cierto la gobernadora de San Luis.

"Preguntado a instancias del Sr. Fiscal para que exprese los motivos por los cuales decidió efectuar su renuncia al cargo de Presidente de la Nación, en la provincia de San Luis, y si ese día temió por su integridad física o por la de sus familiares, responde: Mi renuncia fue realizada en el marco de la más plena libertad personal. (No obstante...) *Debo confesar que por el enrarecido ambiente que se vivía, me pareció más segura la provincia de San Luis para tomar en definitiva la muy trascendente decisión de firmar mi renuncia. Me preocupé mucho por mi familia, que en ese momento estaba en Olivos y la hice llevar a la provincia de San Luis para evitar cualquier inconveniente personal para ellos."*

El ex presidente Adolfo Rodríguez Saá formuló las precedentes declaraciones ante el juez federal Norberto Oyarbide, que investiga el presunto complot en su contra denunciado por Fernando De la Rúa. La audiencia se realizó en los tribunales de Comodoro Py el 30 de abril de 2002 y además del magistrado y su secretario Carlos Leiva, estuvo presente el fiscal Carlos Stornelli, odiado personalmente por Carlos Menem debido a su celo acusatorio en la célebre causa por la venta ilegal de armas a Ecuador y Croacia.

El famoso fiscal algo debía haber escuchado para preguntarle a Rodríguez Saá acerca de posibles amenazas o aprietes contra su familia. Un rumor ominoso había circulado esos días en las altas esferas del peronismo. Lo que se rumoreaba era tan terrible, que posiblemente no era cierto. Y tal vez por esa razón el presunto damnificado no lo denunció ante la justicia. De todos modos, entre lo que había declarado expresamente y lo que sugirió entre líneas, alcanzaba para calificar de mafioso el método empleado para sacarlo a empujones del Palacio.

Es que el poder, el verdadero poder, había cometido un error al permitir que Adolfo Rodríguez Saá fuera elegido por la Asamblea Legislativa, tras el interinato de 48 horas de Ramón Puerta. Los verdaderos electores se decían detrás del trono: ¿Por qué no salió el que estaba preestablecido? ¿Cómo fue que llegó este tipo que no va a devaluar, que no va a pesificar las deudas, que habla de mantener la convertibilidad como el que se fue? El poder suele corregir sus errores de mala manera. En agosto de 1978, el Colegio Cardenalicio encendió la fumata blanca para anunciar que había un nuevo Papa, y asumió el cardenal Albino Luciani, con el nombre de Juan Pablo I. Algo había fallado en el mecanismo de elección: era el equivocado. Corrigieron el error rápido: apenas treinta y tres días después de iniciado su pontificado, el Santo Padre fue encontrado muerto en su lecho. Aparentemente por "causas naturales", aunque el periodista inglés David Yallop escribió un best seller (*In God's Name*) para demostrar que le habían dado un té excesivamente cargado.

Aquí no fueron tan drásticos. Pero el "error" apenas duró una semana.

No está mal revisar esos siete días, para entender qué pasó con el prisionero de Chapadmalal.

27

EL PALACIO

FUMATA BLANCA

La escena le hubiera gustado a Francis Ford Coppola: eran las ocho de la noche y los relámpagos iluminaban la Sierra de Comechingones; uno tras otro los aviones que transportaban a los barones del justicialismo iban aterrizando en la flamante pista de 2.550 metros de largo por 45 de ancho del "Aeropuerto Internacional Valle del Conlara", a unos ciento ochenta kilómetros de la capital puntana, en el microclima paradisíaco de Merlo. Los gobernadores del PJ habían sido invitados con bastante antelación, para inaugurar el nuevo emprendimiento de Adolfo Rodríguez Saá, que reinaba en San Luis desde dieciocho años antes, desde el remoto retorno a la democracia. Nadie podía prever, cuando se hicieron las invitaciones, que el país estallaría justo el 20 de diciembre.

Uno a uno, los gobernadores iban dejando atrás los nervios por las turbulencias del vuelo y se enteraban de que el "señor Presidente", como decían ante los micrófonos (o "el boludazo", como alguno musitó en privado), había renunciado. En el hall que olía a nuevo se abrazaban con el hiperkinético Adolfo, se enceguecían con la proximidad de su sonrisa, se palmoteaban ruidosamente y aprovechaban para averiguar quién había venido, quién había faltado a la cita, quién los había *cagado* o a quién podrían *cagar*. Esa cosa lúdica, lujuriosa, de la política, que los unía y los separaba, más allá del amor y el espanto.

Las ausencias más notorias eran las de Carlos Ruckauf y Eduardo Duhalde, que venían en el avión de la provincia y no habían podido descender debido a la tormenta. También la-

238

mentaron las de los jefes de bloque: José Luis Gioja y Humberto Roggero. En cambio, habían logrado aterrizar los otros dos grandes: el impenetrable Reutemann, la esfinge sin secreto, que parecía la versión momificada de sí mismo cuando era piloto de Fórmula Uno, y el sonriente De la Sota, con su cabellera demasiado marmórea para ser cierta. Carlos Menem había enviado como emisario a su hermano Eduardo. Entre los presentes deambulaba un amigo de Ramón Puerta y del también misionero "Coti" Nosiglia: el inefable "Chupete" Manzano, el del robo para la corona, el que sabía convertir la política en negocios y viceversa. Era el hombre del lobby, del pasillo, imprescindible para el pastel que se estaba cocinando.

Como el horno nacional no daba para inauguraciones festivas, se habían suspendido la cena de gala y las ceremonias. El señor local había dispuesto que sus pares fueran llevados al exclusivo country club Chumamaya, en la ladera del cerro. La cámara de Coppola hubiera seguido a esa caravana de autos de lujo, como el Rover azul que manejaba personalmente Rodríguez Saá, recorriendo los veinte kilómetros que median entre el aeropuerto y el Chumamaya, entre bosques tupidos de molles y de pinos, atravesados de arroyos y cascadas, hasta ingresar al área residencial, con sus modernos chalets de ladrillos a la vista, sus piscinas, sus canchas de tenis, sus antenas satelitales. Coppola habría compaginado en un montaje paralelo las distintas tomas de la caravana nocturna y serrana del poder justicialista retornante, con las imágenes de *Intifada* que a esa misma hora prodigaba la Capital Federal. Esa *vieja puta* de Buenos Aires, odiada y deseada por el Adolfo, por Romero, por Menem y por todos los señores feudales del Noroeste argentino. A esa misma hora, lo mejor de la ciudad masacrada recogía sus muertos, lamía sus heridas y se felicitaba (cándida, pese a todo) por el debut de la democracia callejera.

A pesar de la negación de la realidad a que podía inducir la burbuja aromática de Chumamaya, los hombres del poder estaban muy inquietos: si bien apostaban a la distensión que provocaría la partida de *Luis XXXII*, no sabían hasta dónde podía llegar la protesta del pueblo hambreado. "Es un caos", fue la frase más pronunciada de la noche.

Los gobernadores fueron alojados en las espléndidas cabañas del country pero tuvieron que reunirse fuera del club, en una casa particular con un salón lo suficientemente grande para contenerlos. Subieron a lo alto del cerro, al chalet de don Miguel Ángel Caram, presidente de la institución "Sentir Merlo", que tenía un agradable contrato de prestación de servicios con el gobierno provincial. Luego, en tiempos de campaña, estaría a cargo del centro de información "Adolfo Rodríguez Saá Presidente".

Como la tormenta había suprimido la cena protocolar, que iba a ser al aire libre, tuvieron que conformarse con empanadas y sandwiches. La reunión subsiguiente tampoco fue muy gratificante: estuvo poblada de silencios, de cuchicheos en los balcones, de discursos dobles. Primero discutieron si el justicialismo debía agarrar o no la Presidencia; después, si había que asumirla para completar el mandato hasta el 2003 o convocar a elecciones de inmediato. La respuesta al primer punto estaba *cantada*: aunque fuera una papa hirviendo había que agarrarla con las dos manos. No fue tan fácil definir la segunda cuestión. Kirchner y De la Sota, que no ocultaban sus intenciones de postularse, se negaron rotundamente a que el interino se quedara en la Rosada hasta diciembre de 2003. El santacruceño sostuvo que nadie podría afrontar una crisis política, social y económica como la que padecía la Argentina sin estar legitimado por el voto popular. ¿O querían volar por el aire como De la Rúa? El "Gallego" defendió calurosamente su vieja propuesta de establecer la ley de lemas, para suprimir las elecciones internas, que demorarían la llamada a elecciones generales. Con la ley de lemas pueden postularse simultáneamente para la presidencia distintos candidatos de un mismo partido. Gana el lema partidario que suma más votos entre todos sus candidatos, y el triunfo se lo lleva automáticamente el más votado de entre éstos. La propuesta —que toleró a contrapelo el dueño de casa— desataría horas más tarde una tormenta política con los radicales, el Frepaso y el ARI en la Asamblea Legislativa.

La memoria traiciona, se contamina de subjetividad: Ramón Puerta está convencido hasta hoy de que la mayoría de sus contertulios en Merlo quería que se quedara hasta el 2003. Otros gobernadores —como Rodríguez Saá— han sostenido lo contrario: la mayoría pensaba que Puerta debía hacerse cargo, efectivamente, pero con la condición de convocar a elecciones en un plazo de entre 60 y 90 días. Por eso rieron a carcajadas cuando el ex gobernador de San Juan, el menemista Jorge Escobar, se propuso para sacar a la Patria de la encrucijada.

El yerbatero Puerta, el componedor Puerta que hacía de bisagra entre Menem y Duhalde, el oscuro Puerta que era amigo del general paraguayo Lino Oviedo, el playboy Puerta desconcertó a presentes y ausentes al sugerir que no aceptaría el interinato si no lo dejaban quedarse hasta el 2003. Lo cual significaba que convocaría a la Asamblea Legislativa, para que en 48 horas eligiera al nuevo presidente interino.

Lo dijo a su manera, que no es muy directa, insistiendo varias veces en su frase favorita: "Yo nunca me quedo con lo ajeno". Disimulando sus apetencias con una aprensión histórica: él no podía ser sucesor de Fernando De la Rúa, porque el renunciante diría entonces que había conspirado para voltearlo. Finalmente, por cálculo o simple cortesía, pidió que le dieran tiempo hasta el día siguiente para decidir. Aceptaron tras un largo silencio. La reunión se dividió en varios corrillos, entre los que iba y venía Puerta, secreteando con apartes teatrales de la comedia del arte y soplándole en la oreja al complacido dueño de casa: "Tenés que ser vos".

De la Sota intentó una negociación con Puerta:

—Si necesitás ciento ochenta días, en vez de noventa, estamos dispuestos a dártelos.

El gobernador de Córdoba no usaba la primera persona del plural a la usanza mayestática: lo había consensuado con el Lole, que estaba presente, y por teléfono con el ausente Ruckauf. El gobernador bonaerense libraba una guerra privada con Duhalde, que aún no mostraba sus reales aspiraciones pero trataba —hasta ese momento, sin éxito— de "ordenar el juego".

La reunión terminó pasadas las dos de la madrugada. Puerta durmió unas tres horas en la casa que le habían asignado. Regresó a Buenos Aires acompañado por Eduardo Menem, que le aclaró algunas dudas jurídicas sobre el interinato. Los Menem eran partidarios de que Puerta se quedara hasta el 2003, porque Carlos no podía postularse antes. Había culminado sin éxito el primer cónclave del Colegio Cardenalicio: aún no había fumata blanca.

Regresó al Palacio como el Convidado de Piedra. Eran las nueve menos cinco de la mañana y los granaderos, tiesos, no daban crédito a sus ojos: el renunciante Fernando De la Rúa acababa de entrar a la Casa de Gobierno. Técnicamente seguía siendo el Presidente, pero para millones de argentinos había dejado de serlo la tarde anterior, cuando el Sikorsky levantó vuelo desde el techo de la Rosada. Precisamente la voluntad de conjurar ese imagen lo hacía regresar. Así lo recordaría, ante el Confesor Inesperado: *Otra de las mentiras y fábulas es la del helicóptero. Estaba preparándome para ir caminando hasta el auto y le dije eso a la guardia. Entonces vino la gente de la Casa Militar y me dijo que no, que estaba todo preparado para salir en helicóptero, y que el helicóptero ya estaba en la terraza esperando. Si me hubiesen consultado antes sobre poner un helicóptero en la terraza de la Casa de Gobierno yo no lo hubiera permitido. Pero, bueno, haber subido fue un gran error. Me dijeron que ya estaba en la terraza y que no podía quedarse mucho en esa posición por un tema de seguridad. Por eso acepté subir e irme de esa manera. Porque yo no me iba del gobierno en ese momento, sino que me iba a mi casa, en Olivos. Y estaba dispuesto a volver al día siguiente. Todos los dirigentes justicialistas estaban en San Luis y eso indicaba que no iba a haber Asamblea Legislativa. Entonces, ¿por qué decidieron terminar el gobierno ahí? Lo que pasa es que a muchos les quedaba cómodo poner la foto del helicóptero, diciendo que me iba defini-*

tivamente. Yo era Presidente hasta que me aceptaran la renuncia por medio de la Asamblea. Hasta ese momento yo seguía a cargo. Yo iba a volver al día siguiente para recibir a funcionarios, dejar sin efecto el estado de sitio, saludar a los ministros y, además, para irme dignamente.

Una de las audiencias prefijadas era con el ex presidente español Felipe González, que había llegado a la Argentina en el marco formal de un proyecto de la ONU, aunque viajó en el avión del empresario Carlos Bulgheroni. La jugada había sido pensada algún tiempo atrás, en vísperas del incendio. Felipillo —dijo *La Nación*— acudía para propiciar y avalar una suerte de Pacto de la Moncloa gaucho que no fue. De paso, claro, venía a pedir que no maltrataran a los inversionistas ibéricos y sus miles de millones de dólares metidos en activos fijos que podían diluirse con la devaluación. Fue una entrevista melancólica, como debía ser, plagada de lugares comunes y frases de ocasión. Después De la Rúa autografió fotos suyas para sus colaboradores y se retiró a las once y media. Se fue en coche, como había venido desde Olivos, con el chofer y un custodio. Entre colaboradores llorosos que lo despedían y movileros que se apretujaban en el asedio, sentenció: "Concluyo una etapa de mi vida donde he entregado lo mejor de mí para el país. Quiera Dios alumbrar el camino de la República".

"¿Dónde estoy, en Buenos Aires o en Madrid?", se dijo Ramón Puerta, apenas media hora más tarde, cuando se topó con Felipe González en el despacho que De la Rúa acababa de abandonar. El líder del PSOE posfranquista encendió añejas ternuras en el alma de Puerta, curtida por los negocios y la política: el recuerdo de su abuelo español que había peleado en la guerra civil y se había exiliado en la Argentina tras la derrota de la República.

Más zorro y más viejo que el misionero, González lo conquistó de entrada:

—Mire que yo vi mucho consenso para usted.

Curiosamente, diez minutos después de que González se fue, el interino recibió el llamado de José María Aznar, el primer jefe de Estado que se comunicaba. Era evidente que había hablado con Felipe (que le habría dicho: "Llámalo, que es muy majo") y era más que evidente la ansiedad de los dueños de Repsol, Telefónica, el Banco Francés, el Río y otras empresas.

Pero la agradable sensación que le había dejado el amable encuentro se convirtió en furia cuando supo que De la Rúa había derogado el estado de sitio.

—¡Es un irresponsable! —exclamó fuera de sí. Horas más tarde, lo restableció en algunas provincias que lo solicitaron: Buenos Aires, Entre Ríos y San Juan.

Luego nombró algunos personajes del menemismo en su gabinete, como Miguel Ángel Toma, y convocó a la Asamblea Legislativa. Algún pillo, de esos que no faltan en las alfombras rojas, le dijo al oído que el texto de la ley de Acefalía admitía una trampa: que se quedara todo lo que quisiera como presidente y luego, cómodamente, anunciara que en las próximas 48 horas debía reunirse la Asamblea. No le hizo caso; era listo y sabía que el país *no estaba para esas jodas*.

A las 12:52, el secretario parlamentario Juan Carlos Oyarzúa leyó el texto de la renuncia de Fernando De la Rúa, donde se quejaba precisamente de los líderes parlamentarios. Se alzaron todas las manos para aprobarlo. El gobierno de la Alianza se acababa formalmente con un trámite aséptico, sin aparentes ribetes emocionales. Hasta que alguien divisó al comisario Santos y los jefes de las fuerzas de seguridad en el palco de invitados y estalló la bronca. Los diputados Eduardo Macaluse y Ariel Basteiro, del ARI, comenzaron a gritar: "¡Asesino, represor, que se vaya!". Santos puso su mejor cara de caballo de ajedrez, pero el abucheo se generalizó y tuvo que abandonar el recinto, solidariamente escoltado por los jefes de Gendarmería y Prefectura. Rápido de reflejos, Ramón Puerta, pidió un minuto de silencio para los caídos en las jornadas del 19 y el 20. Antes, sin embargo, no había permitido que Zamora y otros legisladores de la izquierda fundamentaran su voto aceptando la renuncia de Fernando De la Rúa.

La invitación al jefe de la Federal fue interpretada como un desafío y un anacronismo: a esas horas, la jueza Servini de

Cubría ya le había prohibido la salida del país al ex presidente, a Mathov y al abucheado Santos.

Los cardenales justicialistas volvieron a reunirse por la tarde en el Salón Gris del Senado, del que Puerta seguía siendo presidente provisional. La Argentina da para todo: de golpe se había convertido en una suerte de monarquía parlamentaria. Esta reunión en el territorio del misionero contaba más, en términos de poder real, que la formal de la Asamblea Legislativa. El peronismo, con mayoría en ambas Cámaras, debía elegir el hombre y decidir mecanismos y plazos, antes de discutirlos con los otros partidos. Y el poder dentro del peronismo eran esos hombres que cabían en el Salón Gris: los diez gobernadores del Frente Federal; el gobernador de La Pampa, Rubén Marín, que se había abierto del nucleamiento; los gobernadores de Buenos Aires, Santa Fe y Córdoba; los jefes de ambos bloques y dos senadores: Eduardo Menem, en representación del ausente de Anillaco, y Eduardo Alberto Duhalde, en representación de sí mismo.

Puerta ratifica que no se hace cargo de la Presidencia si no se queda hasta diciembre del 2003 y propone a Rodríguez Saá. Al caudillo bonaerense se le cae la comisura izquierda. Es una sorpresa que pone en peligro su proyecto; la jugada que trae *in pectore* es bien distinta: necesita alguien que esté dos o tres meses y llame a elecciones, en las que Duhalde va a ser el candidato. Y no Ruckauf, a quien le comunica de mala manera que Chiche se ha reunido con los intendentes y que éstos han decidido no apoyar la candidatura del gobernador a la Presidencia. "Rucucu", por su parte, le ha sugerido a Puerta que puede ir en tándem con él, como candidato a vicepresidente.

El silencio en el Salón Gris se hace largo, espeso. Se buscan alternativas que eviten una confrontación entre el poder bonaerense (que está secretamente fisurado por la pelea entre el gobernador y Duhalde) y el Frente Federal. Alguno propone al "Gallego" De la Sota como interino y el cordobés rehusa con una sonrisa torcida, porque lo toma como una maniobra para desplazarlo. También le proponen a Kirchner y el santacruceño se niega. Todos miran en dirección al Adolfo. El puntano sonríe; ha dicho antes, en reuniones privadas, que siempre se preparó para el cargo. Él y sus hombres han hecho un intenso lobby antes del cónclave; por ejemplo, al salteño Romero le ha ofrecido ser su canciller.

De la Sota vuelve a sonreír de costado y aclara, por las dudas, que el puesto es por noventa días y que el presidente interino debe ser un "mero administrador" que no puede tomar medidas de fondo y tampoco puede presentarse como candidato.

"Yo dije que aceptaba, pero en ese caso iba a ejercer en plenitud las facultades del Presidente de la Nación, si contaba con el apoyo de los gobernadores", dirá Rodríguez Saá meses más tarde ante el juez Oyarbide y el fiscal Stornelli.

En ese momento le avisan que alguien quiere pasarle un mensaje, aprovecha para ir al baño "y al salir estaba el doctor Ruckauf, (quien) me preguntó si yo estaba de acuerdo en convocar a elecciones y no presentarme, porque él tenía interés de presentarse. Le dije que era un hombre de palabra. Me dijo que me iba a apoyar, me dio la mano y me dijo *Sos el nuevo presidente de la Argentina*".

Regresó al Salón Gris, donde su candidatura ya era imparable.

Sentado a su lado, Carlos Reutemann le preguntó:

—Adolfo, ¿vas a aceptar por sesenta o noventa días y el país está en guerra civil?

Rodríguez Saá lo miró con su gesto característico: los ojos desbordados, los labios estirados, la boca formando un aro de sorpresa. Reiteró su respuesta.

Se produjo otro silencio de cinco minutos, que rompió Carlos Manfredotti, gobernador de Tierra del Fuego, para reiterar la moción de Puerta. Los "federales" se miraron. Néstor Kirchner se levantó, abrazó al puntano y le dijo:

—Felicitaciones, Adolfo: sos presidente.

Todos se levantaron y aplaudieron. Duhalde intentó equilibrar la caída de la comisura izquierda con un forzado rictus de la derecha. La cara, verdosa, parecía sumergida en una pecera.

Cuando iban saliendo, Ruckauf le susurró a Rodríguez Saá: *"Te voy a pedir un favor, es lo único que te voy a pedir, que designes a Juanjo Álvarez en la Secretaría de Seguridad. Le pregunté si era un hombre de su confianza y me dijo que sí. Yo le dije que no tenía ningún inconveniente y lo designé".*

28
EL PALACIO

EL SULKY PRESTADO

El poder es el afrodisíaco más antiguo, desde la remota foresta, antes de la Historia. El de la espalda plateada lo certifica allá en la colina, en el espejo de las hembras sumisas y los otros machos que aceptan la derrota. El Adolfo está impaciente por ponérselo encima, por gozarlo y ríe de excitación, impúdicamente, ante la inminencia de la meta. El sábado a la tarde atraviesa el Salón de los Bustos y le anuncia a los periodistas acreditados en la Rosada que marcha al Senado, de donde regresará como Presidente. Hay algo de candor en la exhibición de su entusiasmo: un político experimentado como él debería saber que ciertas emociones nunca se muestran en público. Después, mucho después, intentará racionalizar el error, asegurando que aquella *sonrisa Kolynos* que sobrenadaba la gesta y la tragedia pretendía contagiar optimismo y esperanza a sus conciudadanos. Lo cierto es que despierta recelos entre sus pares del Palacio y rechazo en la calle, que ha pagado un alto precio para sacarse de encima a Cavallo y De la Rúa.

De cualquier modo, cumple lo dicho al periodismo y regresa como Presidente. No sin algunos tropiezos y zozobras: entre la profecía y su cumplimiento media un agotador debate parlamentario, que empieza a las siete de la tarde del sábado 22 y se prolonga hasta la mañana del domingo 23. Rodríguez Saá está molesto con De la Sota y los otros espaldas platea-

247

das del PJ, por meter en un mismo paquete la ley de lemas con la elección del nuevo presidente. Cuando el cordobés lo consulta sobre el tema, le contesta de mal modo:

—Mirá, Negro, a mí no me vengan con boludeces en este momento: yo me tengo que hacer cargo del país, tengo que preparar el mensaje, tengo que pensar muy bien lo que voy a hacer. A mí estas cuestiones formales de la Asamblea me tienen sin cuidado...

El radicalismo rechaza la reforma electoral, con una altivez que no se compadece mucho con su nuevo mutis por el foro, con su reiterada incapacidad para mantenerse en el puente de mando. Algunos dirigentes del Frente Federal, como Kirchner, hacen notar que detrás de la retórica radical se esconde un temor cerval a presentarse en elecciones anticipadas, donde sacarían un porcentaje ridículo de votos. "Si no les gusta, que vuelvan y se hagan cargo del caos que dejaron", amenaza el interino Puerta. Los "federales" aún no lo saben, pero ya existe un acuerdo secreto entre Duhalde y Alfonsín para salvar a la Corporación. Ese entendimiento entre el radicalismo y el justicialismo de la provincia de Buenos Aires se insinúa en una declaración de Leopoldo Moreau, en la que lamenta la falta de voluntad política para instalar un gobierno de "unidad nacional".

Los Rodríguez Saá, Adolfo y el Gran Hermano Alberto, trabajan a mil, sin dormir durante 48 horas, primero en las oficinas presidenciales de la Rosada y luego en despachos del Senado: puntean el discurso, diseñan un gabinete que más o menos le dé cabida a las distintas fracciones del justicialismo, hablan con los posibles integrantes y discuten algunas medidas económicas con Rodolfo "Rolo" Frigeri, el ex presidente del Banco Provincia. El plato fuerte del mensaje será el anuncio del *default*, que encenderá entusiasmos apresurados en ciertos sectores que se reivindican "nacionales y populares". En realidad, según lo reconoce el propio Rodríguez Saá, la idea de "blanquear" la bancarrota nacional y entrar en una cesación de pagos controlada y negociada con los acreedores, se la habían sembrado dos economistas norteamericanos que visitaron el país: Allan Meltzer y Adam Lerrick, estrechamente vinculados al gobierno conservador de George W. Bush.

Otro *punto g* del mensaje es la creación de la "tercera moneda", que se llamará "Argentino" a secas. El nuevo bono se lanzará para aumentar la liquidez sin emisiones de pesos convertibles que lleven a la devaluación, a la salida del uno a uno. En este caso, el "gurú" que les ha vendido la idea es el periodista económico David Expósito, un amigo del banquero Eduardo Escassany, que tiene un programa por cable. Como premio lo pondrán en el Banco Nación, donde no pasará las 36 horas.

Además de estas cuestiones estratégicas, el dúo fraterno (con el apoyo permanente de Lusquiños y otros fieles de la provincia) se dará maña para resolver cuestiones que parecen menores pero tienen su importancia, como la confección de las listas de invitados puntanos que poblarán de entusiastas las galerías o la repartija de remeras con la leyenda "San Luis" a los empleados del Congreso.

Mientras sigue la catarata de discursos y el PJ no consigue los votos de partidos provinciales que necesita, los hermanos sufren todo tipo de presiones de sus compañeros. Presiones que según el Adolfo encierran "propósitos inconfesables". El senador Duhalde y el presidente de la Cámara de Diputados, Eduardo Camaño (que es un incondicional del *Cabezón*) se instalan cerca del despacho donde aguarda Rodríguez Saá. Los puntanos sienten el aliento bonaerense en la nuca. A cada rato abre la puerta Miguel Ángel Toma, a quien Puerta ha nombrado ministro del Interior por 48 horas, y dice que faltan votos. Hasta que, a las siete de la mañana, el Alberto estalla:

—Bueno, muchachos, si faltan votos, tienen que elegir a otro. Es así de sencillo.

Entonces cesan las presiones. A las nueve y cuarto de la mañana, la Asamblea Legislativa elige presidente a Adolfo Rodríguez Saá por 169 votos a favor y 138 en contra. El "paquete" establece, entre otras cosas, que habrá elecciones, con ley de lemas, el 3 de marzo de 2002.

Apoya la diestra temblorosa en la Biblia y jura. Se escucha decir la frase tantas veces repetida: "Si así no lo hiciere, Dios y la Nación me lo demanden". El director del cuerpo de taquígrafos, Rubén Marino, anota: "Aplausos prolongados en las bancas y en las galerías". El Gran Hermano lo mira emocionado y sonríe para adentro: es obvio que el Adolfo debe jurar por los Santos Evangelios, aunque para él la Biblia no sea más que un bello relato de ciencia ficción. El presidente de la Asamblea, el justicialista cordobés Juan Carlos Maqueda, dice con la solemnidad del caso:

—Invitamos al señor presidente electo a dirigir un mensaje a la Asamblea.

El discurso es hábil: ens1alza a la calle, levanta la gesta popular, rinde homenaje a los muertos y deplora que las Madres de Plaza de Mayo hayan sido "reprimidas inexplicablemente por las fuerzas de la democracia". A la calle, que condena "por chorros" a los políticos, le manda también un presente de Navidad: el Presidente va a cobrar un sueldo de tres mil pesos mensuales y ese va a ser el rasero para medir a toda la administración; nadie podrá cobrar un peso más.

Mientras se regodea con los aplausos y los vítores con acento puntano de la galería, pasea los ojos por el recinto y tropieza con la cara de fastidio de Raúl Alfonsín. Una cara que parece decir: "Pero si esto no lo hemos hablado. Pero si nosotros habíamos elegido a un Guido". El rechazo al fantasma del presidente de facto José María Guido, el títere de los militares hace cuarenta años, hará que el orador suba el tono épico de su propuesta hasta lograr que el rostro del "Alfonso" se descomponga en una mueca de furia al escuchar la mayor insolencia de la mañana:

—Gobierna desde hoy otra generación.

Luego la furia dejará paso al asombro cuando el orador ponga a buena parte de la Asamblea de pie, sacudida por un aplauso frenético, al anunciar:

—El Estado argentino suspenderá el pago de la deuda externa.

Para aclarar, cuando disminuyen los aplausos, lo que viene en letra chica:

—Esto no significa el repudio de la deuda externa. Esto no significa una actitud fundamentalista.

Alfonsín no es el único disgustado. Felipe Yapur, el cronista parlamentario de *Página/12* observará que "abajo, desde las sillas destinadas a los senadores, Eduardo Duhalde estaba como petrificado. Sin mover un músculo escuchó el discurso y en muy pocas oportunidades llegó a aplaudir".

Cuando el extraño "interino" enumera las medidas económicas, Eduardo Menem se vuelve hacia su vecina de banca, Cristina Fernández de Kirchner, y le comenta en voz baja:

—Pero... este no es un discurso para noventa días; es un discurso para dos años.

—Se equivoca, senador... —lo corrige, riéndose, la senadora por Santa Cruz —...es un discurso para diez años.

El fotógrafo oficial de Palacio, Víctor Bugge, había trabajado duro en las últimas sesenta y tres horas: primero retrató a De la Rúa en la despedida, luego a Ramón Puerta frente al escritorio vacío del antecesor y ahora le tocaba Rodríguez Saá, solo o con su mujer, María Alicia ("Marita") Mazzarino, y sus cinco hijos. Pero tal vez la foto más representativa sea la que tomó a las 11:23 del domingo un reportero anónimo de *Clarín*, cuando el nuevo presidente entró a la Rosada, acompañado por su esposa, y se puso firme (como en la colimba) ante el oficial del Regimiento de Granaderos que le presentó la formación de bienvenida.

Puerta le traspasó la banda y el bastón a las 11:42, la misma hora en que Daniel Vides, fotógrafo de Noticias Argentinas, descubría estacionado junto a la Plaza desierta el Fiat Spazio que comandaba los saqueos en Ciudadela. En el Salón Blanco había muchos invitados, como suele suceder, pero dos muy importantes habían faltado al convite: Eduardo Duhalde y Raúl Alfonsín.

Sin preguntarse si era domingo o lunes, Rodríguez Saá siguió trabajando a un ritmo frenético, salpicado con algunos diálogos en "on y off" con los periodistas, para que ese trabajo luciera. Después de su propio juramento puso en posesión de sus cargos a los integrantes de un gabinete reducido a sólo tres ministros y once secretarios de Estado. Lo presentaba como otro tributo a la austeridad; pero su composición, demasiado heterogénea para resultar eficaz, evidenció el famoso trecho entre el dicho y el hecho. Porque el gobierno de la "nueva generación" incluía varios personajes particularmente desacreditados antes, durante y después de la era menemista. Era el caso del ex gobernador de Santa Fe, José María "Tati" Vernet, a cargo, simultáneamente, de la Cancillería y el Ministerio de Defensa. Vernet había dejado la gobernación en 1987, repudiado por el 60 por ciento de los santafecinos y en medio de múltiples escándalos. En su paso por el vertiginoso gobierno del Adolfo no mejoró el currículum: una de sus primeras medidas consistió en designar a su amigo y socio Hugo Franco a cargo de las relaciones con las Fuerzas Armadas. Designación que se daba de patadas con los elogios a las Madres de Plaza de Mayo, porque Franco tenía vínculos históricos con los marinos torturadores de la ESMA y con el propio Emilio Eduardo Massera. Durante el menemismo había sido secretario de Seguridad y director de Migraciones. En este último cargo fue destinatario de dos graves acusaciones: una por su actitud poco clara en relación con la investigación del atentado contra la AMIA y otra por su participación en el famoso contrato con Siemens para la fabricación de DNI, que había sido anulado por el precio excesivo de los documentos.

En Santa Fe tampoco causó gracia la designación como "secretario de Políticas y Regulación Sanitaria" de Víctor Reviglio, el médico que sucedió a Vernet en la gobernación en 1987. Otra santafecina, Liliana Gurdulich, asumió la Secretaría de Tecnología y Ciencia, presumiblemente para complacer al "Lole" Reutemann. En Mendoza, los caceroleros no festejaron precisamente el nombramiento de Rodolfo Gabrielli como ministro del Interior. El ex gobernador era demasiado movedizo: había sido ministro de Economía cuando José Octavio Bordón comandaba la provincia, luego había pasado a las tiendas del menemismo y finalmente había apoyado a Duhalde en las elecciones del '99. Junto a ellos formaban Juan José Álvarez, el secretario de Seguridad puesto por Ruckauf; Rodolfo Frigeri, un hombre de Duhalde que debía dar alguna explicación por la catástrofe del Banco Provincia que había presidido durante los años de oro, y el secretario de Turismo, Daniel Scioli, designado para darle el gusto a Carlos Menem. El Ministerio de Trabajo fue ocupado por Oraldo Britos, un puntano de 68 años, con mucha experiencia en la burocracia sindical y política, que había sido decisivo para el ascenso del Adolfo en 1983. Junto a él venían los incondicionales de la provincia como Lusquiños, a cargo de la Secretaría General de la Presidencia; Graciela Corvalán, secretaria de Obras Públicas, y Carlos Sergnese, a quien le encomendaron la SIDE. Sergnese era senador por San Luis, igual que "el Alberto", cuando estalló el escándalo de los sobornos; ambos se negaron en ese momento a presentar su declaración jurada de bienes.

Había apenas tres excepciones en este gabinete con escasa novedad "generacional", si por "generacional" se entendía gente poco o nada comprometida con las prácticas deleznables que habían desembocado en la crisis generalizada de la clase política.

La nueva secretaria de Cultura y Medios de Comunicación, María Teresa González Fernández ("la Colorada"), una mujer inteligente y audaz, con méritos propios que trascendían su vínculo marital con el entonces vicegobernador de Buenos Aires, Felipe Solá.

Jorge Taiana (hijo), el flamante secretario de Derechos Humanos, tenía pergaminos de sobra para el cargo: había sido militante en los setenta y preso de la dictadura militar y, más recientemente, había cumplido una tarea seria y eficaz como secretario ejecutivo de la CIDH en Washington. Inicialmente Rodríguez Saá le había ofrecido el puesto al periodista Horacio Verbitsky, que preside el CELS. Verbitsky no lo aceptó y sugirió el nombre de Taiana, hijo del médico de Juan Perón.

Alberto Zuppi, el nuevo secretario de Justicia y Asuntos Legislativos, también gozaba de un gran prestigio como especialista en derecho internacional y se ubicaba en las antípodas de Hugo Franco: junto con el abogado Pablo Jacoby era uno de los letrados de la agrupación Memoria Activa, que congregaba a los familiares de las víctimas por el atentado contra la AMIA. Como representante legal de las embajadas de Alemania, Suiza e Italia había tenido importante actuación en la extradición de dos famosos criminales de guerra nazis: Erich Priebke y Joseph Schwamberger. A Zuppi lo había nombrado directamente el nuevo presidente, del cual era asesor legal. Algunos observadores se preguntaban qué pasaría cuando Zuppi, un defensor del principio de extraterritorialidad para juzgar a quienes han perpetrado crímenes de lesa humanidad, otorgara la extradición de militares argentinos requeridos por la justicia de Francia, España o Italia y Hugo Franco se opusiera para no irritar, por ejemplo, al general Brinzoni. Aunque la verdad es que Hugo Franco no estaba allí sólo para eso, sino para una tarea ante la mayoría menemista de la Corte Suprema, en la que estaba directa y personalmente interesado el Presidente.

Además de los oscuros del gabinete, los periodistas detectaron una presencia que le resultaría decisivamente dañina al nuevo gobierno: la del ex intendente Carlos Grosso, que había salido eyectado nueve años antes de la municipalidad en medio de una serie de escándalos y causas judiciales por presuntos actos de corrupción. Menem, que lo odiaba, lo había dejado caer de mala manera para tratar de limpiar la imagen de una administración central que despedía un fuerte vaho de podredumbre. No era, precisamente, lo que los caceroleros porteños podían considerar un hombre de "la nueva generación".

Pese a la contraindicación de Puerta, que seguía preocupado por la seguridad interior, Rodríguez Saá tuvo el tino de levantar el estado de sitio en las tres provincias donde subsistía, previa consulta con los gobernadores. También dejó cesante al abucheado comisario Santos. A sugerencia de Juanjo Álvarez, designó como jefe de la Policía Federal al comisario Roberto Giacomino, que había estado largos años a cargo de la custodia de Ruckauf cuando el político de "la mano dura" presidía el Senado, hasta llegar a formar parte de su círculo áulico.

Cuatro horas después de jurar en el Salón Blanco, el Adolfo recibió informalmente a la joven periodista Paola Juárez, de *La Nación*, siempre bien informada con relación a las internas del PJ. Paola lo encontró repantingado en el sillón verde del despacho presidencial, agotado porque se la había pasado en vela en un despacho del Senado, sin el saco, con la camisa arrugada y bastante transpirada, aunque tuvo el buen gusto de no escribirlo. Es que reinaba un calor infernal en el lugar: como De la Rúa había tenido problemas de pulmón, no funcionaba el aire acondicionado. Ya Puerta se lo había advertido a Rodríguez Saá: "Ni en Misiones me he cagado tanto de calor como en la Rosada".

De pronto el Presidente abrió los brazos, saltó del sillón verde y le dijo:

—Al final soy el único que me banqué suspender el pago de la deuda externa.

Un televisor mostraba su propia imagen en el discurso de marras. El Adolfo se volvió a sentar. "De golpe entró un mozo y el nuevo presidente le hizo el primer pedido: '¿Se podrá comer acá? 'Sí, lo que quiera, enseguida le preparamos el almuerzo', contestó, dispuesto, el mozo. 'Queso, tráigame queso, si hay y agua", ordenó el ya ex gobernador de San Luis". "Distendido y sin abandonar ese rostro de felicidad que exhibió en las últimas 48 horas explicó a *La Nación* cómo encarará su gobierno: todo el tiempo tomando medidas que, según él sorprenderán a la gente". Aquí la cronista incorporó un dato clave: "La jugada de suspender el pago de la deuda externa fue consultada, según pudo saber *La Nación* de uno de los nuevos ministros, con importantes funcionarios de los Estados Unidos. La misma fuente destacó que, tras el discurso presidencial, llegó una buena señal desde Washington".

Debía ser cierto, porque mientras comía queso roquefort y gruyere y dialogaba con la periodista, esperaba la primera visita oficial de su gobierno: la de James Walsh, el embajador de Estados Unidos que le traía, como lo declaró el diplomático a la prensa, un mensaje del presidente Bush, donde sólo había fórmulas amistosas, referidas a la estrecha asociación entre Estados Unidos y la Argentina y ninguna referencia al *default*. Nadie lo sabía todavía, pero Bush y el caudillo de San Luis habían hecho buenas migas, algún tiempo antes, cuando el norteamericano todavía era gobernador de Texas. En ese encuentro, ambos se habían confesado sus respectivas ambiciones presidenciales.

Para equilibrar la visita del poder real, el Adolfo se dio "un baño de pueblo" y recibió a los sindicalistas Moyano, Daer y Barrionuevo. Este último figuraba en un informe secreto del anterior gobierno, como uno de los promotores de los saqueos.

El poder es un sistema de símbolos, una articulación de metáforas que no siempre se corresponden con realidades gratificantes. El chalet de Olivos, en medio de tanta mudanza precipitada, seguramente no estaba en mejores condiciones que el departamento de los Rodríguez Saá en el Barrio Norte. Pero él tenía que dormir con su familia en Olivos esa misma noche, aunque todo estuviera patas para arriba. Había enviado a la fiel y eficaz Matilde Daract a que le diera una mano a Marita para poner en orden la Residencia. Pero no bastaba con dormir allí: era preciso que todo el mundo se enterase. Por eso celebró que Mariano Thieberger, un periodista de *Clarín*, le preguntara si pensaba dormir en la quinta presidencial.

—Primero voy a trabajar acá todo el día y después sí voy a ir a Olivos, porque soy el Presidente. A ver si lo entienden de una vez: yo soy el Pre-si-den-te.

Entendieron el silabeo: Paola Juárez escribió que Rodríguez Saá no parecía "dispuesto a abandonar el poder dentro de 90 días". Felipe Yapur reprodujo en *Página/12* una anécdota muy ilustrativa que le contó un diputado de San Luis: "Es un tipo de manías extrañas. Por ejemplo, si alguien le presta un sulky, luego no hay Dios que lo obligue a devolverlo".

Algunos empezaron a pensar, ya en ese momento, cómo obligarlo a devolver el poder que le habían prestado.

29

LA CALLE Y EL PALACIO

OPERACIÓN IMPUNIDAD

*La respuesta fue siempre el silencio. La clase que esos gobiernos re-
presentan se solidariza con aquel asesinato, lo acepta como hechura
suya y no lo castiga, simplemente porque no está dispuesta a castigarse a sí misma.*

RODOLFO WALSH, *Operación Masacre*

Mientras el Palacio repara la tela de araña dañada por el
viento del pueblo, dos jóvenes conversan para este libro: el periodista Mauro Federico y el "Tinta" Martín Galli, el chico de
las rastas.

M.F.: Te preguntaba por los agresores, si supiste algo de
quienes...

M.G.: Mirá, no quería saber el nombre porque... no quería
agregar un nombre a mi cabeza... eh... Después me lo dijeron,
ahora me lo olvidé.

M.F.: No importa, lo tengo registrado. No así el que le dispara a Márquez.

M.G.: Al que le dispara a Márquez lo soltaron, por falta de
mérito o algo así. Yo además no quería... De noche casi no podía dormir, porque tenía como miedo de que aparecieran los
tipos, entonces estaba como cubriéndome de eso, de toda la
historia, no quería ni saber el nombre, nada. Los primeros
días en el hospital los puteaba todo el día a los policías. Mi
psicóloga que le dijo a mis viejos que no me contaran hasta
que yo pregunte. Al final me contaron, sí, me contaron. Al
principio tenía mucha bronca, mucho rencor. ¿Cómo puede
ser que el Estado que tenía que protegerme me estaba man-
dando a disparar en la cabeza? Y estaba volviendo una y otra
vez al momento de las corridas, cuando no nos dejaban entrar

a la Plaza. (Pausa.) Yo no quiero hablar desde la arrogancia de haberme salvado, yo veo que no se lo podría decir a la esposa de Márquez, por ejemplo, pero me gustaría que el tipo me diera la oportunidad de que yo pueda perdonarlo. O sea, no quiero entablar guerras eternas, o...

M.F.: ¿Vos creés que ese tipo está arrepentido de lo que hizo?

M.G.: La verdad que no sé, no sé. No sé si arrepentido, la lógica me dice que si está arrepentido es porque supone que se va a comer unos años preso.

M.F.: Bueno, en la Argentina tenemos la experiencia de gente que nunca se arrepintió de matar miles y hoy igual está en libertad, ¿no?

M.G.: Sí, sí. Yo pensaba todo el tiempo en la calle, en la cama, a la noche: este tipo debe estar en la cama durmiendo... Yo sabía que estaba preso. A más de cincuenta kilómetros no debe estar. Es muy loco, pero es así. Y bueno, ¡qué sé yo!, ¿qué clase de persona tenés que ser para...? Yo entiendo, entiendo la vida, puedo aceptar que haya enemigos. O sea uno luchando con más o menos violencia pero por lo que cree... Pero a mí este tipo me dio por la espalda, yo estaba en total desventaja. No es un enemigo digno, eso es lo que pensé siempre. Yo no busco la felicidad eterna ni un mundo perfecto, yo sé que vamos a tener que estar luchando toda la vida para que eso ocurra y tenemos que aceptar que no va a ocurrir. Está bueno, además, que sea así: si no, sería aburrido, quizás. Pero este tipo me disparó por la espalda y corrió. No es que se quedó y me dijo: "Mirá, yo pienso esto".

A casi un año de las jornadas del 19 y el 20 de diciembre, siento que a Karina Lamagna y su madre, a Eliana Benedetto, a la viuda de Márquez y a tantos otros familiares de las víctimas no les ha llegado ese oscuro día de justicia por el que vivió y murió Rodolfo Jorge Walsh, asesinado entre otros, por el subcomisario Ernesto Weber padre. Tampoco les llegó a los bombardeados del 16 de junio, a los fusilados del '56, a los que cayeron en Ezeiza en junio de 1973, a los acribillados por la Triple A, a los treinta mil desaparecidos. Hay actos parciales de justicia, valiosos en sí mismos, pero manifiestamente incompletos. Desde que tengo uso de razón, ninguna de las grandes masacres de la historia argentina ha sido realmente investigada y castigada. Por la razón que apuntaba Walsh: la clase que prohijó esos crímenes no está dispuesta a castigarse a sí misma. No quisiera pecar de escéptico, pero me temo que la masacre del 20 de diciembre pueda correr la misma suerte. Y que todo termine, como ha ocurrido en tantos casos recientes, con el castigo de algunos personajes secundarios de la historia, que sirven para copiar hasta el infinito el viejo modelo del *loquito suelto*, del que *se cortó por las suyas* e incurrió en "excesos". En la masacre de Avellaneda del 26 de junio de 2002, fue el comisario bonaerense Alberto Fanchiotti. En los "crímenes de la Plaza de Mayo", el "desequilibrado" comisario Orlando J. Oliverio y sus secuaces de Asuntos Internos o el teniente coronel retirado Jorge Eduardo Varando y el subcomisario Omar Bellante, detenidos por el asesinato de Gustavo Daniel Benedetto frente al HSBC. No hay, en cambio, ni un solo detenido por las muertes de Gastón Riva, Carlos Almirón y Diego Lamagna, baleados por policías en las inmediaciones de Avenida de Mayo y Nueve de Julio, alrededor de las cuatro de la tarde. A pleno día y ante cientos de testigos. Ni autores materiales ni autores intelectuales. A pesar de la promesa de investigar "hasta las últimas consecuencias" que la juez federal María Romilda Servini de Cubría le hizo a la hermana y la madre de Lamagna a pocas horas de recuperar el cadáver de Diego.

Estas tres muertes constituyen el nudo de la masacre y su misterio a la luz del día encubre las causas y las responsabilidades. No estamos aquí ante hechos aislados, puntuales, desvinculados entre sí: ocurren casi a la misma hora, en el mismo lugar, por las mismas causas y con los mismos protagonistas. El contexto político está dado por el discurso del Presidente, que trata desesperadamente de mantenerse en el poder y no quiere una Plaza de Mayo llena de manifestantes que le piden la renuncia. El contexto operativo es un pico sangriento dentro de una represión que ya llevaba varias horas desbordada. Un ataque policial masivo y a mansalva que produce decenas de heridos de bala y lesionados de todo tipo entre los manifestantes. Como lo han dicho las querellas y lo admitió la Sala Primera de la Cámara Federal: si no hubo más muertos en ese escenario fue "por milagro".

Nada más lejano del accionar amorfo y desorganizado que la doctora Servini le atribuyó al accionar policial. Por el contrario: hay aquí una estrategia, una táctica, una metodología operativa que, en una institución vertical, como es la Policía Federal, supone órdenes bajando por una cadena de mandos. Y una ideología: esa costumbre de matar de quienes perpetraron las otras masacres históricas, que algún día deberá ser erradicada por la democracia argentina.

¿Qué hizo hasta ahora la justicia? Poco después de iniciadas las actuaciones, la doctora Servini de Cubría, a cargo del Juzgado Federal N° 1, dividió la causa original en dos partes. A los fiscales Horacio Luis Comparatore y Patricio Evers les encomendó la investigación sobre los hechos puntuales que se sucedieron en los alrededores de la Plaza de Mayo y el Obelisco. Cualquier incidente producido en ese lugar —ya se trate de muertes, heridos o saqueos— quedó bajo la lupa de la Fiscalía Federal N° 5, en un expediente que lleva el número 5624 y está caratulado "Represión policial del 19 y 20 de diciembre de 2001". Ella se reservó en exclusiva la causa 5622 que reza: "Responsabilidades políticas en la represión del 19 y 20 de diciembre de 2001". No hace falta ser jurista para entenderlo: quería ser ella la que revisara el cableado que conduce al poder, donde los cortocircuitos podrían provocar incendios devastadores. Esta reserva en exclusiva molestó a los acusadores, que se sintieron marginados de un aspecto sustancial de la instrucción. ¿Cómo podían analizar los delitos perpetrados en la represión, desligados de los móviles profundos que habían llevado a cometerlos?

No sería la última controversia: volvieron a chocar cuando la doctora Servini resolvió acotar la indagatoria de Fernado De la Rúa y su ex ministro del Interior Ramón Mestre, al tema de los 29 detenidos que fueron puestos a disposición del PEN mediante el decreto 1682. La sospecha era que la norma venía a convalidar arrestos ilegales. De la Rúa argumentó que las personas pasan a estar efectivamente a disposición del Poder Ejecutivo cuando se firma el decreto y que él lo hizo recién a las siete de la tarde, cuando muchos de ellos ya habían sido liberados. En dos escritos, uno espontáneo, elaboró la teoría de la conspiración para derrocarlo, señalando como sospechoso principal a Carlos Ruckauf. La teoría del complot ya había dado origen a otra causa judicial, sustanciada por el doctor Norberto Oyarbide, a cargo del Juzgado Federal N° 5.

Los fiscales querían ampliar el marco procesal para que De la Rúa y Mestre fueran indagados principalmente por los homicidios.

En su primer escrito, además de elogiar a Su Señoría por su actuación "en el lugar de los hechos", De la Rúa sostiene que recién a la noche (en realidad, la medianoche) el secretario de Seguridad, Enrique Mathov, le confirmó "la existencia de muertes". En ese mismo documento recuerda que varias horas antes, cuando pronunció el último discurso, alguien le dijo que la televisión hablaba de muertos. Le pidió entonces a Mathov que se comunicara con el jefe de Policía y Santos le contestó "que no". Parecen excusas de alguien que conoce muy bien la causa y los vericuetos procesales. La televisión argentina puede ser confiable o no, pero los noticieros chequearon su información con el SAME. A las seis de la tarde, muchos periodistas teníamos en nuestro poder listas parciales, con algún error en los nombres. En un escrito espontáneo, fechado a mediados de mayo de 2002, deslizó esta frase antológica: "Esa mañana nada hacía pensar en una jornada con problemas graves".

Esta sorprendente afirmación ponía en entredicho la teoría del complot pero, además, se contraponía con lo ocurrido en la madrugada del 19 al 20, cuando el manifestante Jorge Demetrio Cárdenas fue herido gravemente en las escalinatas del Congreso. Podía replicarse que "todo hacía pensar en una jornada con problemas graves".

En síntesis: ni De la Rúa ni Mestre tuvieron mayores contratiempos con la doctora Servini de Cubría, pero no por falta de pruebas en lo que respecta a los múltiples homicidios, sino porque ni siquiera fueron investigados en relación con esos hechos. Como si la decisión política no tuviera, muchas veces, un efecto letal.

Mathov, a juzgar por uno de sus escritos, pertenecía a un gobierno distinto al de Fernando De la Rúa. Para él, la jornada apuntaba complicada: con grupos violentos "que pretendían atacar e incluso copar la Casa Rosada". Para el funcionario fue claro el arribo de gente "violenta y organizada" que buscaba "el caos y la destrucción" y no se detuvo incluso cuando el Presidente renunció. Como secretario de Seguridad tampoco parecía muy informado: a las 19, el jefe Santos le habló oficiosamente de dos muertos que estarían en el Argerich. Es curioso: en el cuaderno del Hospital de Agudos Dr. Cosme Argerich está consignada la muerte de Diego Lamagna, a la hora 16:45. En la misma hoja figura la muerte de Marcelo Riva a las 16:30. Hay un sello oficial del doctor Gustavo A. Flageat, "médico cardiólogo". Pero Mathov recién se enteró, de manera más precisa, alrededor de las once de la noche, cuando declaró por primera vez ante la jueza Servini de Cubría.

A comienzos de marzo la magistrada le dictó el auto de procesamiento y lo mandó detener. Lo acusó por "incumplimiento de los deberes de funcionario público y omisión de dar cuenta a la autoridad competente sobre detenciones ilegales". Los fiscales consideraron que el ex secretario de Seguridad debía ser procesado como "autor, por omisión impropia, de las acciones homicidas que provocaron la muerte de cinco ciudadanos durante la represión del 20 de diciembre". En una nueva indagatoria se defendió con un argumento increíble: que en la reunión del Consejo de Seguridad realizada a las tres y media de la tarde del jueves 20, se limitó a ordenarle a las fuerzas de seguridad que actuaran de acuerdo con la ley. Es inverosímil (como luego razonaría la Sala Primera de la Cámara Federal) que se haya citado a reunión de Consejo para decir semejante obviedad.

La jueza no le cuestionó la implementación del operativo policial sino la falta de control que tuvo sobre las acciones.

Casi un mes antes, la doctora Servini había ordenado el procesamiento y la detención del comisario Rubén Jorge Santos, acusándolo de los siguientes delitos: "homicidio de naturaleza culposa en forma reiterada, lesiones de naturaleza culposa en forma reiterada, privación ilegal de la libertad, abuso de autoridad e incumplimiento de los deberes de funcionario público".

El ex jefe de la Policía Federal no era muy popular en la repartición: para perjudicarlo y mejorar la propia situación procesal, los quince oficiales superiores que condujeron las operaciones (tanto en la calle como en la Sala de Situación) manifestaron que Santos había dado la orden de desalojar la plaza y practicar detenciones. El más duro fue el comisario aviador Norberto Gaudiero, a cargo de la Dirección General de Operaciones (DGO), quien llegó a sostener que el ex jefe de Policía ordenó arrestos, amparándose en el estado de sitio y desconociendo la exigencia de la jueza para que cesara la represión.

Gaudiero intentó eludir su propia responsabilidad, argumentando que el superior jerárquico lo había desplazado del puesto de comando. La jueza lo tuvo detenido un tiempo y luego lo soltó. La Cámara Federal rechazó el descargo del policía piloto, señalando que Santos no había estado todo el tiempo en la Sala de Situación y que incluso con él presente, Gaudiero mantenía sus funciones. Pero el aviador siguió en libertad.

El 8 de febrero, Servini le negó a Santos un pedido de excarcelación sosteniendo que intentaría eludir el accionar de la justicia. Había una fuerte pica entre ellos, porque Santos le devolvió la gentileza preguntándose qué hacía la jueza en la Sala de Situación en la madrugada del miércoles al jueves. También quiso saber por qué Su Señoría, que estaba en la Casa de Gobierno el jueves al mediodía, no buscó a Mestre o al Presidente para detener una represión que consideraba ilegal.

La decisión de Servini más criticada por los abogados de la

parte querellante fue la "falta de mérito" para los quince comisarios y subcomisarios que estuvieron a cargo de las operaciones represivas: Daniel Juan Fernández, Lucio Tirao, Carlos Alberto Contreras, Daniel Alfredo Mancini, Alfredo Héctor Salomone, Eduardo Mario Orueta, Jorge Alberto Palacios, Próspero Raúl Trezeguet, Alberto Alfano, René Derecho, Daniel Omar Vigliano, Jorge Alberto Bortolini, Víctor Hugo Condinanzo y Raúl Roberto Andreozzi.

En un escrito de apelación, la abogada de la CORREPI, María del Carmen Verdú, que representa a varios querellantes (entre ellos, Martín Galli), cuestionó la decisión que se basó —en gran medida— en el descargo del "Fino" Palacios, según el cual se limitó a recibir y transmitir órdenes. Para la abogada es inaceptable que estos funcionarios hayan actuado como simple "puente" entre superiores y subordinados. "Considerando que estamos tratando la situación de altos jefes de la Policía Federal, que ostentan los más altos cargos y grados, no se puede limitar su responsabilidad a la del 'pibe de los mandados' que lleva y trae sin saber lo que hay en el paquete. Ofende la inteligencia pretender que estos oficiales superiores, con su trayectoria y experiencia, estuvieran repitiendo órdenes sin hacer su propio análisis respecto de su contenido, sentido, oportunidad y legalidad, y sin verificar la forma en que las mismas eran cumplidas. De estarse a lo argumentado en su beneficio, deberíamos concluir que la plana mayor de la Policía Federal está conformada por un gran equipo de incapaces que sólo se limita a transmitir directivas".

Hay solamente seis detenidos en la causa: dos en relación con el asesinato de Gustavo Daniel Benedetto frente al HSBC y cuatro por el asesinato de Márquez y las lesiones graves de Martín Galli. Son los que menos inquietan a los defensores del ex presidente, Mathov, Mestre y Santos: porque parecen hechos extemporáneos, casuales, en la línea de los "excesos" y el "loquito". En un caso aparece como responsable principal un hombre ajeno al dispositivo policial como es el teniente coronel retirado Jorge Varando, encargado de seguridad del HSBC. En el otro, cuatro policías de Asuntos Internos que en vez de salir a impedir los excesos los cometieron porque su jefe, el comisario Oliverio, era un poco "trastornado".

El video del Canal 4 policial y las filmaciones de camarógrafos alternativos (Ojo Obrero y ADOC), que se jugaron la vida para captar esas imágenes, resultaron decisivos para lograr esas detenciones; sobre todo, para sepultar las mentiras de los acusados en sus respectivas indagatorias.

El 26 de julio de 2002, contestando diversos recursos de las defensas y los querellantes, la Sala Primera de la Cámara Federal, integrada por los jueces Gabriel Cavallo y Horacio Vigliani, emitió una resolución que modificó, en buena medida, lo actuado por la jueza. La innovación más espectacular fue la orden de tomarle indagatoria al ex presidente en calidad de imputado por el delito "de homicidio culposo por omisión impropia". Algunos medios lo consideraron un fallo histórico. Para los fiscales fue una reivindicación: si bien ellos aspiraban a un "doloso" para De la Rúa y Mestre, cumplió sus expectativas de que fueran indagados por los crímenes y no sólo por las detenciones ilegales, como había ocurrido hasta el momento en que Servini les dictó la falta de mérito por este último delito, criterio que compartió la Cámara.

También hubo opiniones críticas entre los querellantes. Algún funcionario judicial especuló, con una buena dosis de veneno: "Es que si no le toman indagatoria no pueden luego dictarle el sobreseimiento".

El fallo de la Cámara confirmó las detenciones de los policías de Asuntos Internos: Orlando Juan Oliverio, Ariel Gonzalo Firpo Castro, Carlos José López y Eugenio Figueroa. Pero no encontró mérito para procesar al superior de éstos, comisario Carlos Alberto Zoratto, quien dijo que había ordenado a Oliverio organizar brigadas para "controlar el accionar policial". De las armas y sus cargas no sabía nada, era un tema de Oliverio. La Cámara también confirmó la situación procesal del represor Varando y decretó la detención y procesamiento del subcomisario Bellante. La fundamentación de ambos hechos es la más extensa, prolija y atinada del fallo.

Más polémicas fueron otras resoluciones, amparadas en

amplia literatura jurídica, que favorecieron al comisario Santos, quien quedó procesado únicamente por los delitos de "homicidio culposo (cinco hechos) en concurso ideal con el de lesiones culposas (227 hechos)" y "abuso de autoridad". El cambio de calificación de sus delitos, de "dolosos" a "culposos", le permitió esperar en libertad el procesamiento.

A Mathov le agregaron un nuevo cargo "por homicidio culposo (5 hechos) en concurso ideal con el delito de lesiones culposas (227 hechos)"; le confirmaron la acusación de incumplimiento de los deberes de funcionario público que le había formulado la primera instancia y se le dictó la falta de mérito con relación a su "omisión de dar cuenta a la autoridad competente sobre detenciones ilegales". Pese a la ampliación del procesamiento, los camaristas Cavallo y Vigliani ordenaron su libertad, argumentando que los delitos por los cuales se encuentra procesado "prevén una escala penal que tiene un mínimo de un año de prisión".

La Cámara confirmó la falta de mérito dictada por Servini a los comisarios Gaudiero y Andreozzi, aunque resolvió procesarlos por "abuso de autoridad" y por la posible comisión del delito de "vejaciones", una figura penal que también alcanzó a Santos. La misma figura benefició a los otros trece oficiales superiores que comandaron el operativo, generando preocupación y desaliento en las querellas.

En cambio, fue bien recibida la directiva de los camaristas para que fuera indagado el subcomisario Ernesto Sergio Weber, "porque tuvo un rol preponderante en la represión de los manifestantes, durante la mañana en Plaza de Mayo, y especialmente en la zona de Avenida de Mayo en donde se produjeron homicidios y lesiones aún no esclarecidos durante la tarde". La jueza Servini de Cubría solamente lo había indagado por su actuación durante la mañana, cuando las Madres de Plaza de Mayo fueron violentamente reprimidas. Las querellas van a pedir la ampliación de su indagatoria. Especialmente la CORREPI lo acusa de haber comandado el grupo de policías del cual salieron los tiros que mataron a Carlos "Petete" Almirón.

La causa sigue su curso y los querellantes pugnan por que se llegue bien y pronto al juicio oral. Pero los familiares de las víctimas presienten que está lejano el oscuro día de justicia. En declaraciones a la periodista Adriana Meyer, de *Página / 12*, María Mercedes Riva, la viuda del motoquero Gastón Riva, condensó el desaliento y la sospecha de sus pares: "Me siento muy poco representada por la justicia porque Santos y Mathov pueden volver a la cárcel más adelante, pero es probable que con el tiempo venga también la impunidad".

30

EL PALACIO

RODRÍGUEZ S. A.

El poder mata de muchas maneras, él debería saberlo mejor que nadie. Si a pesar de saberlo se arriesga, debe ser de puro omnipotente: la jactancia del afortunado que presume de siete vidas como los gatos. O tal vez es una cuestión de abolengo, la soberbia del hidalgo provinciano. Porque "el Adolfo", como un personaje de Faulkner, proviene de una polvorienta dinastía que se pierde en los orígenes mismos de su condado de Yoknapatawpha, en la niebla del siglo XVII, el antiguo San Luis de la Punta de los Venados. Con su hermano Alberto se criaron entre óleos y daguerrotipos.

Cinco miembros de la familia fueron gobernadores de San Luis, empezando por Juan Saá, en 1860. Veinte años antes, este caudillo federal había encabezado una rebelión derrotada y tuvo que refugiarse entre los indios, a los que llegó a comandar con el odioso nombre de *Lanza Seca*, debido a su gusto por aplicar a los prisioneros el modo de ejecución conocido como "a lanza seca", que era más cruel que el degüello, por lo lento de la agonía. Tenía mal carácter y odiaba (justificadamente) a los porteños: en 1861 fue nombrado interventor federal de San Juan por el gobierno confederal y su gente mandó fusilar al gobernador

267

Antonio Aberastain (un íntimo amigo de Sarmiento), porque había dado un golpe favorable a la Ciudad-puerto y perjudicial para la Confederación.

Pero los gobernadores que influyeron directamente sobre el presidente interino fueron su abuelo, el "Pampa" Adolfo Rodríguez Saá, que gobernó San Luis de 1909 a 1913, y su tío abuelo, Ricardo Rodríguez Saá, que condujo la provincia desde 1934 hasta 1938. Ambos eran conservadores, aunque no tanto como su nieto, que conservó la gobernación durante cinco períodos consecutivos.

El poder mata, pero primero ensucia; eso lo sabe muy bien el ave incombustible que logró renacer de las cenizas tras la mayor quemazón policíaco-sexual de la historia argentina contemporánea. Las cosas fueron así, o eso parece, porque en Yoknapatawpha nunca se sabe.

El jueves 21 de octubre de 1993, el senador justicialista Alberto Rodríguez Saá causó el enojo del Jefe del Estado, al votar en contra del proyecto de reforma de la Constitución que procuraba facilitarle a Menem la reelección. No contento con optar por el "no", el Hermano Alberto fue esa misma noche al programa "Hora Clave" de Mariano Grondona y reiteró lo que había declarado en los últimos días a varios medios: que el proyecto nacido del pacto de Olivos era un "mamarracho". Su hermano Adolfo, mientras tanto, salía sin custodia de sus oficinas en la gobernación de San Luis, para dirigirse a una cita clandestina con su amante más notoria y estable: la "Turca" Esther Sesín, una tórrida morena de 41 años. Sus seguidores, incluyendo no pocas señoras machistas de la Rama Femenina, le atribuían al "León" como siete relaciones paralelas, pero la Turca, a la que había conocido e incorporado al presupuesto ocho años antes, parecía ser la favorita.

Se encontraron en la cita. El gobernador trasbordó de su auto al de la Turca y se dirigieron, tras algún rodeo prudencial, al hotel alojamiento Y... no C, en el suburbio residencial de Juana Koslay.

Cuando estaban por dejar la suite "Morisco", tras el clásico turno de dos horas, irrumpieron cinco o seis encapuchados que los secuestraron a trompada limpia y los llevaron en vehículos separados a una casa que en realidad estaría ubicada a sólo doscientos metros del hotel, pero que les pareció muy lejana por las vueltas y cambios de vehículos a que los sometieron los secuestradores. Allí los obligaron a desnudarse y subirse a una cama y a escenificar una escena orgiástica, con bicarbonato simulando ser cocaína, un consolador y una pistola, mientras los encapuchados los fotografiaban y filmaban. Según una de las versiones: "Le dicen a la Sesin que saque de su cartera un consolador y se lo ponga en el ano al gobernador". A Rodríguez Saá lo obligaron a apuntar con una pistola a la Turca, como si estuviera totalmente pasado de droga. Cuando estaban por liberarlo, le metieron en la ropa una misiva con el precio de la extorsión: tres palos verdes "para mantener tu imagen pura ante el pueblo", y una ristra de amenazas contra los cinco hijos del secuestrado. Según una versión que circuló en los primeros días y luego se fue desvaneciendo, los secuestradores le habrían dicho, además: "Te vamos a hacer cagar para que no sigan diciendo que el proyecto de reforma constitucional es un *mamarracho*". Ya avanzada la madrugada del viernes 22, los soltaron.

El gobernador esperó hasta el lunes 25 para denunciar el hecho ante los medios, cuando ya San Luis era un hervidero de versiones. Pero el fin de semana no se estuvo quieto; viajó a Buenos Aires para entrevistarse con el presidente Menem, que lo recibió el domingo en Olivos, en una audiencia que según los allegados al puntano no pasó de quince minutos. Rodríguez Saá no quiso dar muchos detalles delante de los funcionarios de seguridad e inteligencia (como el Señor Cinco, Anzorreguy) que Menem había convocado. "No hay confianza", le dijo a *Clarín* uno de los colaboradores del Adolfo.

El lunes, la gobernación de San Luis informó en un comunicado oficial que durante su cautiverio Rodríguez Saá "fue maltratado y denigrado". El ministro de Gobierno, Eduardo Endeiza, agregó que su jefe fue secuestrado para "filmarlo en figuras sexuales forzadas con propósitos extorsivos". El propio maltratado dialogó —a distancia— con los periodistas, en los jardines de la residencia. Tenía el ojo izquierdo amoratado. Según este relato, que luego modificaría sustancialmente, salió de la Casa de Gobierno a las diez de la noche para dirigirse a su residencia en Puente Blanco, a un kilómetro de distancia. Como de costumbre, iba sin custodia, manejando personalmente su Renault 19 azul. En el camino sufrió la clásica encerrona armada entre dos autos. Cuatro desconocidos lo sacaron del Renault, lo encapucharon, lo metieron en uno de los coches y lo llevaron a un galpón donde lo amenazaron, lo golpearon y, según el ministro de Gobierno, "le hicieron tomas en la cama con ciertas connotaciones sexuales".

Hasta ahí no aparecían ni la Turca ni el motel Y... no C. Fuentes de la Casa Rosada, todavía en forma extraoficial, pusieron en duda la versión del secuestro, le asignaron al episodio un carácter netamente "policial" y rechazaron airadamente que tuviera connotaciones políticas. Un informe secreto atribuido a la SIDE dijo que se trataba de una maniobra del propio gobernador para "blanquear la filmación de una orgía de la que habría participado". Otras fuentes del gobierno menemista hicieron trascender que lo habían filmado en un motel con su amante. No faltaron los perversos de siempre que lo dieron por "violado", para sepultar su prestigio machista de caudillo a nivel local y terminar con su posible carrera política a nivel nacional.

El martes 26, mientras la gobernación de San Luis reiteraba por todos los medios que el jefe no había sido violado, la bronca con el poder central subió varios decibeles. Endeiza se comunicó por teléfono con el ministro del Interior, Carlos Ruckauf, y discutieron a los gritos. La tensión recién aflojó cuando Ruckauf acordó enviar a San Luis a su segundo, Alberto Iribarne y al secretario de Seguridad Interior, Hugo Franco.

Al día siguiente, miércoles 27 de octubre, el juez de la causa, Raúl Fourcade (que casualmente era amigo de la infancia del Adolfo), ordenó la detención de cuatro sospechosos, entre los que se contaban Walter Salgado y su hijo Alejandro, de treinta años. Pronto se daría a conocer que el joven Alejandro

Salgado, que se dedicaba a la venta de autos, también era amante de la Turca Sesín y que su padre era el dueño de la casa adonde presuntamente llevaron a los secuestrados en la localidad serrana de Las Chacras. Se perfilaba la sombra de una entrega y una entregadora, que según los investigadores no podía ser otra que la Turca. El defensor de Salgado era Eduardo Agúndez, hermano del diputado nacional del radicalismo Jorge Agúndez. El abogado reveló que su defendido tenía una relación amorosa con la señora Sesín y denunció que había sido torturado por la policía de San Luis.

El jueves 28, Rodríguez Saá dio una extensa entrevista a *Clarín*, en la que subrayó el carácter político del secuestro y dijo que los sospechosos locales habían contado con un *manto protector*. También arremetió duramente contra Ruckauf: "Cuando el ministro del Interior dice que es una cuestión policial yo digo sí, todo es policial, cualquier delito es una cuestión policial, pero esto, además de policial, es un hecho que tiene una trascendencia institucional gravísima porque soy el jefe de un estado provincial de un país federal". Agregó que las declaraciones del ministro le dolían profundamente y rechazó que hubiera una versión alternativa posible, como pretendía el gobierno menemista: "Si no es mi versión, es la de los secuestradores".

El lunes 1° de noviembre, la policía de Rodríguez Saá detuvo al empresario Eduardo Haydar, dueño del restaurante Sir Chaplin y muy vinculado con Amado Rachid, un ex secretario de Gobierno del Adolfo, que se había pasado al menemismo. El juez Fourcade decidió tomarle indagatoria a la Turca Sesín. Ya estaba sobre el tapete el motel Y... no C.

El martes 2 apareció un nuevo personaje en la novela negra: el periodista Alfredo Greco, otro ex amigo del gobernador, que salió a dinamitar la historia oficial. En una extraña conferencia de prensa, tras la cual informó que "pasaba a la clandestinidad", Greco reveló que Salgado había grabado un video donde relataba lo que le había contado su amiga íntima, Esther Sesín. Sin mostrar el video, Greco alimentó la imaginación de los cronistas, asegurando que debía omitir algunos detalles porque eran "muy fuertes". Pero negó que su antiguo amigo hubiera sido violado. A él corresponde el sórdido relato sobre el consolador que se publicó en los diarios nacionales. Rodríguez Saá empezaba a retroceder de la primera versión oficial: en principio debió admitir que la señora Nélida Esther Sesín, que trabajaba ahora como jefa de prensa del senado provincial, había sido "muy amiga" de él y que estaba "seriamente comprometida en el asunto". Pasándose la mano por la barbilla y hablando con ese tono casual y resbaladizo que suele usar para hundir a un adversario, Carlos Menem salió a decir que en la denuncia de Rodríguez Saá aparecían "muchas contradicciones" y ningún "móvil político".

El jueves 4 de noviembre fue más lejos y mostró los dientes a los que hablaban de connotaciones políticas: "Hay algunos estúpidos que están insistiendo con esa afirmación que es totalmente descabellada" y le dio pábulo a los rumores de una posible intervención en la provincia, al decir que todavía no estaban dadas las condiciones. Ruckauf puso lo suyo al recibir a la señora Estela Maris Oddone de Salgado, esposa de Walter y madre de Alejandro. Rodríguez Saá no ayudó mucho a su causa al meter en ella al abogado Pedro Bianchi, que había sido defensor de Massera y del criminal de guerra nazi Erich Priebke. Bianchi aportó como "testigo clave" a Nelson Redes, un abogado ligado al gobernador, quien "reveló" que Salgado le había ofrecido 250.000 dólares para secuestrar al Adolfo y que después habría "plata más grande" de origen desconocido, pero imaginable.

El viernes 5, sumergido de cabeza en un gran papelón, Rodríguez Saa se vio obligado a rectificar su primera versión de los hechos. El ministro Endeiza tuvo que poner la cara para confesar que era falsa e inventar que había obedecido "a una maniobra distractiva" para engañar a los secuestradores. Nadie le creyó, Rodríguez Saá quedó en el aire y la UCR le pidió la renuncia.

Menem sentenció: "Creo que él tendrá que dar las explicaciones sobre esta situación desde hoy en más". Pero el político al cual daba por hundido seguiría a flote hasta llegar a tocar la Rosada en una oleada ascendente, porque era de corcho, igual que él.

Apenas asumió el Adolfo como presidente interino, empezaron a circular denuncias por Internet que calificaban a su largo reinado provincial de autoritario, corrupto y viciado de nepotismo. Feudal, en suma. Esas denuncias, que salvo escasas excepciones no tenían acogida en los grandes medios, eran la contracara de la propaganda *adolfista*, que partía de algunos datos ciertos. Rodríguez Saá seguía ganando elecciones con un caudal superior al 50 por ciento y ese apoyo —reiterado durante casi dos décadas— no podía ser producto de un simple hechizo demagógico sino de realizaciones concretas y un eficaz gerenciamiento del gobernador en ciertos rubros muy visibles: vastos planes de vivienda a pagar en cuotas insignificantes, abundante obra pública y, durante un tiempo (ya concluido), generación de puestos de trabajo mediante el Régimen de Promoción Industrial que produjo una explosión en los '80, cuando al calor de las exenciones impositivas acordadas por la administración central, se radicaron unas 2.000 empresas, de las que hoy restan unas 70. La ley estuvo vigente durante quince años; en 1996 un decreto de Domingo Cavallo prorrogó los beneficios por otros quince años pero sólo a las empresas que se habían instalado con el Régimen de Promoción y seguían produciendo.

Precisamente, una de las denuncias cibernéticas más concluyentes estaba referida a la pesquisa de "Telenoche Investiga" sobre un entramado de corrupción para radicar en San Luis empresas que sólo pretendían evadir el pago del IVA y del impuesto a las ganancias. Venía precedida por este encabezado:

Lee todo el artículo para saber quién es nuestro presidente
De la Rúa era un poroto al lado de este
Que los políticos hagan una declaración jurada de sus bienes
No dejes que te sigan robando
No permitamos que los ladrones vuelvan al gobierno

El viernes 4 salgamos a mostrar nuestro repudio
Ahora vamos por la renuncia de Grosso
Si logramos esto nos van a tomar en serio de una vez

"Telenoche Investiga" llegó a San Luis simulando ser una consultora con dos clientes interesados en radicar sus empresas en la provincia. Allí se entrevistaron con tres personajes, a los que registraron con su cámara oculta. Gustavo Cerioni, funcionario de la Secretaría de la Pequeña y Mediana Empresa de la Presidencia, que había ocupado varios puestos en la administración provincial y, según los periodistas del programa, "es uno de los ejecutores de la política de seducción desplegada por Rodríguez Saá para atraer empresarios, y uno de los especialistas en quebrantar la ley".

Cerioni ofreció transferir a la supuesta empresa de "Telenoche" los beneficios impositivos de otra compañía que ya gozaba del Régimen de Promoción. Para eso había que "armar un decreto a medida", con fecha antedatada, que llevaría la firma del gobernador.

El segundo contacto de "Telenoche Investiga" fue con un señor Silvio Closa, "que ocupa un puesto estratégico en el Ministerio de Justicia (provincial) y es el apoderado de la empresa que quería vender Cerioni". El tercero era nada menos que el escribano de gobierno de la provincia, Rafael Echenique, que mostró a los supuestos interesados "un amplio abanico de ofertas" que iban de 25 a 60 millones. Estas cifras equivalían al monto que el empresario de fantasía ahorraría gracias a la exención impositiva. La gentil intervención de Cerioni les costaría unos dos millones. El valor del retorno para la corona surgía de aplicar un porcentual al beneficio fiscal que podían obtener a lo largo de quince años.

Según el concejal aliancista Hugo Seitúa, las empresas que se radicaron en la provincia "debieron pagar retornos del 10 por ciento".

Una nota del diario *Acción*, de General Rodríguez, reveló —entre otras curiosidades— que luego del incidente en el Y... no C, "San Luis vio construir la que pasó a llamarse la 'Casa del Perdón', una fastuosa residencia amurallada, con salida a dos calles y ubicada a pocas cuadras del centro, que el Gobernador construyó para su mujer, con la que siguió formalmente casado". Más adelante el diario sostiene que el Adolfo vive alternativamente en esa casa del centro, "que tiene 1240 metros cuadrados y cuesta un millón de pesos". "En las afueras de San Luis, sobre el cerro, tiene una chacra de 34 hectáreas con parque, pileta, dique propio y helipuerto. La fortaleza vale dos millones de pesos". El diputado aliancista Juan José Laborda Ibarra, uno de los más tenaces opositores, le atribuye a la familia Rodríguez Saá (solamente en San Luis) un listado de propiedades valuadas en más de 25 millones de pesos. En 1983, el abogado Adolfo Rodríguez Saá, joven apoderado del Partido Justicialista, declaró bajo juramento que tenía una casa hipotecada y dos autos usados. "Alberto también fue acusado de enriquecimiento ilícito. Al asumir como senador declaró una única propiedad, mientras que hoy sería dueño con Adolfo de varias propiedades en Capital Federal y Punta del Este".

Una investigación de los periodistas Martín Sivak y Andrés Klipphan para el semanario *Veintitrés*, publicada el 27 de diciembre de 2001, reveló que la Oficina Anticorrupción "rechazaba la primera declaración jurada del nuevo presidente por la enorme cantidad de imprecisiones que contenía y en el gobierno de San Luis se negaban a facilitar la actual". En esa nota confirman que los hermanos Rodríguez Saá (Adolfo, Alberto y Zulema, que es la que aparece a la cabeza de la empresa Paine S.A.) son propietarios "de los diarios *De la República*, *La Opinión* y el *Expreso*, este último, de distribución gratuita. Zulema es, por ejemplo, la directora del *Diario de la República.*"

Si la prensa es propia, la justicia no parece ajena: Carlos Sergnese, a quien el caudillo puntano entroniza como Señor Cinco al llegar a la Presidencia, en San Luis ha sido presidente del Superior Tribunal y del Jurado de Enjuiciamiento y ha ocupado muchos otros cargos, que no le resultaron incompatibles con el patrocinio letrado del Adolfo en un pleito judicial contra el diario *La Razón*. Según *Veintitrés*, "En San Luis el Poder Judicial tiene la misma fama que la Justicia en el gobierno de Carlos Menem: responder a las necesidades del Ejecutivo". Dan el ejemplo de la jueza Ana María Careaga, que se atrevió a tomar indagatoria al intendente de Villa Mercedes y fue destituida por un jury de enjuiciamiento. "Para conseguir mayoría absoluta en el tribunal, el gobernador disolvió el Colegio de Abogados".

La caridad bien entendida empieza por casa; según el citado *Acción*, el gobernador autorizó la transferencia de más de medio millón de pesos a tres fundaciones presididas por él mismo, su hermano y su esposa. El nepotismo es añejo; en marzo de 1991, el periodista Osvaldo Pedro Herón sostenía en la revista *Humor*: "Repasar el Boletín Oficial desde el 11 de diciembre de 1983 es relacionar vínculos genealógicos y darse cuenta de cómo se gobierna a San Luis. Parientes, amigos-socios, reemplazados que quedan como asesores, asesores que buscan reemplazar..." Según Jaime Emma, autor de *San Luis: La cárcel de los Rodríguez Saá*, el gobernador justificaba la proliferación de familiares en altos cargos del gobierno con esta frase: "¿Y qué quieren que haga, que trabaje rodeado por mis enemigos?".

Emma, abogado, periodista, ajedrecista, pagó con la cárcel sus investigaciones sobre la corrupción en San Luis, adonde había llegado —paradójicamente— invitado por Alberto Rodríguez Saá, que entre sus múltiples hobbies (escribir cantatas a la memoria de Pringles, por ejemplo) se considera un émulo aventajado de Capablanca. Emma salió en libertad tras una gran campaña nacional de la que participaron el abogado Ricardo Monner Sans, Alfredo Bravo, Oscar Alende, Juan Pablo Cafiero y distintas personalidades de la cultura. Él reveló por primera vez que en los libros escolares de uso obligatorio se incluían loas a la familia reinante y que había circulado, con la misma obligatoriedad, el libro *La psicología del puntano*, de Víctor Saá, pariente en octavo grado del Adolfo. En la página 73 dice: "Con el comienzo del presente siglo, se inicia el injerto de colonias italianas, sirias y españolas de baja calidad. Llega la resaca humana; llegan los aluviones de miserables sedientos de oro, y trabajadores por necesidad, carentes de todo ideal nacional y racial. (...) Aparecen entonces los primeros judíos en nuestro medio y prosperan denunciando las mismas condiciones de rapacidad y descubriendo la misma doblez y la misma repulsión universalmente conocidas".

Emma no fue detenido sino virtualmente secuestrado en la capital puntana, aunque por fortuna para él, sin derivaciones pornográficas. Varios pioneros del disenso corrieron la misma suerte: el dirigente peronista Arturo Edgar Petrino, "Caruso" para sus amigos, publicó en 1990 una denuncia en el diario *Puntal* de San Luis, en la que acusaba de "corrupción generalizada" a la administración de los Rodríguez Saá. La denuncia fue apoyada por el fiscal José Alberto Liceda, quien solicitó al juez Guillermo Marcelo Levingston que citara a Petrino para ampliar sus dichos. A "Caruso" le balearon el frente de la casa. Al juez Levingston lo amenazaron por teléfono.

Se ha querido presentar a los hermanos Rodríguez Saá (de manera especial al Alberto) como estrechamente comprometidos con el peronismo revolucionario en la década del '70. Más allá de algún discurso, de alguna frase de adhesión retórica en momentos en que la llamada Tendencia Revolucionaria estaba en alza, no hay nada de eso. Adolfo y Alberto, por ejemplo, no apoyaron en los años de plomo a su primo hermano Ricardo Rodríguez Saá, el famoso "Lobito" de la organización Montoneros, que a comienzos de los '90 sería asesinado por un policía en la calle. Desde mediados de los setenta, el Lobito se pasó largos años preso a disposición del PEN y luego exiliado en Inglaterra. Uno de sus mejores amigos jura y perjura que sus primos lo dejaron librado a su suerte. Es coherente, en todo caso, con cierta misiva exhumada por un especialista en la dinastía.

El su libro *El Adolfo*, el periodista Miguel Wiñazki transcribe una carta que Alberto Rodríguez Saá y otros justicialistas puntanos (como Jorge Niño) le mandaron en plena dictadura al entonces comandante en jefe de la Armada, almirante Emilio Eduardo Massera, acusando a distintas personas por presuntos delitos económicos y actividades "montoneras". "El sentido de este petitorio es requerir de nuestras autoridades y en su caso *el castigo ejemplar, de eventuales negociaciones realizadas en perjuicio del Estado y vinculadas a organizaciones subversivas.* Asimismo, solicitar garantías para los ciudadanos que patrióticamente investigan estas actividades inmorales y procuran su juzgamiento por las autoridades competentes".

Es una lástima que esta carta no fuera conocida por las Madres de Plaza de Mayo cuando fueron recibidas por Adolfo Rodríguez Saá en la famosa audiencia del lunes 24 de diciembre: seguramente, Hebe de Bonafini hubiera podido explicarle al hermano del firmante (y, tal vez, al firmante mismo) qué entendía Massera por "castigo ejemplar" de las "actividades subversivas".

Y qué entiende poética y moralmente el Eclesiastés, cuando sentencia: "por sus hechos los conoceréis".

31

EL PALACIO

LA AGENDA DEL ADOLFO

El presidente por siete días está orgulloso de la agenda oficial de esa semana que muestra lo que más le interesa exhibir: ejecutividad, amplitud de miras, apoyo nacional e internacional a su gestión. La entregó incluso al Juzgado Federal N° 5, del doctor Oyarbide, como complemento de su declaración en la causa del presunto complot. Pese a su lenguaje, rudimentario y burocrático, el magro documento no deja de ser revelador.

Por ejemplo:

DÍA 23 DE DICIEMBRE DE 2001
No había agenda predeterminada. Dada la situación que este
fue el día de asunción.
De todos modos se recibieron importantes llamados:
Dr. Fernando De la Rúa
Dr. Domingo Cavallo
Dr Chrystian Colombo
Presidentes de Bolivia D. Jorge Quiroga, Uruguay D. Jorge
Battle
Recibió la visita de:
Daer, Moyano y Barrionuevo
Cena en Olivos con gabinete

DÍA 24 DE DICIEMBRE DE 2001
09:30 hs. UIA (De Mendiguren y Grupo Productivo)
10:30 hs. Madres de Plaza de Mayo
11:00 hs. Padre Grazzi, Raúl Portal (Fundación Niños Feli-
ces)
11:30 hs. Embajador de Brasil, Rego Barros
12:00 hs. Asunción del nuevo gabinete
13:00 hs. Dr. Montiel
14:00 hs. Dr. Eduardo Duhalde
15:00 hs. Reunión de gabinete
17:00 hs. Aníbal Ibarra
17:30 hs. Madres de Plaza de Mayo - Línea Fundadora
17:45 hs. Embajador de Cuba, Alejandro González Galeano
18:00 hs. Recibe a piqueteros (D'Elía)
18:15 hs. Partida con destino San Luis

Es revelador que quien le confeccionó la agenda considera-
se "llamados importantes" a los de Cavallo y De la Rúa, cuyos
certificados de defunción política acababan de ser firmados
por la calle. A primera vista resulta ecléctica esa mañana del
24, que combina al Grupo Productivo, la Asociación de Madres de Plaza de Mayo (una visita inesperada) y el veloz "padre Grazzi", que es el famoso recaudador apostólico Julio César Grassi de la fundación Felices los Niños. En cambio, ob-

servada en su totalidad, la agenda del 24 tiene una lógica política muy clara: las Madres de Plaza de Mayo, tanto las de la Asociación liderada por Hebe de Bonafini como las de la Línea Fundadora que conduce Nora Cortiñas; D'Elía y Alderete en representación de los piqueteros y, por si faltara alguien, Alejandro González Galeano, el embajador de Cuba, que solía hablar claro y en el anterior gobierno había sido "congelado" a partir de que Fidel Castro calificara como "lamebotas" de Estados Unidos a De la Rúa y su canciller Adalberto Rodríguez Giavarini. En otras palabras, el flamante presidente recibía visitantes que no conocían el Palacio o llevaban mucho tiempo sin pisarlo; recibía a los sectores contestatarios, a los que expresaban tanto la rebeldía histórica, como la que había brotado en las calles apenas 96 horas antes, provocando la alarma de los sectores dominantes y la atención de Washington, que no quería otro Hugo Chávez en América del Sur.

"Hay que pacificar el volcán", había dicho oficiosamente una fuente gubernamental a un periodista acreditado en la Rosada y Rodríguez Saá se dio a la tarea de inmediato. El lunes, cuando llegó a la Rosada a las ocho y cuarto de la mañana, encontró una gran agitación entre los tipos de Granaderos, la Casa Militar y la custodia.

—¿Qué les pasa? —preguntó el Presidente.

—Es que están las Madres de Plaza de Mayo —respondió un perturbado secretario.

—¿Y...? ¿Cuál es el problema?

—¿Qué hacemos?

—Nada, déjenlas pasar.

—¿Y cómo las tratamos?

—Bien, ¿cómo las van a tratar?

—Pero piden audiencia con usted.

—Bueno, las voy a recibir.

Y las recibió, no frente a la frialdad de su escritorio, sino en un ángulo del largo despacho, al lado de una de las ventanas que dan a la Plaza Colón. Él mismo puso las sillas. Los pañuelos blancos formaron un semicírculo en torno al hombre bajo y cetrino, que escuchó con grave atención todos los reclamos que Bonafini fue soltando, según su costumbre, sin pelos en la lengua. Era tan fuerte el contraste de esa cálida atención con la brutal agresión que habían sufrido cuatro días antes en la Plaza, que aun la dura y fogueada Hebe admitió que salía esperanzada.

Antes de que entraran las Madres había recibido a los empresarios de la UIA, encabezados por un sonriente De Mendiguren, de traje negro y camisa blanca sin corbata. Fue la primera de dos reuniones con el Grupo Productivo, a las que aludiría detalladamente en su declaración ante el juez Oyarbide y en su célebre ironía sobre los "lobbies y los lobos" que no lo dejaron gobernar.

"Durante mi gestión como Presidente recibí fuertes presiones para devaluar por parte del Grupo Productivo con quien mantuve dos reuniones, la segunda en la residencia de Olivos, debe haber sido el miércoles o el jueves a la noche. (...) La primera, apenas asumí, se realizó en la Casa de Gobierno, en horas de la mañana. Se trataron temas generales sobre la economía y la producción de la Argentina, sobre la lucha contra el contrabando, sobre las vías para impedir el ingreso de mercadería de muy bajo precio y baja calidad de los países asiáticos. De todos estos temas generales quedaron mecanismos para trabajarlos. Al final, De Mendiguren me pidió que hiciéramos una reunión en Olivos, más privada, para hablar con mayor confianza. En esa primera reunión no se mencionó el tema de la devaluación. En la segunda, donde se pretendía tener un clima más informal, fue cuando se planteó el tema de la devaluación y la pesificación".

El recuerdo de los visitantes es casi idéntico en lo que se refiere a la primera reunión, con pequeños matices. Le explicaron los problemas del campo; los del sector de la construcción hablaron de sus propuestas para generar empleo y los industriales le dejaron una parva de manifiestos: el liminar del Grupo Productivo, conocido domésticamente como "el documento de Tigre", un texto sobre "Políticas y estrategias para una gestión de gobierno", otro sobre "Conceptos y acciones para un proceso de reactivación" que incluía tablas y fórmulas para calcular el "factor de corrección del tipo de cambio real para el comercio exterior". De Mendiguren hizo especial énfasis en las "Propuestas para el crecimiento", que le habían preparado los economistas de FIDE Héctor Valle y Mercedes Marcó del Pont y que él había leído en Washington, en el auditorio del Banco Interamericano de Desarrollo, ante una calificada audiencia compuesta por funcionarios del Banco Mundial, el FMI, el gobierno norteamericano y el propio BID. Había sido tan elocuente su discurso que el dueño de casa, el economista uruguayo Enrique Iglesias, había hecho un mea culpa en los diarios, reclamando de los organismos financieros internacionales una respuesta "integral" para la economía argentina que incluía la reformulación de la deuda y los contratos de las empresas privatizadas para mejorar los precios relativos y, lo más importante para el Grupo Productivo, "la corrección de la sobrevaluación cambiaria".

De Mendiguren recordó que Iglesias estaba casualmente en Montevideo y sugirió que el Presidente lo invitara. "Claro, que venga, le mando el avión ya mismo", se entusiasmó Rodríguez Saá, ávido por fotografiarse con figuras internacionales. Iglesias vino, pero llegó tarde: el viernes 28, penúltimo día de la agenda, horas antes del nuevo cacerolazo. Llegó para recomendar la devaluación, la pesificación y la renegociación de la deuda. Dicen que se marchó muy contrariado cuando Rodríguez Saá le habló de la tercera moneda. Los intermediarios del Grupo Productivo, que asignaban a Iglesias una gran influencia en Washington, comentarían algunos meses más tarde: "Ahí perdimos la oportunidad del impacto por las noticias que venían de la Argentina. Porque no tenés dos veces para aprovechar el impacto de las muertes, el impacto del desastre, ¿no?"

Las versiones se contraponen al hablar de la segunda reunión, que se celebró el miércoles 26 por la noche con un asado en la residencia presidencial. Este segundo encuentro no figura en la agenda, que reza simplemente: *22:00 hs. Mariano Grondona en Olivos*.

El grupo que se acomodó en el quincho era numeroso y pesado: había representantes de las entidades rurales, de la construcción, del comercio, del sector industrial e incluso algunos banqueros. Nombres ante los cuales temblaba más de un ministro de Economía: Alberto Álvarez Gaiani, Héctor Massuh, Federico "Freddy" Nicholson, Aldo Roggio, Gregorio Chodos, Manuel Cabanellas, Jorge Rendo (del Grupo Clarín), el progresista presidente del banco Credicoop, Carlos Heller y el determinante Sergio Einaudi de Techint. Junto al Adolfo estaba el simbiótico Hermano Alberto y un imprevisto "Tati" Vernet, que llamó la atención de algunos empresarios. Esperaban a alguien de Economía y Adolfo había invitado a un ex gobernador desprestigiado que ahora se ocupaba de la Cancillería y la Defensa.

El clima, según la versión de la UIA, fue cordial. "Y le dijimos que no estábamos con la dolarización, eso es correcto. Pero se habló delante de todo el mundo y él asentía. Estaba lejísimo de ser una imposición. Es más, al otro día llamó Lusquiños para trabajar. La relación fue muy cordial".

Graciosa, con ese toque de Vacarezza que aparece recurrentemente en la historia argentina, fue la invitación a los empresarios para armar mesas de bridge. Porque el Alberto, que presumía de ajedrecista con Lusquiños y otros subordinados que se dejaban ganar; que amaba el básquet hasta el punto de ser dueño de un equipo, el GEPU (Gimnasia y Esgrima Pedernera Unidos), también se tenía fe con el bridge. "¿Vos jugás?", le preguntó a Álvarez Gaiani y Freddy Nicholson. Y le dijo a un secretario que también estaba sentado a la mesa, democráticamente: "Anotá, los miércoles por la noche vamos a jugar bridge". El Alberto, que claramente fungía de anfitrión, estaba decidido a deslumbrarlos y de pronto hizo su aparición una pequeña orquestita de tango, con una chica que cantaba y bailaba. Dijo que los conocía de un bodegón. "Alberto es un hombre de la noche", explicó con admiración uno de los puntanos. Los que habían ido a conversar sobre miles de millones de dólares que danzaban entre lobos y lobbies sonrieron forzadamente ante el irresistible ascenso del grotesco y porque ante el príncipe siempre hay que sonreír, aunque se ponga en pelotas. Luego Alberto y Lusquiños bailaron tango con la chica, mientras De Mendiguren se inclinaba hacia el poderoso Einaudi y le susurraba en la oreja:

—¿Te das cuenta, estos tipos? Llevan cuatro días en el gobierno y ya se instalaron en esta casa como si llevaran cuarenta años.

Adolfo Rodríguez Saá lo recordó de esta manera: "La segunda en la residencia de Olivos, debe haber sido el miércoles o el jueves a la noche. A la reunión asistieron De Mendiguren, Heller, Nicholson, Rendo del Grupo Clarín, Sergio Einaudi de Techint, Héctor Massud (sic), Manuel Cabanellas, Mario Llambía, Aldo Rollo (sic), Álvarez Gianini (sic), Gregorio Chodos, entre otros. Allí tuvimos una respetuosa pero fuerte discusión sobre la devaluación. Me dijeron que la única solución era devaluar y pesificar las deudas. Yo les dije que de ninguna manera iba a hacer eso. Que lo que había dicho en el Parlamento, lo iba a cumplir. El señor Rendo de Clarín había tenido una reunión privada conmigo en Casa de Gobierno, no fue en mi despacho, no recuerdo con exactitud la fecha, donde me dijo que Clarín tenía una deuda en dólares muy grande de más de 3.000 millones y que había que pesificar y devaluar. Era tipo como si pretendiesen darle instrucciones al Presidente. Yo lo interpreté de esa forma, pero como ejercía el cargo con mucha firmeza, no influyó en mí, y les expliqué que iba a cumplir con el mensaje que había dado ante la Asamblea. En la reunión en conjunto el vocero fue De Mendiguren, que lo planteó no de manera tan imperativa, pero que la única solución era ésa. Todos los demás lo avalaron. Lo curioso es que producida mi renuncia, el nuevo presidente, la primera medida y más importante y de catastrófico resultado para la Argentina, fue la pesificación y la devaluación de nuestra moneda, que se sigue devaluando en perjuicio de los intereses nacionales, y termina seguramente de producirse este saqueo al patrimonio nacional con el plan de asumir el Estado nacional la deuda de los bancos, lo cual no tiene ninguna justificación, porque los bancos recibieron los depósitos y deben devolverlos, no tiene por qué asumirlos el pueblo argentino. Nada de esto se podía hacer con mi presencia en la Presidencia de la Nación.

"Debo aclarar que la propuesta de pesificar que había hecho el Dr. De la Sota (en el CFI, antes de la caída de De la Rúa) fue receptada con muchísimo entusiasmo por el gobernador de la provincia de Buenos Aires, Dr. Ruckauf, y por eso se realizó la reunión del día 16 o 17 de diciembre a la que antes hice referencia".

El 24 hizo su entrada triunfal en la Rosada el flamante "cerebro" del equipo de asesores: el ex intendente Carlos Grosso, quien a pesar de su reconocida astucia política pagó tributo a la soberbia porteña y largó ante los periodistas una frase que cuatro días más tarde tendría funestas consecuencias para él y para el gobierno que integraba:

—No me convocaron por mi prontuario, sino por mi inteligencia.

Al atardecer, el Presidente viajó a San Luis a pasar la Nochebuena "en casa".

El 25, Rodríguez Saá regresó a las cinco de la tarde y a las seis presidió una reunión con parte del gabinete para tratar el tema del Presupuesto. En la agenda figura que sólo le dedicó una hora a tan grave cuestión; debe haberla abordado por fuera, porque él sostiene que trabajó "personalmente en el proyecto", junto con Rodolfo Frigeri "y técnicos del Ministerio de Economía, encabezados por un funcionario que creo que era el director de Presupuesto, un experto con más de 20 años de experiencia". Lo dejaron en 38.000 millones de pesos, que aún se cotizaban 1 a 1 con el dólar. Con esa cifra, asegura Rodríguez Saá, les alcanzaba para pagar "el cien por ciento de los sueldos de la administración pública, el cien por ciento de las jubilaciones y pensiones a cargo del Estado nacional, el pacto fiscal con la provincia, las necesidades del PAMI y aún había recursos para planes de viviendas y la generación de un millón de empleos.

"Ahora bien, los cinco mil millones que hay de diferencia entre los treinta y ocho mil millones que yo propuse de gasto y los 43.000 millones que aprobó el Parlamento —el presupuesto de Duhalde y el que proponían Cavallo y De la Rúa— son los cinco mil millones de dólares con que se financia la corrupción en la Argentina".

A las siete, el Presidente recibió a Ruckauf, el que le había hecho la vida imposible como ministro del Interior cuando el escándalo del Y...no C, el que ahora le había metido a Juanjo Álvarez como secretario de Seguridad. En esa audiencia, Ruckauf esbozó una sugerencia que redondearía el viernes siguiente: "Estaba dispuesto a ocupar un cargo importante en mi gobierno y a renunciar a la gobernación de la provincia de Buenos Aires".

Salió Ruckauf y Rodríguez Saá encontró cierto alivio con el siguiente visitante, el embajador británico Robert Christopher.

El miércoles 26, por la mañana, le cayeron dos escualos de grandes dimensiones, Franco Macri y Juan Navarro, interesados en conversar sobre "el tema Correo Argentino y OCA". Una anhelada venta del 70 por ciento de las acciones del Correo a una empresa fantasma del Exxel, International Mail, con sede obvia en las islas Cayman. Una bella fusión monopólica, el viejo sueño yabranista del monopolio postal total, que había sido resistido por el gobierno anterior.

Navarro no era un desconocido para el Presidente: en 1993, el gobierno de San Luis le otorgó la concesión del transporte y la distribución de energía eléctrica a la Compañía Eléctrica San Luis, una unión transitoria de empresas (UTE) conformada por el Exxel y The Argentina Equity Fund, otra sociedad radicada en las islas Cayman. El defensor del Pueblo de San Luis investigó la concesión y detectó serias irregularidades, empezando por la concesión misma que había relegado una mejor oferta de la UTE integrada por operadores chilenos y Benito Roggio. Según la ya mencionada investigación de Klipphan y Sivak para *Veintitrés*, "el domicilio de la adjudicataria fue fijado en el estudio de Víctor Hissa, otro de los abogados de Rodríguez Saá".

El miércoles por la noche, antes de la cena con los empresarios, el Adolfo participó en una reunión muy tensa con los "compañeros gobernadores" del Frente Federal, que se hizo en la Casa de Formosa. Hubo críticas a varias de sus medidas de gobierno y subyacía una espesa desconfianza en el valor de su palabra para cumplir el plazo acordado. El más crítico de los "federales" era NéstorF Kirchner, que ya había lanzado su candidatura. El Adolfo los había convocado para decirles que la ley de lemas podía ser bochada por inconstitucional, ya que la Asamblea Legislativa sólo podía elegir un presidente interino pero no estaba en sus alcances la reforma de la ley electoral. Propuso entonces que le pidieran a Ruckauf y De la Sota que redactaran el borrador del decreto de convocatoria a elecciones, porque tenía información de que se iban a presentar muchos recursos judiciales en contra y él no quería que nadie dudara de su "correcto proceder".

En realidad no dudaban, estaban seguros de que no pensaba cumplir el acuerdo. Entre los gobernadores circulaba un rumor venenoso: el Adolfo había enviado a Hugo Franco para que sondeara a la mayoría automática de la Corte para declarar inconstitucional la ley de lemas. A varios de ellos les quedaba claro ahora por qué había renunciado a la gobernación en vez de pedir una licencia.

La mañana del jueves 27 empezó con una visita que encendió todas las alarmas posibles en el frente bonaerense: el doctor Carlos Saúl Menem regresó (por una hora, apenas) a su añorado Palacio. Las sonrisas fueron elocuentes y el abrazo estrecho; no quedaban recelos ni sombras de añejos pleitos, como el que suscitó en 1993 el secuestro *hard porno* del puntano. Dijo que no había acuerdo entre los dos, pero sí lo había: a Menem le convenía que el presidente interino se quedara en la Rosada hasta el 2003, porque él no podía postularse antes. Frente a esa necesidad del príncipe, el convenio de Rodríguez Saá con los gobernadores justicialistas era papel mojado. "Hay un compromiso inicial que puede o no ser cumplido", declaró el ex presidente a los periodistas con su proverbial cinismo. Además sabía que la alternativa en marcha era el odiado Duhalde, a quien le había cerrado ya dos veces el camino a la Rosada.

Cuando Menem se fue, entraron sucesivamente Nicolás Becerra, el procurador general de la Nación y Nicolás Ciccone, de Ciccone Calcográfica. A las 10:30 recibió un apoyo que también podía leerse como apriete si hacía mal los deberes: el del canciller español Josep Piqué, a quien acompañaba el embajador. Piqué, que ya se había reunido con los directivos de las empresas y los bancos de su país, escuchó y compartió las preocupaciones del bando dolarizador: no a la devaluación, no a la tercera moneda para pagar los servicios de las privatizadas, no a las restricciones para girar utilidades al exterior. Luego, con la delicadeza de un encomendero extremeño, le reclamó al Presidente "políticas serias y predecibles para poder recuperar la confianza de los mercados y de los organismos internacionales". También exigió que los impedimentos para sacar las *pesetillas* fueran "transitorios", "ya que los capitales deben fluir libremente como en toda economía de mercado".

No se produjo la acostumbrada tregua de las fiestas de fin de año: en la calle crecía la furia de los ahorristas frente a los bancos. La sociedad seguía movilizada frente a los símbolos más odiosos de la corrupción y la impunidad, como la Corte Suprema. Las fumarolas del volcán estaban lejos de haberse apagado.

En Palacio, una bronca espesa como gas Sarín amenazaba colarse en el propio despacho presidencial. José Manuel de la Sota, que también acababa de lanzar su candidatura, aprovechó una visita al ministro del Interior Gabrielli, para ponerle los puntos sobre las íes al Presidente en la propia Casa Rosada. Para su fortuna, los voceros del cesado Fernando De la Rúa habían instaurado un hábito muy conveniente para los periodistas y para los personajes públicos que necesitaban formular declaraciones: en el Salón de los Bustos, junto a la alfombra roja de la entrada, se había colocado un micrófono para que los visitantes, a la entrada o a la salida, pudieran formular declaraciones ante los acreditados. Allí se detuvo con toda intención el "Gallego", que lucía un ambo con reminiscencias panameñas, y formuló una clara advertencia: "En el acuerdo que se produjo entre los gobernadores justicialistas para nominar al doctor Rodríguez Saá quedó claro que quien asumiera el gobierno provisional no era candidato". Y agregó: "No cumplir con lo acordado sería desconocer la resolución de las dos Cámaras del Congreso y sería realmente faltar a la ley".

Ramón Puerta, que había vuelto a presidir el Senado, salió a reforzar el virtual pronunciamiento del cordobés, ratificando que no había ningún margen para extender el mandato presidencial: "Si incumplimos alguna parte del acuerdo, se hace añicos". Los bloques de diputados y senadores justicialistas (con excepción de los menemistas y los fieles puntanos) comenzaban a cuestionar al Presidente en voz alta. Hasta el cauto Reutemann estaba fastidiado con el Adolfo por el poder que le había otorgado al Tati Vernet. El hiperkinético puntano empezaba a cometer —de manera vertiginosa y condensada— los mismos errores políticos que su abúlico antecesor. Ignoraba la máxima de Fidel Velázquez, el capo de los sindicatos mexicanos que estuvo más de cuarenta años al frente de la central obrera: "El que se mueve no sale en la foto". Los bonaerenses y sus poderosos mandantes del frente devaluador empezaban a frotarse las manos.

El viernes 28 recibió —entre otros personajes— al Nuncio Apostólico, al gobernador de Neuquén, a Eduardo Eurnekian y a Enrique Iglesias, al que había logrado traer de Uruguay. El inefable Diego Guelar llegó para ofrecerse en el cargo que más le gustaba: embajador en Washington. "Yo le dije que lo iba a pensar y pocos minutos después lo llamé a Ruckauf y le ofrecí la Jefatura de Gabinete. Él me dijo que podía ser más útil como canciller y que el domingo, en Chapadmalal, él iba a apoyar mi plan, que lo designara canciller y me proponía que Remes Lenicov fuera el ministro de Economía. Esta propuesta no tenía tono de imposición ni de condición, era una especie de sugerencia".

La agenda del viernes concluía formalmente a las 21 horas con la audiencia concedida al embajador de Alemania. Media hora más tarde empezaron a sonar palmas que no eran aplausos en algunos balcones de la Capital. Luego, el ruido metálico más temido por los oídos profesionales. A las diez y media de la noche ya no había dudas: la ciudad decadente que Adolfo y Alberto odiaban y no entendían, les estaba pariendo un nuevo cacerolazo.

32

LA CALLE Y EL PALACIO

EL INCENDIO DEL REICHSTAG

"Son tres accesos doble hoja, de hierro. Cada hoja tiene unos sesenta centímetros de ancho, por cinco metros de alto. Pesadísimas. Normalmente tienen pasadores y cadenas, menos esa madrugada del 29 de diciembre." El veterano empleado del Congreso carraspea, deja el cigarrillo que lo está ahogando y se queda mirando al interlocutor como si dijera: "¿Se da cuenta de lo que estamos hablando?"

Vuelve a pedir que no se revele su identidad y prosigue, apuntalando el relato con algunos croquis a mano alzada. "La entrada que traspasaron es una puerta poco utilizada, de uso excepcional. Sólo la abrimos cuando viene algún presidente de visita. No es una puerta fácil de sortear, por eso el episodio de los sillones tirados por la escalera fue muy raro. De todo el Congreso, esa es justamente la entrada más difícil de abrir. Fíjese que el episodio no duró tanto tiempo y los destrozos no fueron muchos, pero lo que más golpeó fue el hecho de que alguien supuestamente pudo entrar. Lo de la puerta es una bisagra en la vida de este edificio. Esa puerta es como el Muro de Berlín. Todo un símbolo. Es *la Puerta*. El que montó este operativo calculó muy bien el efecto que iba a lograr."

No muy lejos de allí, en otra oficina, habla la Segunda Fuente, también con expresa reserva de su identidad: "Los que armaron este episodio no eran ni caceroleros, ni piqueteros, ni mucho menos militantes de algún partido. Fue una banda organizada. Nunca, en los años que tengo en el Congreso, donde hubo militancia hubo quilombo. Ni los piqueteros más radicales, ni los manifestantes más furiosos son capaces de atacar el edificio y mucho menos entrar para hacer destrozos. Esto fue otra cosa, y la prueba es que mientras esos pibes entraban y salían del hall, con las cámaras filmándolos, la gente que manifestaba y protestaba, los miraba desde enfrente (desde el monumento a los Dos Congresos) como si estuvieran viendo televisión."

Tiene razón: Lisandro Costa y Santiago Zani, de TEA, que filmaron buena parte del ataque, registran el momento en que un manifestante intenta apagar una de las fogatas encendidas frente a las grandes puertas y les grita a los lúmpenes que salen del hall a oscuras y arrojan una mesa sobre las escalinatas:

—Che, esto no nos representa. Salimos en todo el mundo.

Y luego reitera:

—¡Pará loco, que esto es nuestro!

Nadie lo mira ni le discute; van y vienen como autómatas que deben cumplir un encargo. Luego la cámara gira, cruza Entre Ríos y enfoca a los manifestantes que están sobre las escalinatas del monumento y empiezan a corear: "¡AR-GEN-TINA, AR-GEN-TINA!".

La Fuente Uno pregunta: "¿Se puso a pensar en el nivel de exposición que significa subir esa escalinata, estar ahí media hora a la vista de todo el mundo, entrar como si nada, romper, incendiar y después salir caminando? Es inexplicable que no haya un solo detenido, a menos que la cosa haya estado preparada."

En los tribunales de Comodoro Py, un informante judicial lo corrobora: "No se logró arrestar ni reconocer a ninguna de las personas que ingresaron al Congreso y que cometieron los incidentes más graves esa noche."

La pregunta obvia es a quién benefició políticamente la provocación y quién la instrumentó. Las respuestas recogidas en el Congreso, en los tribunales y en altas esferas políticas son unánimes: benefició a Eduardo Duhalde y habría sido instrumentada por Eduardo Camaño, el presidente de la Cámara de Diputados. ¿Para qué? Un legislador justicialista lo explicó con una sonrisa sobradora, subrayando la obviedad.

—Y... había que rajarlo al Adolfo.

Habrá que preguntárselo a Camaño.

El cacerolazo del 28 fue genuino y espontáneo, como la explosión del 19 y el 20, lo cual no anula la tesis de la conspiración. En la historia de las luchas sociales la figura del provocador policial es un lugar común. Desde el cura Gapón en el levantamiento de Petrogrado de 1905 ha corrido mucha sangre bajo los puentes, pero ciertas tácticas del poder para desorganizar al movimiento popular no han cambiado en la esencia: sólo se han hecho más sofisticadas.

Decenas de miles de ciudadanos volvieron a protestar con un cacerolazo masivo y una manifestación a Plaza de Mayo. Los primeros núcleos se formaron tanto en zonas "pudientes" —Belgrano, Palermo y Barrio Norte— como en barrios más populares —principalmente, Boedo y Barracas—. No había siglas partidarias ni consignas unificadoras, con excepción del ecuménico "que se vayan todos". Predominaban gritos y cánticos contra Rodríguez Saá, Grosso, la CGT "de los Gordos", Moyano y alguien que no ocupaba ningún cargo oficial pero seguía omnipresente en Palacio: José Luis "Chupete" Manzano.

Luis Bruschtein, en una colorida crónica para *Página / 12*, rescató una nueva consigna: "Pasamos Nochebuena, pasamos Navidad, echamo' a De la Rúa y ahora a los demás". Ese canto compartía el fervor popular con el reiterado anatema contra Carlos Grosso y un significativo *revival*: "¡Menem, compadre... la concha de tu madre!". Para muchos manifestantes, la nueva concentración era una continuidad de la primera. Una vecina de San Cristóbal le dijo al cronista Bruschtein: "Desde la semana pasada duermo con la cacerola bajo la almohada".

La iconografía subrayaba el carácter espontáneo de la movilización: predominaban las banderas argentinas, las camisetas de la Selección, los pequeños carteles hechos a mano o con la computadora. Uno proponía "No violencia". Empezaba el señalamiento a los bancos "por chorros" y un letrero marcó la prehistoria de un fenómeno que se generalizaría a partir del cercano enero: las asambleas vecinales. El cartelón decía justamente: "Asamblea permanente de vecinos". A medianoche había más de treinta mil personas en la Plaza. El secretario de Seguridad, Juanjo Álvarez, se asomó para contemplar la muchedumbre desde uno de los balcones de Palacio. A su lado estaba Luis Lusquiños, la mano derecha del Adolfo; el Presidente seguía los acontecimientos por televisión, desde Olivos.

A las dos de la madrugada, aprovechando que habían retirado las vallas, los manifestantes más activos sobrepasaron la arcada de Balcarce 50 y llegaron hasta el portón negro de rejas y chapa que cierra la entrada. Algunos pintaron los muros rosados con aerosol rojo y negro. Las pintadas decían: "No al gobierno del PJ", "Entreguen el gobierno al pueblo" y "Chorros". Un manifestante había escrito varias veces su nombre: "Tulio". En un graffiti proponía a "Tulio" para el 2003. Era evidente que la policía tenía orden de no repetir la represión del 20 de diciembre.

"Impartí precisas directivas de que no se reprimiera. Sorpresivamente vi en Crónica TV que anunciaba que había comenzado la represión. Las patotas habían comenzado a quedar solas frente a la Casa de Gobierno, y se escuchaban explosiones de petardos. El pueblo de buenos (sic) que reclamaba se retiró. La Plaza quedó vacía sólo con las patotas y la policía. El jefe de la Policía Federal (el antiguo custodio de Ruckauf, Roberto Giacomino) tenía orden de no reprimir hasta tanto las patotas no cometiesen algún hecho de violencia que pudiera producir daños de importancia. Sin embargo, la televisión transmitía como si hubiese una violenta represión, cosa que no sucedió. Minutos después, una patota golpeó casi ferozmente a un policía y pretendieron quemar la puerta de acceso a la Casa de Gobierno, impartí instrucciones al Sr. Juanjo (sic) Álvarez que ordenara a la Policía Federal salir a poner orden, sin usar las armas y sin producir una represión innecesaria. La policía salió y las patotas se fueron replegando, sin necesidad de producir ninguna represión violenta."

Hasta ese momento Rodríguez Saá estaba, según su declaración judicial, en contacto con el secretario de Seguridad, aunque en ese mismo testimonio afirma que la Policía Federal dejó de pasarle información a partir de la una y media. Preguntado por el fiscal Carlos Stornelli para que diga si el secretario de Seguridad lo mantenía constantemente al tanto de lo que ocurría, Rodríguez Saá respondió: "Yo estimaba que sí. Ahora, actualmente, ante la investigación iniciada por el Poder Judicial y ante las situaciones posteriores que vive el país, no tengo la seguridad de que haya sido así, por eso digo que *estimaba*". Juanjo Álvarez, por su parte, se defendió: "Le aclaro que yo estuve toda la noche en Casa de Gobierno con Lusquiños, que es la mano derecha de Adolfo. Lusquiños está absolutamente al tanto de todo lo que se hizo porque estaba al lado mío. Estábamos en la privada del Presidente, no había nadie en Casa de Gobierno... Yo pedí que se fueran todos (como un manifestante, casi). Estaba Grosso (que renunció en ese momento), pedí que se fueran todos. Y quedamos Lusquiños y yo. Hasta las cinco y media, más o menos, de la mañana... Teníamos conversación cada diez o quince minutos."

El episodio del policía golpeado, al que alude Rodríguez Saá, dio lugar a una significativa controversia que rescató la crónica de Bruschtein: "pero otros manifestantes acudieron en ayuda de los agentes, pudieron separar a trompadas a los exaltados y entregaron los policías a sus compañeros". El mismo grupo que estuvo a punto de linchar al policía, había intentado derribar la puerta de la Rosada con una valla, lo que dio origen a una andanada de gases lacrimógenos. Uno de los chicos, muy joven, la había emprendido a patadas con una de las puertas. En el informe oficial que envió la Policía Federal al fiscal Comparatore, destacan que ese muchacho "joven, con torso desnudo, vestido con bermuda blanca y remera verde anudada a la cintura, es visto nuevamente en el interior de las instalaciones del Congreso Nacional provocando destrozos".

Entonces, pasadas ya las tres de la madrugada, se produjo el segundo acto del drama.

Felipe Yapur es joven, tucumano y tiene un gran sentido del humor. Con Eduardo Tagliaferro es uno de los cronistas que el diario *Página/12* tiene acreditados en el Congreso. Yapur estuvo esa noche en los dos escenarios y, varios meses después, sigue recordando todas las peripecias con singular precisión.

"Esa noche no estaba cubriendo para el diario. Igual fui a Plaza de Mayo para ver qué pasaba, movido por ver toda la gente que se estaba juntando. Mi primera impresión es que no era gente llevada por ningún aparato, salvo el grupito más exaltado que le pegó a un cana. Recuerdo que en un momento lo vi a Juanjo Álvarez mirando la movilización por una ventana de la Casa de Gobierno. Cuando se arma el despelote y la policía reprime, el grueso de la gente se empieza a trasladar hacia el Congreso. Vinimos caminando por Avenida de Mayo junto con algunos empleados del Congreso y secretarios de diputados que conozco de todos los días. Lo primero que vi al llegar fue algunos manifestantes que subían las escalinatas. Pero no se veía policía. Había algunos por Rivadavia y yo intuía que podían estar concentrados en Hipólito Yrigoyen. *En todo caso, categóricamente, no había policías sobre Entre Ríos.*

"En un momento dado se empezó a ver una fogatita arriba de la escalera, frente a la puerta que después iban a abrir. Y ahí aparecieron algunos canas sobre Hipólito Yrigoyen. Tiran algunos gases, la gente se repliega, los policías toman las escaleras, lo que sería la explanada y se quedan. Después de un momento la gente vuelve a la zona, ¿y qué hace la cana? ¡Se va! Algo que me llamó poderosamente la atención, porque cuando la cana despeja y se instala, a la mierda, ya no entra más nadie. O sea, es evidente que tenían orden de no reprimir. En todo caso te diría que *tenían orden de dejar hacer.* Era bien claro por la forma en que se manejaban.

"Cuando la cana se va, el grupito sube y sigue tirando y

quemando cartones y otras cosas. Están ahí 15 o 20 minutos y la cana vuelve a aparecer. Tira un par de gases e inmediatamente se repliega sobre Hipólito Yrigoyen. Ahora bien, ¿qué sentís vos cuando te tiran un gas lacrimógeno? Te enojás mucho más, porque te cagás respirando, te lloran los ojos. En lugar de despejar y tomar para terminar el lío, la policía, con ese juego de avanzar un poco, tirar un par de gases, retirarse y volver a hacer lo mismo al ratito, es como que instigaba a la gente, la enardecía a propósito, para que pasara algo. Y efectivamente fue así, la gente se enojaba más y cada vez se acercaba más al Congreso.

"La cana se va y el grupito comienza a forzar la puerta. Esas puertas son de hierro, pero no estaban cerradas. Estaban unidas por una cadena con un candado. Por más que hubiera cien tipos moviendo, esa cadena no la quebrás. Para haber podido entrar así alguien tuvo que sacar el candado. Cuando logran abrir, ingresa el mismo grupito que estaba prendiendo fuego. Todos pendejos, changos jóvenes, lúmpenes. No era la gente que había venido a manifestarse, porque esa gente de los cacerolazos estaba abajo, viendo todo desde las escaleras de la plaza, al otro lado de Entre Ríos. La cana había desaparecido por completo. Se fue por Hipólito Yrigoyen hacia Combate de los Pozos.

"Entonces el grupito se mete. Evidentemente tenían que conocer cómo era adentro, o alguien les debe haber dicho lo que iban a encontrar, porque estaba todo oscuro. Ahí tenés un hall, puertas de vidrio altísimas; a continuación, un gran ambiente que comunica con Diputados a la derecha y con Senadores por la izquierda. De frente, el Salón Azul y a continuación, el Salón de los Pasos Perdidos. Los tipos entran al Salón Azul que es donde estaban esos sillones de tres cuerpos, turquesas. En el ambiente previo también había sillones y hacia la derecha tenés la Biblioteca; todo es madera, todo lo podés quemar en un segundo."

Coincide punto por punto con las fuentes parlamentarias consultadas: "Al pasar las grandes puertas de la entrada hay una antesala y luego otros tres accesos de doble hoja, del mismo ancho y alto que las puertas de hierro. Salvo que éstas son de madera y vidrio. Pero no las tuvieron que violentar, porque *simplemente estaban abiertas, cosa que no es normal*. Al pasar estas puertas de madera y vidrio viene un hall llamado 'Carlos Perette'. De allí sacaron uno de los sillones que tiraron por la escalera. Son sillones pesadísimos, se necesitan varios brazos para moverlos. Siguiendo por ese hall encontramos, a la izquierda, una puerta que comunica con la Cámara de Diputados y a la derecha, otra que lleva a Senadores. Si se pasa esta puerta, ahí nomás, a la derecha, se accede a la Biblioteca, donde los muchachos podrían haber hecho un verdadero desastre. En lugar de elegir estas puertas a derecha e izquierda, enfilaron de frente hacia el Salón Azul, donde en una vitrina se exhibe un ejemplar histórico de la Constitución Nacional que no fue tocado. De ahí sacaron otro sillón y lo quemaron al grito de 'estas son las bancas'. A continuación está el Salón de los Pasos Perdidos, pero ahí no entraron".

Sigue Yapur: "Entonces los tipos sacan los sillones, al grito de '¡Son las bancas, son las bancas!'. Sacan los sillones, los queman y los tiran por la escalera y no aparece nadie de seguridad (en el Congreso hay gente de seguridad día y noche). Mientras ocurría todo eso, durante más o menos 40 minutos la cana no apareció."

Otro testigo, el periodista de "Punto Doc", Daniel Otero, también calculó en cuarenta minutos el tiempo en que los incendiarios hicieron su faena sin inoportunas interrupciones policiales. Electrónicamente objetivo, el *time-code* del video de Lisandro Costa y Santiago Zani también contabilizó 40 minutos de "zona liberada".

"Pero después, es como si alguien hubiera dicho 'ya está', porque apareció otra vez la policía por Hipólito Yrigoyen con gases y balas de goma. Pero los tipos de arriba laburaron tranquilos y ni bien lo vi, me pareció que estaba todo armado." ¿La policía entró al Congreso? "Sí, algunos sí. Y si no recuerdo mal, no detenían a nadie, cosa que hubieran podido hacer tranquilamente si alguien se lo hubiera ordenado. Luego, como la gente empezó a gritar que había que volver a Plaza de Mayo, me fui hacia allá caminando por Avenida de Mayo. Cuando llego a la Nueve de Julio veo pasar un camión de bomberos por Avenida de Mayo hacia el Congreso, a la misma velocidad que yo caminaba. Parecían bomberos voluntarios de Santiago del Estero."

Algunos datos interesantes en cuanto a la seguridad del Congreso: el primer hall está bajo la responsabilidad del Senado. En el Salón Azul la jurisdicción es compartida por Senado y Diputados. El Salón de los Pasos Perdidos pertenece a la Cámara Baja; ahí no llegaron a entrar. Es decir, al sector de Diputados no lo tocaron. Tuvieron cuarenta minutos de tiempo impune y no lo tocaron.

La seguridad global del Honorable Congreso de la Nación está organizada de la siguiente manera:

1) Personal civil propio de cada Cámara.

2) Efectivos de la Comisaría 6ª (de la zona) de refuerzo. Los efectivos de esta seccional resguardan el perímetro del edificio. La noche del incendio, la Comisaría 6ª estaba a cargo del subcomisario Vicente Cayetano Cinquemani. Esta seccional labró los sumarios y dio intervención al Juzgado Federal N° 1, de la doctora María Romilda Servini de Cubría.

3) Efectivos adicionales de la Policía Federal. En este caso se trata de un servicio contratado (igual que el rentado por los clubes de fútbol cuando hay partidos). Por año, el Senado paga aproximadamente un millón de pesos a la PFA en concepto de servicio adicional. No hay datos de lo que paga Diputados, pero es posible que sea una cifra similar.

Desde hace dos años y medio, aproximadamente, el responsable máximo de la seguridad es el comisario Jorge Oscar Rodríguez, a quien todas las fuentes parlamentarias vinculan estrechamente con el presidente de la Cámara de Diputados, Eduardo Camaño. El comisario Rodríguez cuenta con 24 efectivos estables a sus órdenes. El personal civil de cada Cámara tiene un director de Seguridad que coordina sus tareas con el comisario Rodríguez. En el Senado está a cargo Rolando Alberto Siroti; el subdirector del área es Salomón Habib, quien normalmente no suele estar por las noches. En la madrugada del 29 se encontraba en el Congreso. El señor Habib no quiso formular declaraciones, debido a que se estaba sustanciando un sumario. Aseguró que después accedería gustoso.

En Diputados, el responsable de Seguridad es Jorge Horacio Frutos, un peluquero amigo del diputado Camaño. Frutos es hermano del comisario de Quilmes, de donde fue intendente una de las primeras espadas de Duhalde, Aníbal Fernández.

En las declaraciones judiciales de estos funcionarios resplandece el juego nacional del Gran Bonete (*¿Yo, señor? No señor...*). La noche del incendio, Rodríguez llegó a su despacho a las doce y media y se enteró por el jefe de servicio que había ingresado al edificio personal de la Comisaría 6ª, para hacerse cargo de las puertas de ingreso que dan a la explanada de Entre Ríos. Rodríguez, que contaba en ese momento con un oficial y dos suboficiales, priorizó la seguridad de las puertas de ingreso a Diputados sobre la avenida Rivadavia y sobre Combate de los Pozos. Significativamente recalca en su declaración "que la seguridad de las puertas que dan a la escalinata principal estaba a cargo de personal policial que no estaba a sus órdenes y además no pudo acceder al lugar, dado que la puerta que comunicaba al mismo estaba cerrada". ¿No tenía la llave? No, porque el área está a cargo de la seguridad del Senado, que es lo que Rodríguez sibilinamente quiere subrayar. Cerca de las tres de la madrugada recibió un llamado de la Dirección General de Operaciones (DGO) de la Policía Federal, preguntándole si "observaba ingresar personas extrañas desde la explanada hacia el interior del Congreso. Ante ello se constituye en el primer piso, percibiendo olor de gases lacrimógenos y a través de los vidrios de la puerta divisoria no se observaba persona alguna en dicho interior, haciéndose constar que todas las luces, tanto de Diputados como de Senadores, habían sido apagadas". Es decir: estaba todo oscuro. Rodríguez decidió regresar a su dependencia para continuar "con las tareas de seguridad antes señaladas". Seguía priorizando, al parecer, la seguridad de las puertas de Rivadavia y Combate de los Pozos. "Luego de algunos minutos, dentro del silencio reinante se escuchan ruidos de vidrios, por lo cual vuelve a ascender y puede percibir, además del olor a los gases, olor a quemado y vio dos pequeños focos ígneos en el Salón Azul. Ante ello dejó en el lugar a un oficial y un suboficial y descendió a su oficina, para pedir colaboración de bomberos (los *santiagueños* que vio Yapur) y brindar a la DGO un panorama de lo que había observado."

Luego se limitó a observar los destrozos. Es un comportamiento extraño para quien tiene a su cargo la seguridad del edificio que alberga uno de los tres poderes. Como lo fue también el haber licenciado a parte del personal a su cargo, que abandonó el palacio el viernes, como si se tratara de una jornada normal.

Una fuente cercana al comisario sugiere en voz baja una inquietante hipótesis: que "alguien" se hubiera quedado desde la noche anterior, para abrir las puertas desde adentro. Es un índice que apunta a la única zona que comunica ambas Cámaras y que está en la planta baja, debajo de donde ocurrieron los incidentes, donde hay personas trabajando durante las veinticuatro horas. La gente de la imprenta —sugiere esta fuente— le responde a muerte a Ricardo Sablich, secretario general de la Asociación de Personal Legislativo, enrolado en la CGT de Hugo Moyano. Sablich mantiene excelentes relaciones con Eduardo Camaño, pero también con el secretario de Seguridad, Juanjo Álvarez. El 17 de noviembre de 2001, cuando se cumplió otro aniversario del primer regreso de Juan Perón, Sablich, Álvarez, Balestrini y el intendente de la Plata, Julio Alak, cantaron la marcha al unísono en la inauguración de un local del flamante nucleamiento interno Frente Amplio Peronista. Es curioso: un informe de la SIDE, redactado por el entrerriano Héctor Maya, que era el número 2 de Sergnese en la central de los espías, atribuía la operación de las puertas a José Manuel de la Sota y Julio Alak. Es decir, a una *entente* de dos gordos: Córdoba y Buenos Aires.

Es imposible confirmarlo a nivel judicial: no hay detenidos y la jueza Servini se tomó demasiado tiempo para llegar al Congreso. Cuando apareció, el mediodía del 29, el personal de la casa, que es muy prolijo, ya había lavado y ordenado todo.

¿Qué dice a todo esto el señor presidente de la Cámara de Diputados? Se lava las manos. "La puerta que se abrió no es de Diputados. La puerta que se abrió es del Senado. Es decir, no pertenece a mi sector. Habría que preguntarle a la gente de seguridad del Senado. Mi espacio de control arranca a través del Salón de los Pasos Perdidos. Yo agradezco la pregunta porque así termino con este drama de que alguien abrió la puerta. Habrá que ir a preguntarle al doctor (Juan Carlos) Maqueda, o habrá que preguntarle a la seguridad del doctor Maqueda (vicepresidente del Senado). Con esto yo no estoy imputando absolutamente nada, pero tengo que hacerme responsable de lo que realmente me corresponde. Le cuento algo: cuando yo vi el fuego por la tele me vine para acá. Fui el único político que entró a la Cámara. Cuando llegué a las cuatro y media de la mañana me daban ganas de llorar por lo que estaba pasando. Era como si hubieran destrozado mi propia casa, porque yo vivo quince horas por día acá dentro. Yo acepto que los malos estemos adentro. Lo que nunca voy a aceptar es que se destruya el patrimonio nacional que es de todos los argentinos. En todo caso tendremos que cambiar a los personajes..."

Rodríguez Saá pensaba que Camaño se encontraba dentro del Congreso cuando ocurrió el episodio de la puerta y así lo declaró ante el juez Oyarbide. Allí dijo también: "La policía no actuaba, como se le había ordenado que actuara si se producía un atentado contra bienes del Estado, fue un proceder incorrecto de la policía. Patotas similares actuaron el día que asumía el presidente Duhalde, desplazando a los militantes políticos de izquierda, y desde entonces no se los ha visto actuar más."

La noche del 27 de febrero de 1933, los nazis quemaron el edificio del parlamento alemán (Reichstag) y le echaron la culpa a los comunistas. En aquel caso, el edificio fue reducido a escombros; aquí, por suerte, sólo destruyeron un par de sillones. En el caso del parlamento argentino no eran nazis sino patotas bonaerenses. A veces el minimalismo es una suerte. Pero también hubo nazis en la madrugada porteña.

Cuando Juanjo Álvarez concurrió a Olivos a las seis de la

mañana, pudo decirle al Presidente que este nuevo cacerolazo concluía sin muertes. Era una verdad a medias: dos horas antes, en el maxiquiosco de una estación de servicio en Floresta, el suboficial retirado de la Policía Federal Juan de Dios Velaztiqui había asesinado a balazos a tres muchachos, Maximiliano Tasca, Cristian Gómez y Adrián Matassa, por festejar lo que Crónica TV reiteró toda la noche, la paliza que los manifestantes de la Plaza le habían propinado a uno de los policías.

33

EL PALACIO

LA FUGA

En la mañana del sábado 29, cuando logró hablar por teléfono con el "amigo Bush", el Adolfo empezó a recuperar la autoestima seriamente minada por el cacerolazo y sus derivaciones. Pensó, como De la Rúa en el mismo lugar nueve días antes, que era posible quedarse en la poltrona. Había solicitado la comunicación el jueves anterior, pero no se pudo establecer en ese momento porque *Mr President* estaba de vacaciones en su "rancho" de Texas. La secretaria, muy amable, le aseguró que llamaría a su jefe para tratar de concertar una cita telefónica entre ambos mandatarios. Treinta minutos más tarde se comunicó con Rodríguez Saá y le informó que *Mr President* lo llamaría el sábado a las once de la mañana. A las once en punto escuchó la ansiada voz del texano, a quien había conocido cuatro años antes y con quien se jactaba de mantener "un diálogo fluido":

—Presidente amigo, estamos muy preocupados por la Argentina, deseamos que salga de esta situación lo antes posible. Estamos dispuestos a colaborar, el mundo va a colaborar con Argentina.

Rodríguez Saá enfatizaría meses más tarde que esa preo-

302

cupación era por las muertes, por el caos social, por el estado "casi de guerra civil que se estaba viviendo y no por el anuncio del *default*". Dos días antes, el presidente argentino se había comunicado con la difícil Anne Krueger y la número dos le había prometido el envío de una misión del Fondo para el 8 de enero. Bush estaba al tanto: "Esperamos que les presenten un plan económico sustentable, esperamos el diálogo de ustedes con el FMI".

Los acólitos presidenciales hicieron circular rápidamente la noticia: Washington bendecía al presidente argentino y esto era lo que contaba. El anuncio del *default*, que algunos ingenuos y no pocos pillos habían presentado como un gesto de altivez nacional, quedaba en un piadoso plano de sombra del que sólo saldría cuando la actividad proselitista lo hiciera nuevamente necesario.

Tanta felicidad duró unas pocas horas: por la tarde se encendieron las luces de alarma cuando un funcionario del Departamento de Estado se comunicó con Ceremonial de Presidencia para preguntar si Rodríguez Saá había renunciado. Sergio Moreno escribió en *Página/12*: "En pánico, desde Olivos, llamaron al embajador norteamericano James Walsh y lo invitaron a la quinta. Walsh llegó media hora después del llamado y se encerró con el presidente. (El renunciante canciller) Vernet esperó afuera del salón de audiencias". En realidad, el santafesino, que había presentado su dimisión como todos los ministros, esperaba una confirmación de la guillotina. Era obvio que el Presidente, para salvarse, debía consensuar un nuevo gabinete con los gobernadores y Reutemann lo había tachado al "Tati" desde el primer momento.

A las ocho y media de la noche, cuando el embajador Walsh llegó a Olivos, Rodríguez Saá preparaba las maletas para viajar a lo que antaño fue confortable residencia veraniega de los presidentes: el complejo de Chapadmalal. Allí esperaba encontrarse con los catorce pares a los que debía el puesto, para saber si seguía contando con su apoyo o si los señores feudales estaban por dejarlo cesante. Inicialmente pretendió que el cónclave se hiciera en Olivos, para preservar al menos las apariencias de la autoridad presidencial, ya que la autoridad real se le estaba escurriendo entre los dedos. Pero los "lobos" —como los llamaba— no quisieron que jugara de local. No lo quiso De la Sota, que encabezaba la lista de sus odios, ni lo quería Kirchner, a quien después acusaría ante el juez Oyarbide, de haber propuesto que la reunión se hiciera en Chapadmalal y no haber ido. En rigor, el peligro mayor para él no provenía del santacruceño -que era un adversario frontal, pero ya no era "íntimo amigo del doctor Duhalde" ni estaba al tanto de la conspiración- sino de algunos otros que aparentaban estar muy cerca.

Esa mañana, en un intento por revitalizar el alicaído Frente Federal, lo llamó a Ramón Puerta y le pidió que convocara a los gobernadores. En la charla mostró su despecho por la protesta popular, asegurando que en la Plaza nunca se habían juntado más de trece mil personas.

"Yo colaboré llamando a los del Frente Federal", asegura Puerta. "Había gobernadores que no querían ir ni a Olivos ni a la Casa de Gobierno". Casi todos estaban convencidos de que Rodríguez Saá planeaba quedarse hasta el 2003 y habían perdido los estribos cuando Menem lo visitó en la Rosada "y haciendo una típica interpretación siria del derecho, dijo que los pactos son para cumplirlos o no cumplirlos". "Le dije entonces que pusiera gente de Ceremonial a llamar. Cuando yo empecé a llamar a los del Frente Federal, encontré que nadie los había llamado". El misionero creía (o simulaba creer) que Rodríguez Saá había tomado la decisión de renunciar antes de ir a Chapadmalal, especulando con hacerse la víctima y explotarlo en una futura campaña electoral. La versión de Puerta llegó a oídos del puntano que montó en cólera y escupió delante de algunos íntimos: "Lo dice porque tiene que justificar lo miserable que fue". Aunque el empresario de la yerba no era el único que lo pensaba.

El *entourage* del Adolfo también empezaba a sospechar que Juanjo Álvarez podía ser un agente doble. "Parecía que nos protegía, que nos cuidaba las espaldas, pero estaba en otra", diría muchos meses después, en privado, uno de los colaboradores más estrechos del puntano.

Así, con pocas certezas y menos lealtades, aunque con un resto de voluntarismo, el Presidente viajó a Chapadmalal en el Tango 02, el más antiguo y menos cuestionado de los aviones presidenciales. En el viaje habló con Álvarez sobre el terrible episodio de los chicos de Floresta que estaba generando un incendio popular en el barrio. Había mal tiempo, tinieblas y relámpagos sobre el Atlántico, cuando bajaron en el aeropuerto de Camet.

Hay pocas cosas más patéticas que un poderoso que está por perder el poder. Y si no, que lo diga esa imagen del Presidente, su hermano y el Jefe de Gabinete, durmiéndose en los sillones de mimbre de Chapadmalal porque nadie es capaz de solucionar el corte de luz (o no quieren hacerlo). Esos tres hombres acostumbrados a las gratificaciones y las candilejas, reducidos a la intimidad de su miedo, de su ansiedad, de su cólera, de sus humanos ronquidos, que la custodia conduce desde la casa principal a los respectivos chalets, alumbrándolos con linternas militares, por pasillos y patios de piedra, con el Atlántico y la tormenta respirando en el fondo de la noche.

"Alguien" habla de una Browning 9 milímetros en la cabeza del Adolfo; "alguien" dirá que le amenazaron una hija. Él lo desmentirá sistemáticamente ante la justicia y la prensa. Lo cual tampoco significa mucho. Lo que está ratificado en las declaraciones judiciales de todos los protagonistas ya es suficientemente demostrativo de cómo se procede desde los sótanos del estado mafioso.

La luz eléctrica no se restableció en toda la noche.

Por la mañana parecía animado. Saludó a los que habían llegado, (entre ellos, el perenne senador Antonio Cafiero); preguntó por los muchos que faltaban y luego se puso a trabajar en el presupuesto que prometía crear un millón de puestos de trabajo (miríadas de desposeídos plantando frenéticamente pinos a lo largo y ancho del país devastado) y en el discurso que pensaba endilgarle a los "compañeros gobernadores" a las tres de la tarde. Le informaron entonces que en la puerta del complejo había "una pequeña manifestación reclamando por la apertura de la hotelería que el anterior gobierno había resuelto que no se habilitara". Puerta opinó que eran los caceroleros de Mar del Plata, "los más agresivos del país". Ya se encontraba en el chalet presidencial el secretario de Turismo, Daniel Scioli, quien le dijo que su Secretaría estaba en condiciones de resolver el problema: los hoteles se iban a reabrir y se iban a preservar las fuentes de trabajo. "Le pedí que se reuniera con los manifestantes, lo que el Sr. Scioli hizo y éstos, según me informó, recibieron con mucha alegría la buena noticia".

A medida que se acercaba la hora de la reunión se iban tornando gravosas las ausencias: el pampeano Rubén Marín, que detestaba a Rodríguez Saá desde la pelea por el CFI, argumentó que nadie lo había invitado; Reutemann llamó por teléfono para decir que el avión no podía llegar por el frente de tormenta; De la Sota mandó un fax avisando que las mismas nubes negras que impedían el viaje del Lole lo retenían en Córdoba (Puerta se sonrió y murmuró: "Nunca vi una tormenta tan abarcadora"); el jujeño Fellner, que veraneaba en la cercana Miramar, no quiso moverse de su carpa; Manfredotti decidió quedarse en Tierra del Fuego; Julio Miranda en Tucumán y Carlos Díaz en Santiago del Estero. Díaz, subordinado político del viejo caudillo santiagueño Carlos Juárez, desató las iras del desairado anfitrión, al enviarle copia del acta de la reunión de gabinete, con duras críticas al margen. "Me está retando", se dijo Rodríguez Saá y recordó que eran exactamente las mismas observaciones que el día anterior De la Sota le había hecho por teléfono. Es decir que el "Gallego" era el autor ideológico de la insolencia.

También puteó contra Kirchner, que se había limitado a enviar un representante: el diputado Sergio Acevedo.

Sólo habían cantado el presente Carlos Rovira de Misiones, Ángel Mazza de La Rioja, Gildo Insfrán de Formosa, su fiel Alicia Lemme de San Luis y el resbaladizo Ruckauf que jugaba con varios mazos a la vez.

El "Negro" Acevedo fue uno de los primeros en llegar a Chapadmalal. Llegó de Mar del Plata en el auto de un amigo y vio más periodistas que policías bonaerenses en la puerta del complejo. En el chalet número cinco se encontró con el gobernador misionero Rovira que le propuso dar un paseo hasta el mar. Cuando regresaron a la galería que hacía las veces de quincho marino, observó que Lusquiños discutía con un desconocido.

—Pero, boludo, ¿cómo no vamos a tener dos o tres lucas para mandar ATC a San Luis?

Tardó algunas horas en entender el diálogo que había escuchado: el canal estatal debía enviar un equipo de exteriores a San Luis para transmitir desde allí la renuncia de Rodríguez Saá a la presidencia de la República. Como Puerta, Acevedo pensaría tiempo más tarde que la decisión de renunciar ya estaba tomada y que se vinculaba con nutrida información de los servicios de inteligencia sobre inminentes saqueos en la provincia de Buenos Aires.

Además de Lusquiños y el desconocido, en aquel comedor con vista panorámica al Atlántico departían animadamente el Alberto Rodríguez Saá, Juanjo Álvarez, Antonio Cafiero, Rolo Frigeri, Rodolfo Gabrielli (que seguía siendo ministro del Interior) y los gobernadores Insfran, Romero, Lemme y Mazza. Se escucharon las aspas de un helicóptero descendiendo sobre el complejo y pocos minutos después aparecieron, sonrientes los dos, Ruckauf y Puerta.

A las tres de la tarde hizo su entrada el compañero presidente con cara de pocos amigos. Recaliente. Acababa de hablar por teléfono con De la Sota y lo había reputeado.

Comenzó diciendo: "Yo les quiero decir que lo que hemos hecho nosotros en siete días no se había hecho en diez años". Mientras los asistentes se miraban entre sí, consultó un ayuda memoria y prosiguió como si hablara, efectivamente, de una presidencia de diez años ya cumplida: "Hemos incluido a los excluidos, a los aborígenes también. Hemos creado un millón de puestos de trabajo, hemos abierto un diálogo con los piqueteros, con las Madres de Plaza de Mayo, hemos hablado con todos los líderes mundiales que apoyan a la Argentina, he hablado con Bush. Entonces para continuar necesito apoyo político. Yo no puedo continuar sin apoyo político". Romero decidió interrumpirlo: "Mirá, Adolfo, pagá el costo. Si cada vez que tenés que tomar una decisión nos llamás a nosotros, estamos jodidos. Si tenés que reprimir a los quilomberos, reprimílos. Yo, cuando tuve problemas en Salta, mandé reprimir y pagué los costos". Nunca falta un componedor; Gildo Insfrán habló de la "unidad del peronismo", mientras Ruckauf proclamaba enfático: "Te apoyamos, te apoyamos" y Adolfo anunciaba: "Es que si no me apoyan, renuncio".

En ese momento, al Negro Acevedo, que escuchaba con cara de póker, le comenzó a sonar el celular. Atendió y era su jefe, Néstor Kirchner. Pidió permiso y salió de la sala, ante los ojos desorbitados y la "o" recortada en la boca del compañero presidente. El Alberto, en cambio, fumaba un puro y parecía muy sereno. Lo relojeó al de Santa Cruz con una sonrisa irónica.

Cuando le pareció que estaba lo suficientemente lejos, Acevedo murmuró en la bocina del celular:

—Néstor, me parece que éste renuncia.

—Sí —dijo el gobernador de Santa Cruz.— Lo están pasando Radio Diez y los tipos de *BAE*.

Por una extraña casualidad, cuando Acevedo regresó al quincho, Rodríguez Saá hablaba de la presión de los lobbies y los aprietes de Daniel Hadad para que le otorgara una generosa pauta publicitaria.

—Los periodistas estos son así —decía el Adolfo. —No vieron cómo magnificaron el cacerolazo, pero éstos con plata se arreglan y dicen lo que uno quiere.

Al ver al diputado santacruceño se interrumpió y le preguntó:

—¿Qué dice Néstor?

Acevedo, que es introvertido, le contestó con ese estilo seco y abrupto que suelen tener los tímidos:

—Yo le dije que acababas de renunciar.

Lo miró en silencio, con los ojos más desorbitados que nunca. Luego se dirigió a los otros:

—¿Ven?

Y se levantó como diciendo: "Yo les dije, no hay nada que hacer".

Prometió "regresar en una hora", pero no lo hizo. Una masa compacta de nubes ennegreció el cielo y el océano, comenzó a soplar nuevamente el aire de tormenta y los dirigentes justicialistas se miraron despavoridos. No tardaron en salir *rajando*. Ruckauf murmuró:

—Voy a mear.

—Voy a mear con vos —dijo Puerta, lívido.

Pero le costó alcanzar al señor gobernador de Buenos Aires en su fervorosa carrera hacia el helicóptero que los esperaba circulando las aspas. "Rucucu" se había trepado con sorprendente agilidad y Puerta golpeaba la ventanilla con el celular para que no lo dejaran abajo.

—Carajo, esto parece Saigón 1975 —dijo el misionero una vez que logró sentarse al lado del gobernador. Pero Ruckauf, contra su costumbre, no reía. Tal vez porque no le gustó la comparación con los de la embajada norteamericana que huían desesperados ante el inminente arribo del Vietcong.

Mientras tanto, la custodia presionaba al Presidente para que saliera huyendo de Chapadmalal. "El encargado de la custodia me comunicó que la situación en la puerta era de suma peligrosidad, que ellos no podían garantizar la seguridad del Presidente ni de sus acompañantes, *que debíamos evacuar en forma inmediata el chalet presidencial*. Estaba en presencia del gobernador de Formosa, doctor Gildo Insfran y del gobernador de La Rioja, licenciado Mazza, y yo le pregunté cuál era su consejo para la emergencia que él me planteaba. Me dijo que debíamos evacuar en forma inmediata. En ese momento, dudé por un instante cuál era la actitud correcta que debía asumir y pensé si debía aceptar el consejo técnico que me daba la custodia presidencial. Comuniqué a los funcionarios que me acompañaban que íbamos a hacer así y procedimos a subirnos al auto. Sobre el asiento en el que yo me debía sentar había un chaleco antibalas, que el jefe de la custodia me aconsejó (que) me pusiera. Yo lo puse a un costado y no me lo coloqué. Salimos de Chapadmalal a una alta velocidad por una puerta lateral del complejo. Desde allí nos dirigíamos al aeropuerto de Miramar. Pasamos frente a la manifestación, estimo que no serían más de 20 o 30 personas."

"Preguntado para que diga si recuerda el nombre del jefe de la custodia, responde: No, no recuerdo su nombre, pero sería fácil de identificarlo."

No sería tan fácil; hay versiones distintas. Y a lo mejor recibió más de un consejo técnico.

Según el artículo 8° del decreto 236/2000 que norma la estructura organizativa de la Casa Militar, en los desplazamientos terrestres dentro y fuera del país la custodia del Presidente y su familia "estará a cargo del personal dependiente de la División Custodia Presidencial de la Policía Federal Argentina, conforme a las directivas que imparta el Jefe de la Casa Militar (control operacional)".

El jefe de la División Custodia Presidencial era el comisario general Luis Brusatori, que ya había tenido a su cargo la seguridad personal de Fernando De la Rúa y su familia. Tal vez por esa razón, el comisario Brusatori no viajó a Chapadmalal, delegando sus funciones en el subcomisario Marcelo Lioni, quien después integraría la custodia del presidente Duhalde. No así Brusatori, que fue desplazado a Tránsito.

El jefe de la Casa Militar era el vicealmirante Carlos Carbone, un fanático de la seguridad que también había contrariado a De la Rúa con la famosa imagen del helicóptero. Carbone, según se deduce de su testimonio ante el juez Oyarbide, tampoco viajó a Chapadmalal, enviando en lugar suyo al jefe de la Agrupación Seguridad e Inteligencia, coronel Gustavo Bohn, a quien acompañaron el subcomisario Lioni y diez efectivos de la PFA.

Su relato coincide, salvo matices, con el de Rodríguez Saá. Contiene rasgos pintorescos, demostrativos de la agonía irreversible del Estado argentino. Debido a la situación "atmosférica" no pudieron llevar el helicóptero presidencial y tampoco pudieron restablecer el servicio eléctrico entre las nueve de la noche y las tres de la madrugada, cuando el Presidente y sus dos adláteres dormían profundamente.

"En horas de la mañana del 30 de diciembre, mientras el Presidente desarrollaba sus actividades, se observó una concentración de manifestantes en la puerta de acceso al complejo. A partir de ese grupo se evidenció la incorporación de aparentemente circunstanciales transeúntes, quienes engrosaban el número de manifestantes y la virulencia de las manifestaciones, a punto tal de considerarse adecuado señalarle al Presidente la evolución de las condiciones del lugar y sus implicancias en cuanto a seguridad. Sugerida la posibilidad de evacuar el lugar, fue aceptado por el Presidente y se decidió su traslado.

"Cuando el Presidente decide retirarse del lugar, a la vez que se informa que se trasladaría a San Luis, solicita que los miembros de su familia fueran trasladados también a San Luis. El Presidente —a quien se le colocó un chaleco antibalas como parte de la rutina de prevención— y su custodia fueron trasladados en auto hasta el aeropuerto de Miramar, manteniéndose la columna de vehículos en movimiento hasta tanto estuviera asegurada la presencia de los pilotos en el avión. El Presidente arriba a San Luis en las primeras horas de la noche. Acto seguido, el avión regresa a Buenos Aires para efectuar el traslado de la familia, la cual, acompañada por su propia seguridad y el edecán de relevo, arriba a San Luis antes de la medianoche. Habiendo renunciado el Presidente a las 22 horas por cadena de televisión, a partir de la llegada del nuevo grupo de custodia, se restablece el sistema normal de custodia presidencial. Regresa el edecán (trayendo la renuncia que se debe presentar a la Asamblea Legislativa), el jefe de la agrupación seguridad (coronel Bohn) y la custodia que los estaba acompañando hasta la llegada a San Luis."

Una versión, fuerte, indicaba que Juanjo Álvarez en persona le había "sugerido" la fuga de Chapadmalal. Se lo pregunté al Secretario de Seguridad, sin muchas esperanzas de una respuesta afirmativa.

—Sí, se lo dije yo —admitió sorpresivamente Álvarez; aunque agregó enseguida—: Carbone, el de la Casa Militar, me dice a mí que la seguridad del Presidente estaba comprometida y que se tenía que ir de Chapadmalal. Me lo dice a mí y después yo se lo digo al Presidente.

Carbone, teóricamente, no había viajado; debía ser el coronel Bohn que se le traspapeló al Secretario.

—Ahora, la verdad... —propuse ingenuamente. —¿Constituían una amenaza tan importante treinta, cien o doscientos caceroleros?

—Para mí, no. Para mí, no —contestó el Secretario de Seguridad.

Adolfo Rodríguez Saá todavía estaba en Chapadmalal cuando Néstor Kirchner escuchó en su celular la voz cansina de Eduardo Duhalde. Parecía a punto de echarse a llorar. Había acuñado una frase que le fue diciendo, uno a uno, a todos los gobernadores que faltaron a la cita.

—No tengo más remedio que ser Presidente. La Argentina me lo reclama.

Con el santacruceño avanzó un poco más y le ofreció la Jefatura de Gabinete. Kirchner sonrió y se acordó de algunos almuerzos en el club de tenis San Juan. Luego, cortésmente, le rechazó la oferta irresistible.

Al rato se enteró por el Negro Acevedo que Rodríguez Saá había emprendido viaje a San Luis y lo comentó en voz alta para que escuchara su esposa. La senadora, con su estilo intempestivo, interrumpió el diálogo telefónico entre su esposo y Acevedo:

—Néstor, este tipo quiere renunciar y se va a San Luis... ¡¿Cómo que se va a San Luis?! ¡Es el Presidente de la República! ¿Qué va a hacer en San Luis?

Después, cuando su marido cortó la comunicación, dijo como si pensara en voz alta:

—Volvió al vientre materno.

EPÍLOGO

LA BANDA SIGUE TOCANDO

La noche del 28 de diciembre partimos hacia México por una entrañable cuestión personal: el nacimiento de Silvia, la primera nieta. Con Ana, mi mujer, temimos no llegar a Ezeiza porque nos fuimos topando, en ciertas esquinas decisivas, con fuegos, barricadas y columnas de caceroleros. Habíamos participado de las jornadas del 19 y el 20, y adivinamos que la protesta daría por tierra con el sueño cesáreo de Adolfo Rodríguez Saá. En México confirmamos el pronóstico y en nuestro paseo cotidiano por internet (y por todos los medios impresos y electrónicos) seguimos al minuto los avatares de una crisis institucional que las agencias internacionales sintetizaban con un récord para el Guinness: cinco presidentes en doce días.

En una comida inaugural con viejos amigos del exilio el tema argentino monopolizó la conversación. Las imágenes de *Intifada*, el carácter emblemático para toda la región de la debacle padecida por el mejor alumno del modelo neoliberal (que la propia prensa norteamericana subrayaba) y las previsibles referencias al "contagio", suscitaron posiciones encontradas y alimentaron una polémica apasionada.

Alguien preguntó entonces:

—Oye: y este pinche Duhalde, ¿ustedes creen que aguantará o saldrá de volada como todos los otros?

No alcanzamos a contestar. Fernando Solanas, que fue canciller de México, respondió al toque:

—No, qué va, este cuate se va a quedar. Éste se queda.

Con Ana nos miramos; o era un genio o ya sabía algo, tenía esa cuota adicional de información superior a la de todos los mortales (periodistas incluidos) que deriva de un prolongado tránsito por el Palacio. A casi un año del irresistible ascenso del bonaerense y cuando muchos barruntan que puede maniobrar para quedarse más allá de los límites pactados, la profecía adquiere un valor singular, inquietante.

En esos días mexicanos de tanta felicidad personal, nació la idea de escribir este libro. En su plan original, demasiado ambicioso, debía contener también los primeros meses de la gestión duhaldista, propósito que dejé de lado para mejor ocasión, para una eventual continuación de este viaje a dos bandas por el Palacio y la Calle. No me voy a extender entonces en los pormenores de su entronización, que recuerdan los democráticos procedimientos de los electores de Sajonia. La Argentina es infatigable en la producción de paradojas: el político que perdió las elecciones en 1999 acabó reemplazando al político que las había ganado.

Fue elegido de manera legal pero ilegítima para completar el período trunco de Fernando De la Rúa. Legal porque lo eligió la Asamblea Legislativa con 262 votos a favor, 21 en contra y 18 abstenciones. Ilegítima porque el pueblo, que había expresado de manera harto elocuente su descontento, no pudo determinar quién se quedaría durante dos años para tomar decisiones inevitablemente trascendentes dada la magnitud de la crisis. Subió gracias a la picardía de Ramón Puerta, que se negó a ocupar nuevamente el lugar de interino que le señalaba la ley de Acefalía y delegó en Camaño, un segundón de Duhalde, la potestad de consagrar al Jefe. La derecha peronista repetía, curiosamente, la misma maniobra realizada en 1973 por el "Brujo" José López Rega tras el cruento desplazamiento de Héctor Cámpora: Alejandro Díaz Bialet, el presidente provisional del Senado, era desplazado al exterior para que Raúl Lastiri, yerno del Brujo y presidente de la Cámara de Diputados, pudiera asumir la presidencia interina y llamar a elecciones donde se votaría la fórmula Perón-Perón.

Esta vez, el justicialismo contaría con el apoyo de un radicalismo desinflado por su propia derrota y que tenía pavor al veredicto popular. No deja de ser significativo que el senador Carlos Maestro, el mismo que anticipó previsoramente la renuncia de De la Rúa, se permitiera torcer el sentido de la gesta del 19 y el 20: "El pueblo salió a la calle no para pedir elecciones sino para pedir soluciones, la gente ya eligió el 14 de octubre pasado". Otra paradoja argentina: el partido que había nacido en el siglo XIX reivindicando el sufragio popular, lo negaba en el tercer milenio. Para que no faltara nadie a la fiesta de la democracia, un sector del Frepaso sumaba su voto para dejar bien a Chacho Álvarez y su inolvidable promesa en el club de tenis San Juan:

—Vos sos el hombre.

El viejo chantaje: "Después de mí, el diluvio", levantado por el socio político Raúl Alfonsín, acabó dando resultado. El temor a la "guerra civil", que el propio Duhalde y el inefable Puerta agitaron ante la sociedad sublevada, activó los peores recuerdos y le otorgó a una dirigencia política totalmente repudiada el tiempo que necesitaba para recuperar fuerzas, reorganizar sus cuadros y contraatacar. Es decir, para seguir haciendo negocios que transfieren el ingreso hacia los sectores más concentrados y fabrican nuevos pobres a razón de 10.300 por día.

En enero de este año que termina, esa capacidad de recuperación de gerentes y políticos, esa astucia de prestidigitador para transferir el equivalente de un corralito desde las clases bajas a las clases altas, parecían acotadas por el estado de asamblea, de cabildo abierto en que se encontraba la Calle. No es que las asambleas vecinales fueran "soviets" como dijo *La Nación* en un patético editorial, ni que el asalto al Palacio de Invierno estuviera pautado para el próximo jueves, como creyeron algunos candorosos militantes de izquierda, sino simplemente que la política en serio (el interés por los asuntos vitales de la *polis*) había regresado a la Calle. En aquel maravilloso verano porteño se multiplicaron los espacios de encuentro, se dejó de lado el aislacionismo individualista fomentado por el terror de la dictadura y el sálvese quien pueda de la década menemista. En marzo funcionaban 112 asambleas en la Capital Federal y 272 en todo el país. Los encuentros sobre el césped del Parque Centenario, que arrancaron con 300 ciudadanos el segundo domingo de enero y llegaron a sumar más de 3.000 en abril, renovaron esperanzas de fraternidad que parecían perimidas; su agotamiento posterior no invalida la huella que dejaron en muchas conciencias. Por algo Duhalde les lanzó en marzo su anatema: "La forma que tiene la ciudadanía de expresarse es con el voto. Creo que tienen que organizarse los sectores que están en queja. Aquellos que dicen 'que se vayan todos' no aportan absolutamente ninguna solución".

Mal le hubiera ido si los que pedían su cesantía se hubieran organizado. Para evitar esa organización que el Jefe proclamaba retóricamente, el aparato bonaerense primero practicó una represión en sordina que secuestró, golpeó y amenazó a los asambleístas del conurbano para dar el salto cualitativo con el asesinato de los piqueteros Darío Santillán y Maximiliano Kostecki. El blanco principal fueron las asambleas vecinales del Gran Buenos Aires, que denunciaban la escandalosa corrupción de los intendentes, los alfiles del duhaldismo.

El 2 de enero, cuando asumió Duhalde, las patotas del PJ bonaerense restablecieron la vieja liturgia de la cadena y el macartismo para "fajar a los zurdos" y expulsarlos de la Calle. En el fondo, no les preocupaban puntualmente los militantes de tal o cual partido de izquierda, sino la posibilidad de que ese término anómico patrocinado por los medios, "la gente" volviera a convertirse en "pueblo"; es decir, en sujeto de su propio destino.

El 28 de enero, cuando se hizo la gran marcha piquetera de La Matanza a Plaza de Mayo, de la que participaron más de quince mil desocupados que recorrieron a pie 38 kilómetros, mientras trotaba junto a Víctor De Gennaro, Luis D'Elía me comentó entusiasmado, señalando a la columna que avanzaba por la Ruta 3: "¿Te das cuenta de que ésta es la base social del peronismo y que el Partido Justicialista es un cascarón vacío?". Esa marcha, además, vino a certificar que era posible una nueva y curiosa alianza de clases entre dos actores sociales castigados —con distintos grados de severidad— por el modelo: los desocupados de los suburbios más pobres y los caceroleros de la clase media. D'Elía, en la entrevista con Martín Caparrós para su libro *Qué país*, descubrió la trama bonaerense de manera tajante: "Hace un tiempo Felipe Solá nos juntó a Alderete y a mí, y de frente nos dijo: 'Muchachos, yo no tengo ningún problema en acordar con ustedes pero primero hay que ir en contra de las cacerolas'. Después nos aclaró que no en contra de las cacerolas sino a favor de Duhalde, que es exactamente lo mismo". En otro reportaje concedido a la revista *Tres Puntos*, el dirigente piquetero hizo otra revelación: "En la visita que hicimos con el FRENAPO (Frente Nacional contra la Pobreza) me quedó la impresión de que Chiche tiene cierto disgusto con los que se organizan para pelear por trabajo, medicamentos, alimentos. Dijo que en las actuales circunstancias se termina satisfaciendo sólo a los que se organizan para protestar, como si fuera un pecado organizarse para defender los derechos".

No sería pecaminoso, en cambio, cuando los que se organizan son los grupos más concentrados o los banqueros: el poder detrás del trono que siguió dirimiendo sus diferencias a dentelladas sobre el presidente que no quería ser.

A pesar de las asambleas, de los cabildos abiertos, de los escraches, de los incómodos y reveladores vallados que debían proteger a los representantes del pueblo, nos volvieron a escamotear la moneda a la luz del día.

Con la promesa de flexibilizar el *corralito*, se estableció el *corralón*, que le puso límites precisos a retiros de fondos que antes podían hacerse dentro del sistema bancario apelando, por ejemplo, a la tarjeta de débito. La promesa inicial de Duhalde en su discurso a la Asamblea —que los ahorristas que habían puesto dólares retirarían dólares— fue a parar al obituario de los juramentos traicionados, junto con "la revolución productiva" de Menem y "la casa está en orden" de Alfonsín.

De Mendiguren dice que él no fue, y el primer ministro de Economía de Duhalde, Jorge Remes Lenicov, aseguró muchos meses después que la medida fue sugerida por los propios banqueros, que luego la usarían para quejarse del perjuicio que les había causado la pesificación asimétrica. Una manera de excusarse por parte del ministro, como si las presiones de los banqueros le otorgaran un *bill* de indemnidad a las decisiones gubernamentales. Lo cierto es que la devaluación, proféticamente anunciada por Marcelo Bonelli cuando De la Rúa aún no se trepaba al helicóptero, se dio originalmente en el 1,40 de la profecía. Excepto para los préstamos, que se pesificaron democráticamente en uno a uno, tanto para los que debían unos pocos miles como para los que debían cientos de millones de dólares. Esa decisión, indiscutiblemente empujada por De Mendiguren como ministro de la Producción y portavoz de la UIA, fue adoptada por dos hombres que en su juventud habían militado en la JP y luego supieron evolucionar con los años: Jorge Remes Lenicov y Jorge Todesca. Todesca estuvo exiliado en México, donde se dio maña para escalar posiciones en puestos públicos. Cuando regresó a la Argentina se sumó al gobierno de Alfonsín, para volver a las fuentes con el justicialismo bonaerense, que lo puso como director en el más que cuestionado Banco de la Provincia de Buenos Aires.

A comienzos de febrero, mientras los ahorristas golpeaban las cacerolas y las puertas de los bancos, se consumó un nuevo saqueo de grandes proporciones al erario público, que ya había sido iniciado por Cavallo en el gobierno anterior: la licuación de buena parte de los pasivos de los grandes grupos endeudados en dólares, mediante la pesificación. La compensación a los bancos, naturalmente, la pagó el Estado, es decir los contribuyentes. El Instituto de Estudios y Formación de la CTA (IDEF), que conduce el economista Claudio Lozano, logró identificar "a las 139 empresas que resultaron beneficiarias directas de las dos medidas principales del presente gobierno: la devaluación y la pesificación 1 a 1 de las deudas en dólares con el sistema financiero local".

A la cabeza de la tabla está Repsol, con un incremento en dólares de 1.063,7 millones por aumento de las exportaciones y un beneficio neto de 162,3 millones de dólares gracias a la licuación. Techint, con 826 millones de dólares por exportaciones y una diferencia de cambio de 114,3 millones gracias al 1 a 1 (que, según Duhalde, debía ser "para todos por igual"); Pérez Companc, con 512 millones de dólares de mayores ingresos por exportaciones y 186,9 millones del 1 a 1. En conjunto, las grandes empresas ganaron 9.154,2 millones de dólares gracias a la devaluación y 3.977,8 merced a la pesificación. En total, embolsaron 13.132 millones de dólares por ambos conceptos. Pero no sería el único truco para licuar pasivos corporativos y aun personales. Según el semanario *Cash* de *Página/12*: "Amalita Lacroze de Fortabat pagó sus deudas impositivas atrasadas con títulos públicos que compró al 25 por ciento de su valor (y que le reconocieron, obviamente, al cien por ciento). Arcor utilizó los bonos para cancelar impuestos futuros. Héctor Massuh, titular de la UIA, y Alpargatas pagaron sus deudas fiscales con acciones de sus empresas, que pueden recomprar en dos años, en pesos, pagando un mínimo interés. Macri está cancelando parte de sus pasivos bancarios en situación irregular con bonos".

Para compensar el aporte al sector "productivo", el gobierno de Duhalde le regaló un seguro de cambio a los bancos para que paguen el saldo de su deuda externa contraída en dólares. El costo de este seguro ha sido calculado por los economistas Eric y Alfredo Eric Calcagno en 11.400 millones de dólares. El Banco Central también les otorgó descuentos por 19.000 millones de pesos, de los cuales 4.000 millones fueron para el Banco Galicia del señor Eduardo Escassany, el mismo que reclamó reprimir a sangre y fuego el descontento social y no paga impuestos personales a las ganancias porque los paga su banco.

En cambio, en el presupuesto duhaldista para el 2002 apenas figuró una módica partida de 1.200 millones de pesos para "ayuda social", destinados a "planes Trabajar" de 150 pesos, una limosna que la devaluación redujo, igual que al salario de los trabajadores (todavía) ocupados. Este mendrugo, entregado de manera clientelista, fue defendido por la ministra de Trabajo, Graciela Camaño (esposa del próspero gastronómico Luis Barrionuevo), y por Chiche Duhalde como una de las "conquistas sociales" otorgadas por el poder bonaerense.

La devaluación redujo el producto bruto interno (PBI), el PBI per cápita y el salario a un tercio de su valor en dólares. De acuerdo con los presupuestos de 1998 y 1999, la Argentina debería tener un PBI de 450.000 millones de pesos-dólares. Pero con la crisis de la convertibilidad y la devaluación, el PBI apenas sumaba en junio de este año 234.036 millones de pesos, equivalentes a 117.000 millones de dólares. Por esas mismas fechas, en una entrevista radial, Artemio López estimaba el PBI per cápita en 1.732 dólares, contra 8.000 antes de la devaluación. En junio, también la producción industrial había caído el 15,8 por ciento. En marzo, *Le Monde Diplomatique* estimaba el número de pobres en 16 millones y el de indigentes en 6 millones. En agosto, según cifras oficiales, había trepado a 18,5 millones la cuenta de pobres y a casi 9 millones la de indigentes. En julio, la hiperdesocupación llegó al récord del 21,5 por ciento.

En noviembre, mientras los medios hablaban del "veranito" del doctor Roberto Lavagna, las primeras páginas de los diarios ofendían la conciencia de los argentinos al revelar que cuatro chicos habían muerto de hambre en Tucumán. Ya en mayo *Página/12* había publicado una foto realmente biafrana de una changuita tucumana. Todo el mundo lloró quince minutos por el *reality show* del terror y no pasó nada.

El poder presenta este genocidio como un fenómeno atmosférico, de "inviernos" y "veranitos", pero lo que ocurre entre bambalinas revela, una y otra vez, que la desgracia de millones de argentinos está directamente relacionada con las concesiones que el poder otorga a lobbistas como Carlos Bercún, que ganaba decenas de miles de pesos por mes con una consultora que trabajaba simultáneamente para el gobierno y los bancos privados, en su gran mayoría extranjeros.

A principios de este año, Bercún conectó a Duhalde con los peso pesados de la banca privada, entre los que destacaba Emilio Cárdenas, que pasó de funcionario menemista a vicepresidente del HSBC, el banco desde el que policías y ex represores de la dictadura militar asesinaron al joven Gustavo Daniel Benedetto. Los banqueros querían que el gobierno le pidiera a la Corte Suprema que frenara los amparos de los ahorristas, porque estaban produciendo un drenaje en el corralito. Como suelen hacer, le pintaron un cuadro muy negro: si no se lograba una acordada de los cortesanos, el sistema financiero se desplomaba en quince días. Como también suelen hacer, insinuaron que abandonarían el país si no eran complacidos. Amenaza que no siempre tiene sustento real, porque la salida de una plaza, por chica que sea, suele afectar su imagen en los mercados de capitales. Duhalde estaba preocupado porque había empezado su gestión embistiendo contra la Corte, por su odio inveterado al menemismo y para quedar bien con los que protestaban contra el tribunal. Buscó entonces el apoyo de un legislador que venía de aquel palo y le pidió que intercediera. Cuando el legislador fue a la Rosada, fue recibido por Duhalde en el comedor chico que había construido Menem. El Presidente estaba con Emilio Cárdenas. El intermediario expresó sus dudas, el pedido era difícil porque la Corte Suprema no podía suprimir el derecho constitucional del amparo. Para animarlo, Cárdenas sacó del bolsillo un escrito redactado por el constitucionalista Alberto García Lema. El intermediario agregó otra dificultad, quizás insalvable: la opinión pública. Cárdenas hizo un gesto de fastidio como si espantara una mosca.

—De la opinión pública nos ocupamos nosotros. En quince días damos vuelta la opinión pública —se jactó el ex embajador de Menem en la ONU.

Contaba con el auxilio de un famoso *public relations' man* que procedía de las trincheras del masserismo, César Mansilla, de Mansilla y Asociados. Él sabría cómo encauzar a la opinión pública a través del periodismo amigo, con el que trabaja desde hace mucho tiempo, en una relación de mutua conveniencia. El intermediario pronto pudo dar fe de ello, cuando lo llamaron para entrevistarlo, "muy interesados en el tema", Antonio Laje y Daniel Hadad. También el Presidente lo llamó desde el Tango 01, en el que volaba hacia la cumbre de Monterrey, y le dijo que les prometiera a los de la Corte que zafarían del juicio político si solucionaban lo del drenaje. El legislador cumplió una parte del pedido presidencial, armando una reunión en su departamento con Eduardo Camaño, Humberto Roggero y tres cortesanos. Los miembros del tribunal fueron claros: "Si llegamos a hacer lo que el Presidente nos pide, ustedes mismos nos van a destituir, porque es una grosería. A lo sumo podemos darle un mes de tiempo, para que el gobierno busque una solución económica al corralito".

Entonces ocurrió un *gag* de película cómica. La clásica intrusión de Vaccarezza en medio de la tragedia shakesperiana: Roggero estaba apurado y se fue antes que Camaño y los cortesanos. A los cinco minutos llamó al dueño de casa desde su celular y le dijo:

—Che, tengan cuidado, que abajo están los de *Crónica TV*.

El anfitrión le transmitió la mala noticia a sus huéspedes, que lo miraron espantados. ¿Qué hacer? No podían arriesgarse a salir y quedar escrachados. Se le ocurrió una idea salvadora: en el sótano estaba su Traffic y allí metió a todos. El chofer del legislador los sacó del peligro, apretados como sardinas dentro de la camioneta.

El legislador se reía solo de la grotesca imagen, cuando sonó el teléfono. Era "el Gringo" Roggero:

—Che, boludo, ¿no te habrás tragado lo de *Crónica*, no? Era un bolazo.

Duhalde no le perdonó el mal resultado de su gestión al desganado intermediario:

—Me parece que este guacho se dio vuelta.

Desde los grandes cacerolazos que precipitaron la salida de De la Rúa, Cavallo y Rodríguez Saá, no se ha producido ninguna otra explosión masiva. Hay conflictos parciales, a veces muy agudos, pero ninguno oceánico como para lograr, realmente, que "se vayan todos"; es decir: que se cambie drásticamente la manera de hacer política. Nadie sabe cuándo ni cómo se votará, y hasta cuándo se quedarán los lobos que ceden a los lobbies. A lo largo del año la tentación autoritaria ha estado muchas veces presente. Obsecuentes del poder castrense, como el ministro de Defensa, Horacio Jaunarena, quieren restablecer el servicio militar y la contención autoritaria del conflicto social. Demócratas como Alfonsín se agarran a trompadas con los caceroleros.

Afortunadamente son otros tiempos. Los militares todavía no pueden dar un golpe. Y ese *todavía* implica que tal vez en un futuro, con otras condiciones pudieran darlo, si fracasa —por ejemplo— el próximo turno democrático.

La apatía frente al proceso electoral es notoria. Ninguno de los candidatos consigue más del módico 15 por ciento en las encuestas. Ni siquiera el hombre que fugó de Chapalmadal y a pesar de las cacerolas logró convertirse en uno de los favoritos. Poco porcentaje para la tarea ciclópea que les espera a los que quieran arreglar las cosas en serio y recuperar para la Nación, por ejemplo, la renta petrolera o el dinero de pensiones y jubilaciones que va a parar a las AFJP. Hasta el momento, los dirigentes de centro izquierda con propuestas afines no han logrado enhebrar un acuerdo. Tampoco los que están a su izquierda han tenido la visión de obligarlos a ese acuerdo mínimo. A ese pacto de la Moncloa, del que hablan siempre los centristas; sólo que con el pueblo.

Nadie representa hasta ahora a la inmensa masa de desposeídos, de los que luchan día a día por respirar. Nadie representa a la Argentina solidaria que ha venido a cubrir los agujeros del Estado desertor. La Argentina de los cien mil cartoneros, que noche a noche, hurgan en la basura de las grandes ciudades para no robar ni mendigar, como un sacrificado tributo a su dignidad. La Argentina del trueque, que abarca a millones de compradores-vendedores en 4.500 clubes repartidos por todo el país. La Argentina de los piqueteros que, como Santillán y Kostecki, levantan hornos de ladrillos en los asentamientos marginales. La Argentina de las cien empresas recuperadas por sus diez mil trabajadores. La Argentina de las asambleas que lograron superar el desgaste ocupando predios abandonados para convertirlos en comedores populares, huertas orgánicas y hasta una clínica donde funcionará la obra social de los trabajadores de las fábricas autogestionadas.

Nadie los representa todavía, tal vez porque se insiste en construir representación y poder a la manera antigua. El reciente triunfo de Luiz Inácio Lula da Silva en Brasil, muestra que el camino es largo y requiere tenacidad. Sin embargo, los protagonistas, ahí están. No lograron matarlos a todos.

Hace mucho tiempo que el Toba y Martín Galli son amigos y comparten un proyecto. Atrás han quedado aquellos primeros encuentros, intensos y trabados, en el hospital, o en la casa de Martín, cuando el resucitado andaba todavía en silla de ruedas. Pasó casi un año pero al Tinta no se le olvida el consejo que su salvador le brindó en aquel momento:

—No retrocedas nunca, ni para tomar impulso.

Cada fin de semana, Martín y su compañera viajan de San Justo a Ezeiza para colaborar con el Toba en "Hermanecer", su proyecto comunitario. Allí, en la vieja quinta del suboficial mayor Héctor Luis García, funciona "Pancita llena", el comedor donde se alimentan ciento setenta y siete pibes del barrio. Todos los días. El Chico de las Rastas, además, aporta el combustible para la cocina.

El domingo 17 de noviembre, Martín y el Toba participaron en la reconstrucción judicial de la masacre. No fue fácil: en este país las víctimas corren mucho más riesgo que los victimarios. Menudearon las amenazas telefónicas y el propio día de la reconstrucción, a vista y paciencia de la doctora Servini de Cubría, los sérpicos de largas melenas y autos no identificados, los clásicos integrantes de las "brigadas" fueron hasta la placita de Cerrito donde murió Márquez, para hacerles señas, mudas pero elocuentes, a los sobrevivientes y los testigos. Hasta que la protesta generalizada de los que fueron atacados a mansalva el 20 de diciembre obligó a la magistrada a darle intervención a la Gendarmería y poner coto al desplante de los oficiales de la Policía Federal.

Entonces lo vio. Allí, entre los testigos, estaba el policía que le disparó con postas de goma, mientras resucitaba al Chico de las Rastas. Es el comisario Juan José Fraga, que el 20 de diciembre era subcomisario. Seguramente fue ascendido por mérito en combate. Antes de que el Toba lo reconociera declaró que se había bajado del patrullero "para ayudar" porque vio "una persona tirada en el piso". Ahora está querellado por los sobrevivientes y la jueza deberá decidir si lo procesa o le dicta la "falta de mérito", como hizo con la mayoría de los jefes que comandaron la represión.

Adelantando algo más que una condena, la esperanza de una Argentina libre de ladrones y asesinos, Carlos Galli, el padre de Martín, le había escrito a su hijo cuando aún luchaba por su vida en el hospital: *"Ahora ella (la bala) estará cerca de sus pensamientos, en un lugar privilegiado. Estará palpitando una declaración de amor, sentirá la adrenalina de pasar por un parcial, se alegrará, se enojará al compás de los humores de su portador y se sentirá envidiada por todas las que afortunadamente se perdieron en el aire. O las que lamentablemente cumplieron con su misión: llevarse en un instante ilusiones, proyectos, esperanzas, algo que representa muy poco para quienes estuvieron detrás de las balas. A ellos quiero decirles que esta vez su irracionalidad no pudo. Porque el Flaco que está arriba le otorgó a Martín el extraño privilegio de volver a ser parido, porque confió a uno de sus ángeles, el Toba, el rescate y el cuidado de un ser excepcional".*

Buenos Aires, setiembre - noviembre de 2002

AGRADECIMIENTOS

A todos los que entrevistamos, que fueron muchos, tanto en el Palacio como en la Calle. No los voy a nombrar, porque más de uno prefiere quedar en el anonimato y los que no tienen problemas en salir a la luz pública ya se encontraron a sí mismos en el relato. A mi mujer, Ana, por la paciencia que me tuvo en los dos meses terribles de la escritura y en los más tranquilos, pero no tanto, de la investigación. A Planeta y a *Página / 12* porque también me hicieron el aguante. Igual que mi jefe en la Universidad de Quilmes, Martín Becerra. A mis alumnos de la UNQui, por las mismas razones. Al excelente equipo de investigación conformado por mi joven pero ya veterana colaboradora Paloma García, Mauro Federico (alias El Maurodonte), Daniel Enzetti (el del bigote decimonónico) y Pablito Dorfman (de apenas 19 años, el Benjamín del grupo). A otro Benjamín que recorrió todas las asambleas y elaboró un informe excelente que merecería un libro especialmente dedicado al tema: Lucas Schaerer. A los encargados de la logística pesada, los medio hermanos Hugo Ledesma y Jorge Aquino. A mi hija adoptiva, la pequeña Lulú, Sofía Serbin De Skalon. Al jefe de la División Automotores de la Banda Bonnot: Nicolás Teodoro Vega (alias Nico). El Gran Beto Borro (infaltable en todas mis producciones), el gran amigo Julio Alsogaray (de los Alsogaray buenos). Al economista Eduardo Basualdo, que con paciencia china logró hacerme entender el esquema de la "valorización financiera"; a su colega Martín Hourest, que sabe de la deuda en serio; a Claudio Lozano, que me envió rigurosos trabajos del IDEF; a Rafael Prieto, que me explicó, de manera sencilla y didáctica, el proceso que llevó a la clausura del crédito para la Argentina. A Karina Lamagna, que se sobrepuso al dolor para contarnos cosas de Diego. A una larga lista de colegas que aportaron datos, fotos, videos, estadísticas, cronologías y valiosos comentarios por el puro placer de ayudar (espero no olvidar a ninguno en este cierre frenético): Alfredo Zaiat, Daniel Otero, Edgardo Esteban, Eduardo Tagliaferro, Roman Volnovich, Alejandro Tiscornia, Federico Simonetti, Alejandro De Miranda, Fabián Agosta, Enrique Federico, Virginia Passini, Silvia García, Martín Fedele, Daniel Escribano, Cecilia Fernández, Lorena Cormick, el imprescindible archivero del viejo estilo Aarón Cytrinblum, el genial augur Miguel Rep, las esforzadas desgrabadoras Lorena Paeta e Inés Zadunaisky; los fotógrafos Raúl Ferrari y Daniel Vides de Noticias Argentinas; Juan Pablo Barrientos, Juan Vera, Graciela Calabrese y otros compañeros del colectivo "Argentina Arde". A todos los colegas a los que les tomé prestado fragmentos de sus notas y libros, citándolos como corresponde. A la troupe inigualable de Planeta: mi editor en jefe, Ricardo Sabanes, mi editor apremiante Alejandro Ulloa, mi editor erudito Diego Arguindeguy, al infatigable rey de los medios Nacho Iraola y su eficaz colaboradora Silvina Keselman. A los investigadores de la masacre desde los organismos humanitarios: Alicia Pierini, de la Comisión por la Verdad "20 de Diciembre" de la Legislatura de la ciudad de Buenos Aires; María del Carmen Verdú, de la CORREPI; Cintia Castro y Rodolfo Yanzón, de la Liga Argentina por los Derechos del Hombre; Leonardo Filippini y María Cristina Caiatti, del CELS; Rodolfo Rapetti, de la Secretaría de Derechos Humanos, y Gustavo Lesbegueris, Defensor Adjunto del Pueblo de la Ciudad de Buenos Aires. Y a todos los que seguramente me tragué y son igual de importantes. Hasta la próxima.

*Aerosoles y patrulleros de desplaza-
miento rápido: gran debut.
Juan Vera. Argentina Arde.*

099-02-000
Serie N° 007/2002

Comisario Inspector JORGE FLOREANO TRONCOSO
Jefe Departamento Investigaciones Judiciales

Principal LUIS Alberto VAZQUEZ ABAD
Departamento Investigaciones Judiciales

BUENOS AIRES, Enero 09 del año 2002.-

Sra. JUEZ:

QUIENES ESTUVIERON A CARGO DEL OPERATIVO EL 19 Y 20.-

        Tengo el agrado de dirigirme a S.sa. con motivo de las actuaciones que en este Departamento se instruyen, caratuladas "N.N. S/DELITO DE ACCION PUBLICA", del registro A-5624/01" con intervención del JUZGADO NACIONAL EN LO CRIMINAL Y CORRECCIONAL FEDERAL N° 01 a vuestro dignísimo cargo, Secretaria N° 01 del Dr. Fernando MORAS MON.-

        En relación a las mismas y conforme a lo ordenado por S.sa. en oportuna consulta, a continuación elevo informe preliminar sobre los Oficiales Superiores y Jefes que se hallaron a cargo de Areas o Sectores del Servicio implantado con motivo de los hechos que ocurrieran los días 19 y 20 de Diciembre del año 2001 y que se ventilan en la presente investigación.-

        Información esta sujeta a modificaciones, ya que la misma fue colectada y elevada a vuestra judicatura con fecha 04 de enero del corriente año, como ANEXO N° 02 del Sumario Policial N° 207/01.- Y actualmente en proceso de cotejo con la documental brindada por las distintas Superintendencias afectadas.-

AREA CONGRESO NACIONAL:-

1) Comisario Inspector, TREZEGUET, Prospero Raúl, JEFE DE LA CIRCUNSCRIPCION II.-
2) Comisario, MANCINI, Daniel, JEFE COMISARIA 6ª.-
3) Subcomisario, CINQUEMANI, Vicente Cayetano, COMISARIA 6ª.-
4) Subcomisario, CASTRO, Nicolas José, COMISARIA 6ª.-
5) Subcomisario, FERREIRA, Jorge Raúl, COMISARIA 6ª.-

---

6) Subcomisario, TOMA, Jorge Daniel, COMISARIA 5
7) Subcomisario, RODRIGUEZ, Roberto L., OP. FE
   SUP. DROGAS PELIGROSAS.-
8) Subcomisario, BALDO, Jorge Alberto, OP. F
   SUP. DROGAS PELIGROSAS.-
9) Subcomisario, FUENTES, Eduardo N
   INTELIGENCIA, SUP. DROGAS PELIGROS
10) Subcomisario, PACHECO, Jorge D
   ACTUACIONES DPTO. DEFRAUD
   ESTAFAS.-
11) Subcomisario, ZAPANA, Juan Carlos, CO

AREA PLAZA DE MAYO:

1) Comisario Inspector, SALOMONE,
   DE LA CIRCUNSCRIPC
2) Comisario, TIRAO, Lucio, COMISA
3) Subcomisario, FERNANDEZ, Dan
   COMISARIA 2ª.-
4) Subcomisario, MIGLINO, Franc
   2ª.-
5) Subcomisario, SANDOVAL, Fe
   2ª.-
6) Subco   DEDO, Eduard
7) Subco
8) Sube
9) Sub
10) Sub
11) S
12) S
13) S
14) S
15)

Julio y Bolivar):

1) Subcomisario, PALLOTA, Alejandro, COMISARIA 4ª.- (A CARGO DEL AREA).-
2) Subcomisario, RIVAS, Carlos, COMISARIA 4ª.-
3) Subcomisario, BELLANTE, Omar Alberto, COMISARIA 5ª.-
4) Subcomisario, PALLAS, Jorge Vicente, COMISARIA 5ª.-
5) Subcomisario, LONDERO CEPEDA, Carlos COMISARIA 30ª.-
6) Subcomisario, CASTRO, Walter Felix, DPTO. OP. METROPOLITANAS, SUP. DROGAS PELIGROSAS.-
7) Subcomisario, SALOMON, Miguel Angel Juan Facundo OP. METROPOLITANAS, SUP. DROGAS PELIGROSAS.-
8) Subcomisario, FRANCONI, Orlando, DPTO. INV. PATRIMONIAL DEL NARCOTRAFICO.-

        Sin otro particular, saludo a Ud. muy atentamente.-

Comisario Inspector JORGE FLOREANO TRONCOSO
Jefe Departamento Investigaciones Judiciales

Dra. María R. SERVINI DE CUBRIA, TITULAR DEL JUZGADO NACIONAL EN LO CRIMINAL Y CORRECCIONAL FEDERAL N° 1, SECRETARIA N° 1 Del Dr. Fernando MORAS MOM.-
S/——————————————————————————D.-

Quienes estuvieron a cargo del operativo el 19 y 20 de diciembre.

Las bestias en el centro de la escena. (Paloma García. Argentina Arde.)

Teléfono celular y cartera en mano, una operadora convincente. (Alejandro Carra. Revista Gente.*)*

Ministerio Público de la Nación

Croquis testimonial del comisario Rodríguez.

1° PISO

RECINTO
CAMARA DE
DIPUTADOS

SALON DE LOS
PASOS PERDIDOS

SALÓN EVA PERÓN

⑦ ⑧ ⑨

SALÓN AZUL

⑩

④ ⑤ ⑥

SALÓN ARTURO PERETTE

① ② ③

RAMPA DE ACCESO DE VEHÍCULOS

ESCALINATAS

AVENIDA RIVADAVIA

Avenida Entre Ríos

FORMULA DENUNCIA

Señor Juez:

Antonio Edgardo LIURGO, con domicilio procesal en Montevideo 373 piso 7 oficina 72 de Capital a V.S. respetuosamente en digo:

1. OBJETO

Vengo en base a normado en los artículos ... Código de Procedimientos Penal, a practicar for... por la posible comisión de delito de acción públic... Eduardo DUHALDE con domicilio en Balcarce ... contra: el intendente de Moreno Sr Federico ... domicilio en la calle Asconape 51 de Moreno Pcía de Buenos Aires, contra el titular del ONABE Organismo Nacional de Administración de Bienes del Estado. contra Pascual SCIANCALEPORE, con domicilio en la calle Ramos Mejía 1.302 de Capital, en base a las consideraciones de hecho y fundamentos de derecho que ameritan la presentación.

2. HECHOS

He tomado conocimiento y denunciado en el desarrollo de mi actividad profesional varias irregularidades vinculadas con la administración de bienes propiedad del estado nacional, afectados al E.NA.BIE.F y actualmente a su ente continuador O.N.A.B.E., el nuevo hecho que pongo en conocimiento de V.S. resulta un perjuicio para el estado nacional.

"EL NEGOCIO INMOBILIARIO COMO FAVOR POLÍTICO":

> *Denuncia de irregularidades administrativas destinadas al pago de favores políticos.*

VABE
de Administración de Bienes

CONVENIO DE DEPOSITO

En la Ciudad de BUENOS AIRES a los 20 días del mes de diciembre de 2001 se reúnen, en representación del ORGANISMO NACIONAL DE ADMINISTRACION DE BIENES, en adelante el "ONABE", con domicilio legal en Av. Dr. RAMOS MEJIA Nº 1302 de la Ciudad de BUENOS AIRES, el Arquitecto Pascual SCIANCALEPORE, en su carácter de Subgerente de Asuntos Oficiales, y en representación de la MUNICIPALIDAD DE MORENO, en adelante la "MUNICIPALIDAD", con domicilio en Asconape Nº 51 de la Localidad y Partido de MORENO, de la Provincia de BUENOS AIRES, el Licenciado Mariano Federico WEST en su carácter de intendente Municipal, quienes manifiestan:

Que por Decreto Nº 443 de fecha 1 de junio de 2000, el PODER EJECUTIVO creó el ORGANISMO NACIONAL DE ADMINISTRACION DE BIENES, como órgano desconcentrado, en el ámbito del MINISTERIO DE INFRAESTRUCTURA Y VIVIENDA, otorgándole a dicho organismo las misiones y funciones del ex ENTE NACIONAL DE ADMINISTRACION DE BIENES FERROVIARIOS, establecidas por el Decreto Nº 1383/96 y las correspondientes a la DIRECCION NACIONAL DE BIENES DEL ESTADO, establecidas por el Decreto Nº 1450/96 del 12 de diciembre de 1996.

Que entre las misiones y atribuciones hoy a cargo del "ONABE" se encuentra la de administrar los bienes bajo su jurisdicción, facultándola a realizar todas las acciones tendientes a su preservación, al cumplimiento de sus fines y objetivos, y a celebrar todo tipo de contratos.

Que dentro de las funciones asignadas por el Decreto Nº 1383/96 se encuentra la de dar cumplimiento a las políticas y acciones que, en materia de bienes de propiedad estatal establezcan las reglamentaciones vigentes, tomando las medidas conducentes para la correcta ejecución de las funciones a su cargo.

Que la referida a que refiere la cláusula PRIMERA del presente se encuentra afectado al proyecto de ejecución de un Centro de Transbordo, ello en el marco del convenio suscripto en fecha 22 de octubre de 1997, entre la SECRETARÍA DE TRANSPORTE, el ex ENTE NACIONAL DE ADMINISTRACION DE BIENES FERROVIARIOS, la Municipalidad de Moreno y la Empresa TRENES DE BUENOS AIRES S.A.

Que en razón de lo expuesto y hasta tanto se concrete el objetivo final, conforme el proyecto enunciado, resulta necesario y conveniente instrumentar medidas destinadas a preservar el inmueble de aquellos actos que pueden menoscabar su valor económico o entorpecer el futuro del proyecto.

Que las restricciones presupuestarias dificultan al "ONABE" atender adecuadamente la guarda y custodia de la totalidad del patrimonio que hoy administra.

ONABE
ganismo Nacional de Administración de Bienes

Que con la sola finalidad de atender a su preservación de aquellos hechos que pudieran afectarle, la MUNICIPALIDAD DE MORENO ha formalizado su expresa solicitud tendiente a prestar el servicio de custodia en el mismo.

Que visto el interés involucrado, tendiente a preservar el inmueble sobre el cual se llevará a cabo una importante obra esencial para la optimización de la prestación de servicios públicos, y la propuesta Municipal que persigue idéntico objetivo, se considera procedente instrumentar la entrega del inmueble bajo la figura de un contrato de depósito, ello como la alternativa más eficaz de atender su guarda y custodia, compatibilizada con el destino futuro a asignar al mismo en el proyecto antes aludido.

Que en virtud de lo apuntado, ambas partes acuerdan regirse por las siguientes cláusulas y condiciones:

PRIMERA: El ONABE, entrega en este acto a la "MUNICIPALIDAD", bajo la figura de depósito y en los términos del artículo 2191 del Código Civil, el inmueble ubicado en Estación MORENO en la localidad y Partido de MORENO de la Provincia de BUENOS AIRES que se demarca en el plano que como ANEXO I se agrega e integra a este instrumento, en los términos y bajo las obligaciones y responsabilidades que se instituyen en el presente, quedando la "MUNICIPALIDAD" autorizada al uso del mismo.

SEGUNDA: La "MUNICIPALIDAD" recibe de conformidad en este acto el inmueble descripto, en el estado de conservación y ocupación en que se encuentra, constando tal situación ocupacional en la Planilla que como ANEXO II integra este instrumento, lo que declara conocer y aceptar. La "MUNICIPALIDAD" se obliga a poner toda la diligencia en el inmueble, siendo responsable de todo hecho o acto que menoscaben su valor. La "MUNICIPALIDAD" exime al "ONABE" de la obligación establecida por el artículo 2224 del Código Civil, asumiendo el depósito a su cuenta y riesgo y tomando a su cargo el pago de todos los gastos que sean menester realizar para la conservación del inmueble.

TERCERA: El presente depósito se extenderá hasta tanto se adjudicación del depósito, en el acta de conservación y ocupación al Centro de Transbordo y se dé la respectiva orden de inicio de la misma, o hasta que el "ONABE" requiera la restitución del inmueble, lo que primero suceda, hechos que serán debidamente notificados a la "MUNICIPALIDAD" a los fines de la restitución, la que deberá llevarse a cabo de conformidad a lo establecido en la Cláusula SEXTA del presente.

CUARTA: LA "MUNICIPALIDAD" no podrá efectuar en el inmueble obras definitivas, modificaciones o demoliciones de ningún tipo sin la autorización expresa del "ONABE". Toda mejora o modificación que se efectúe quedará para el "ONABE" al término del convenio, sin derecho a reclamo o indemnización de ninguna especie por parte de la "MUNICIPALIDAD". Con relación a las construcciones y locales que se erijan en el sector demarcado como tal en el Anexo I, el "ONABE" podrá autorizar a la "MUNICIPALIDAD" a la demolición de

ES COPIA

Arq. PASCUAL SCIANCALEPORE

EVES 27 DE DICIEMBRE DE 2001
:00 HS. DR. CARLOS S. MENEM
0:00 HS. DR. BECERRA, PROCURADOR GENERAL DE LA NACIÓN
0:15 HS. NICOLAS CICCONE, CALCOGRAFICA ARGENTINA
0:30 HS. CANCILLER JOSEP PIQUE, EMBAJADOR DE ESPAÑA
12:00 HS. PRESIDENTE DE URUGUAY, D. JORGE BATLLE.
13:00 HS. ALMUERZO CON PRESIDENTE DE URUGUAY
16:00 HS. MESA NACIONAL CTA EN SALA DE SITUACION
17:30 HS. GOB. DEL CHACO, D. ANGEL ROZAS
18:30 HS. MONS. LAISE (EX OBISPO DE SAN LUIS)
19:00 HS. DIRECTORES DEPORTIVOS CON SCIOLI. ANUNCIO DE
50.000 NUEVOS PUESTOS DE TRABAJO
19:30 HS. SALUDOS AL CUERPO DIPLOMÁTICO (80 PERSONAS
APROX.)
20:00 HS. GOB. DE RÍO NEGRO, D. PABLO VERANI
21:00 HS. COMUNIDADES INDÍGENAS, CONAMI, AIRA. MUJERES
INDÍGENAS EN ACCION POR LA VIDA
22:00 HS. HORA CLAVE CON MARIANO GRONDONA
22:30 HS. REUNION CON ING. RAMON PUERTA, GILDO INSFRAN (GOB.
DE FORMOSA)LUGAR: CASA PART. INSFRAN

VIERNES 28 DE DICIEMBRE DE 2001
09:00 HS. NUNCIO APOSTOLICO
09:30 HS. GOB. DEL NEUQUEN, D. JORGE SOBISCH
10:00 HS. EMBAJADOR DIEGO GUELAR
10:30 HS. EMBAJADOR LAVAQUE
11:30 HS. ENRIQUE IGLESIAS, PTE. BANCO BID
13:00 HS. ALMUERZO CON JEFES DEL ESTADO MAYOR CONJUNTO
16:00 HS. REUNION DE GABINETE
17:30 HS. ASOC. DE MEDIOS DE COMUNICACIÓN
19:00 HS. MESA DE CONSENSO DE LA COMISION EPISCOPAL DE
PASTORAL SOCIAL
20:30 HS. EDUARDO EURNEKIAN
21:00 HS. EMBAJADOR DE ALEMANIA

SABADO 29 DE DICIEMBRE DE 2001
20:30 HS. EMBAJADOR DE LOS EE.UU. JAMES WALSH - OLIVOS

IEMBRE DE 2001
O A BUENOS AIRES DESDE SAN LUIS
UNION CON PARTE DEL GABINETE, TEMA:
OS RUCKAUF
OR DE INGLATERRA, ROBERT CHRISTOPHER

E DE 2001
I Y JUAN NAVARRO
DE INFRAESTRUCTURA, D. CARLOS BASTOS
9 802
TES, RICARDO COLOMBI
ANCIA, PAUL DIJOU
A EN OLIVOS

AGENDA SR. PRESIDENTE DE LA NACION,
DR. ADOLFO RODRÍGUEZ SAÁ

DIA 23 DE DICIEMBRE DE 2001

NO HABIA AGENDA PREDETERMINADA. DADA LA SITUACIÓN QUE
ESTE FUE EL DIA DE ASUNCIÓN
DE TODOS MODOS SE RECIBIERON IMPORTANTES LLAMADOS:
DR. FERNANDO DE LA RUA
DR. DOMINGO CAVALLO
DR. CRISTIAN COLOMBO
PRESIDENTES DE BOLIVIA D. JORGE QUIROGA, URUGUAY D. JORGE
BATLLE
RECIBIO LA VISITA DE:
DAER. MOYANO Y BARRIONUEVO
CENA EN OLIVOS CON GABINETE

DIA 24 DE DICIEMBRE DE 2001

09:30 HS. U.I.A. (DE MENDIGUREN Y GRUPO PRODUCTIVO)
10:30 HS. MADRES DE PLAZA DE MAYO
11:00 HS. PADRE GRAZZI, RAUL PORTAL (FUNDACIÓN NIÑOS
FELICES)
11:30 HS. EMBAJADOR DE BRASIL, REGO BARROS
12:00 HS. ASUNCIÓN DEL NUEVO GABINETE
13:00 HS. DR. MONTIEL
14:00 HS. DR. EDUARDO DUHALDE
15:00 HS. REUNION DE GABINETE
17:00 HS. ANIBAL IBARRA
17:30 HS. MADRES PLAZA DE MAYO – LINEA FUNDADORA
17:45 HS. EMBAJADOR DE CUBA, ALEJANDRO GONZALEZ GALEANO
18.00 HS. RECIBE A PIQUETEROS (DELIA)
18:15 HS. PARTIDA CON DESTINO SAN LUIS

Agenda del presidente de la Nación, Dr. Adolfo Rodríguez Saa.

que el anterior gobierno había resuelto que no se [...]
habilitara durante la temporada por razones [...]
económicas. Ya se encontraba en el chalet presidencial [...]
el Secretario de Turismo de la Nación, Daniel Scio[li]
quien me había advertido de la manifestación y de [...]
su secretaría estaba en condiciones de resolve[r...]
problema y que se iban a abrir los hoteles y se [...]
reestablecer la actividad y como consecuencia [...]
a preservar las fuentes de trabajo y la activi[...]
pedí que se reuniera con los manifestantes, [...]
Sr. Scioli hizo y éstos, según me infor[mó...]
recibieron con mucha alegría la buen[a...]
Aproximadamente a las 4 de la tarde, [...]
después de haber comunicado a los gobe[rnadores...]
asistían a la reunión que si no contaba[...]
decisión era renunciar ese mismo día a [...]
de la nación, el encargado de la cust[odia...]
que la situación en la puert[a...]
peligrosidad, que ellos no podí[an...]
seguridad del presidente ni de su[...]
debíamos evacuar en forma i[...]
presidencial. Estaba en presenc[ia...]
Formosa, Dr. Gildo Insfran, y [...]
Rioja, Lic. Mazza, y yo le [...]
consejo para la emergencia [...]
dijo que debíamos evacuar e[...]
mo[...] dudé por un ins[tante...]
c[...]
[...]sumir

Poder Judicial de la Nación

///la ciudad de Buenos Aires [...] treinta días del
mes de abril del año dos mil dos, comparece ante S.S.
y Secretario actuante, una persona previamente citada
a quien se le hace saber que se le recibirá
declaración testimonial en las presentes actuaciones.
Acto seguido S.S. le requirió el juramento o promesa
de decir verdad de todo cuanto supiere y le fuera
preguntado, de acuerdo con sus creencias, siendo
instruida de las penas correspondientes al delito de
falso testimonio, para lo cual le fueron leídas las
disposiciones legales pertinentes del Código Penal,
expresando: "lo juro". Se le enuncian sus derechos
previstos en los artículos 79, 80 y 81 del Código de
Procedimiento Penal, referidos al trato que debe
recibir, sufragio de gastos, protección de la
integridad física y moral e información del
estado de la causa y situación del imputado, así como
también de sus facultades, dándosele lectura de los
mencionados artículos. Asimismo, se le advierte de la
facultad de abstención prevista en el artículo 243
del Código de Procedimiento Penal, para lo cual se le
da lectura. Preguntado por S.S., poniéndole de
manifiesto quienes son parte en el proceso, si tiene
vínculos con éstos o intereses en la investigación
(artículo 249 Código [...] de la Nación),
contes[ta...]
[...]le hace saber
[...]s presentes
[...] Dice ser y
[...], nacido el
[...]n Luis, de
[...]n la calle

Poder Judicial de la Nación

CARLOS R. LEIVA

responde: mi seguridad personal desde [...] momento que
asumí estuvo a cargo de la Policía Federal Argentina.
Se desarrolló con normalidad y con los inconvenientes
propios que puede generar una personalidad diferente
que la de la anterior gestión. Debo destacar que el
viernes 28, yo estaba en la residencia presidencial de
Olivos, y la Policía Federal me iba pasando un parte
sobre la evolución de la situación en los diferentes
escenarios donde se desarrollaban cacerolasos o
manifestaciones, notando que a partir de un
determinado momento, tal vez a la 1.30 de la mañana,
no hubieron más partes ni personal a la vista en la
residencia de Olivos, lo cual era llamativo porque aún
en las puertas de Olivos se sentía el ruido de las
pacíficas manifestaciones de los vecinos que
reclamaban. Otro hecho significativo, fue el llamativo
corte de luz que se había producido en Chapadmalal,
en todo el complejo turístico, cuando yo llegué con
una pequeña comitiva al chalet presidencial en horas
de la noche del día sabado. Informó la custodia [...]
trataba de un corte circunstancial. Yo iba aco[mpañado]
por el Secretario General de la Presidencia, Lic[...]
Luisquinos y por mi hermano el Dr. Alberto Rod[ríguez]
Saa. Nos quedamos en oscuras sentados en el li[ving]
como estábamos muy cansados, mientras esperába[mos el]
retorno de la energía eléctrica, nos qu[edamos]
dormidos. Cuando nos despertamos, y vimos que el corte
se prolongaba, decidimos irnos a dormir cada uno a su
respectiva habitación. Al día siguiente, domingo,
había una pequeña manifestación en la puerta de
Chapadmalal reclamando por la apertura de la hotelería

Declaración de Adolfo Rodríguez Saa sobre la actitud de la custodia en los sucesos de Chapadmalal.

INDICE

TERCERA PARTE
EL PRISIONERO DE CHAPADMALAL

EPÍLOGO